건축구조
기출문제집

건축구조
기출문제집

초판	발행	2025년 01월 10일
개정1판	발행	2026년 01월 09일

편 저 자 | 공무원연구소
발 행 처 | 소정미디어㈜
등록번호 | 제313-2004-000114호
주   소 | 경기도 고양시 일산서구 덕산로 88-45(가좌동)
대표전화 | 031-922-8965
팩   스 | 031-922-8966

▷ 이 책은 저작권법에 따라 보호받는 저작물로 무단 전재, 복제, 전송 행위를 금지합니다.
▷ 내용의 전부 또는 일부를 사용하려면 저작권자와 소정미디어㈜의 서면 동의를 반드시 받아야 합니다.
▷ ISBN과 가격은 표지 뒷면에 있습니다.
▷ 파본은 구입하신 곳에서 교환해드립니다.

Preface

모든 시험에 앞서 가장 중요한 것은 출제되었던 문제를 풀어봄으로써 그 시험의 유형 및 출제경향, 난이도 등을 파악하는 데에 있다. 즉, 최소시간 내 최대의 학습효과를 거두기 위해서는 기출문제의 분석이 무엇보다도 중요하다는 것이다.

건축구조 기출문제집은 그동안 시행된 국가직, 지방직, 서울시 기출문제를 과목별로, 시행처와 시행연도별로 깔끔하게 정리하여 담고 문제마다 상세한 해설과 함께 관련 이론을 수록한 군더더기 없는 구성으로 기출문제집 본연의 의미를 살리고자 하였다.

수험생은 본서를 통해 변화하는 출제경향을 파악하고 학습의 방향을 잡아 단기간에 최대의 학습효과를 거둘 수 있을 것이다.

1%의 행운을 잡기 위한 99%의 노력! 본서가 수험생 여러분의 행운이 되어 합격을 향한 노력에 힘을 보탤 수 있기를 바란다.

Structure

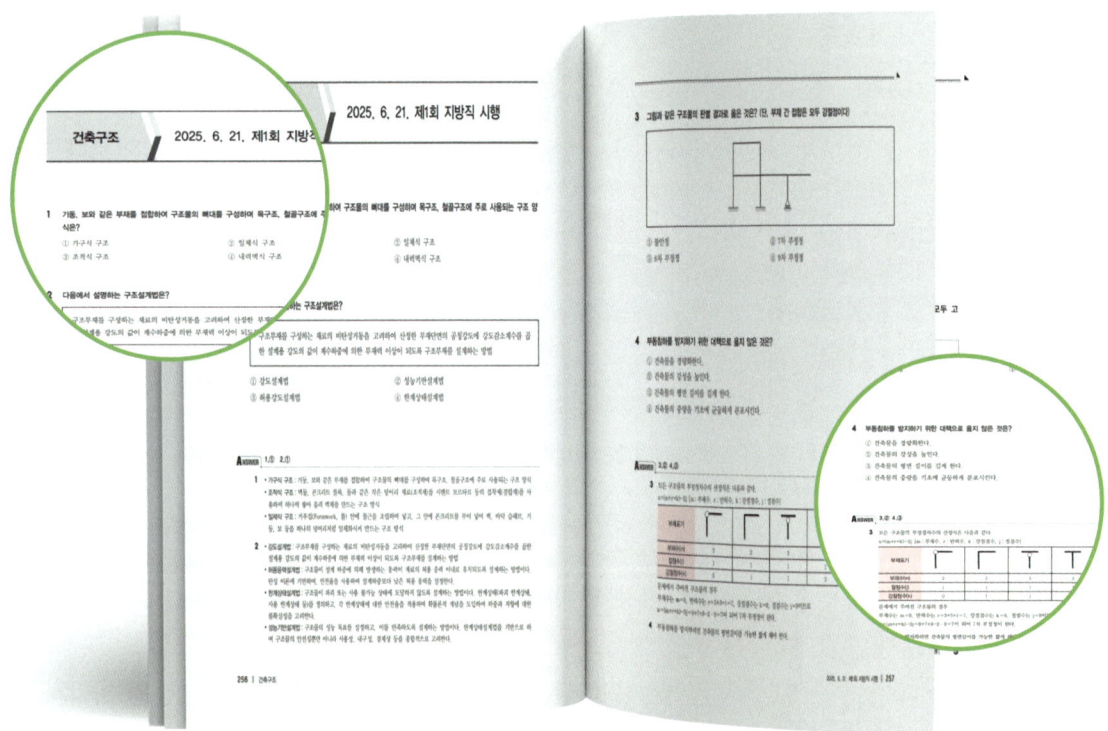

최신 기출문제분석

2025년 최신 기출문제를 비롯한 최다 기출문제를 통해 모든 시험에서 가장 중요한 기출 동향을 파악하고 학습한 이론을 기출 문제로 정리할 수 있습니다. 기출문제들을 반복하여 풀어봄으로써 이전 학습에서 확실하게 깨닫지 못했던 세세한 부분까지 철저하게 파악하여 실전대비 최종 마무리를 완성하고, 스스로의 학습상태를 점검할 수 있습니다.

상세한 해설

상세한 해설을 통해 한 문제 한 문제에 대한 학습을 가능하도록 하였습니다. 정답을 맞힌 문제라도 꼼꼼한 해설을 통해 다시 한 번 내용을 확인할 수 있습니다. 틀린 문제를 체크하여 내가 취약한 부분을 파악할 수 있습니다.

건축구조

시행	페이지
2017. 4. 8 인사혁신처 시행	8
2017. 6. 17 제1회 지방직 시행	18
2017. 6. 24 제2회 서울특별시 시행	27
2017. 12. 16 지방직 추가선발 시행	37
2018. 3. 24 제1회 서울특별시 시행	45
2018. 4. 7 인사혁신처 시행	56
2018. 5. 19 제1회 지방직 시행	64
2018. 6. 23 제2회 서울특별시 시행	73
2019. 2. 23 제1회 서울특별시 시행	81
2019. 4. 6 인사혁신처 시행	93
2019. 6. 15 제1회 지방직 시행	106
2019. 6. 15 제2회 서울특별시 시행	115
2020. 6. 13 제1회 지방직 시행	127
2020. 7. 11 인사혁신처 시행	136
2021. 4. 17 인사혁신처 시행	147
2021. 6. 5 제1회 지방직 시행	159
2022. 2. 26 제1회 서울특별시 시행	170
2022. 4. 2 인사혁신처 시행	181
2022. 6. 18 제1회 지방직 시행	193
2023. 4. 8 인사혁신처 시행	203
2023. 6. 10 제1회 지방직 시행	218
2024. 3. 23 인사혁신처 시행	231
2024. 6. 22 제1회 지방직 시행	240
2025. 4. 5 국가직 시행	253
2025. 6. 21 제1회 지방직 시행	262

건축구조

건축구조

2017. 4. 8 인사혁신처 시행

1 공업화 건축 중에서 모듈러 공법의 특징으로 옳지 않은 것은?

① 건물의 해체 및 재설치가 용이하다.
② 기존 공법보다 공기를 단축할 수 있다.
③ 주요 구성 재료의 현장생산과 현장조립에 의한 고품질 확보가 가능하다.
④ 현장인력을 줄일 수 있어 현장 통제가 용이해진다.

2 건축구조기준의 설계하중 용어에 대한 설명으로 옳지 않은 것은?

① 경량칸막이벽 : 자중이 $1kN/m^2$ 이하인 가동식 벽체
② 풍상측 : 바람이 불어와서 맞닿는 쪽
③ 이중골조방식 : 횡력의 25% 이상을 부담하는 연성모멘트골조가 전단벽이나 가새골조와 조합되어 있는 구조방식
④ 중간모멘트골조 : 연성거동을 확보하기 위한 특별한 상세를 사용하지 않은 모멘트골조

ANSWER 1.③ 2.④

1 모듈러 공법은 주요 구성 재료의 공장생산 및 공장조립에 의한 고품질의 확보가 이루어진다.

2 연성거동을 확보하기 위한 특별한 상세를 사용하지 않은 모멘트골조는 보통모멘트골조이다.
   ※ 모멘트골조
   ㉠ **보통모멘트골조** : 연성거동을 확보하기 위한 특별한 상세를 사용하지 않은 모멘트골조이다. 설계지진력이 작용할 때, 부재와 접합부가 최소한의 비탄성변형을 수용할 수 있는 골조로서 보-기둥접합부는 용접이나 고장력볼트를 사용해야 한다.
   ㉡ **중간모멘트골조(IMRCF)** : 보-기둥 접합부가 최소 0.02rad의 층간변위각을 발휘할 수 있어야 하며 이때 휨강도가 소성모멘트의 80% 이상 유지되어야 한다.
   ㉢ **특수모멘트골조(SMRCF)** : 보-기둥 접합부가 최소 0.04rad의 층간변위각을 발휘할 수 있어야 하며 이때 휨강도가 소성모멘트의 80% 이상 유지되어야 한다.

3 강구조에서 단면적, 단면계수, 단면2차모멘트를 증가시키기 위하여 휨부재의 플랜지에 용접이나 볼트로 연결되는 플레이트는?

① 커버플레이트(cover plate)
② 베이스플레이트(base plate)
③ 윙플레이트(wing plate)
④ 거셋플레이트(gusset plate)

4 목구조의 왕대공지붕틀을 구성하는 부재가 아닌 것은?

① 종보
② 평보
③ 왕대공
④ ㅅ자보

ANSWER 3.① 4.①

3 커버플레이트에 대한 설명이다.

4 종보는 왕대공지붕틀을 구성하는 부재가 아니다.
※ 왕대공지붕틀

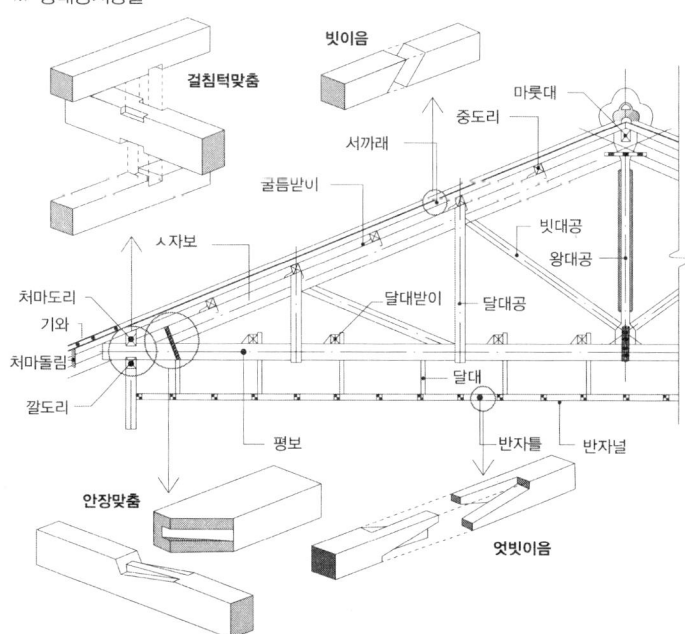

5 프리스트레스트 콘크리트의 부재 설계에 대한 설명으로 옳지 않은 것은?

① 부분균열등급 휨부재의 처짐은 균열환산단면해석에 기초하여 2개의 직선으로 구성되는 모멘트-처짐 관계나 유효단면2차 모멘트를 적용하여 계산하여야 한다.
② 구조설계에서는 프리스트레스에 의해 발생되는 응력집중을 고려하여야 한다.
③ 휨부재는 미리 압축을 가한 인장구역에서 사용하중에 의한 인장연단응력에 따라 비균열등급과 부분균열등급의 두 가지로 구분된다.
④ 부분균열등급 휨부재의 사용하중에 의한 응력은 비균열단면을 사용하여 계산하여야 한다.

6 강구조의 접합에 대한 설명으로 옳지 않은 것은?

① 고장력볼트의 구멍중심에서 볼트머리 또는 너트가 접하는 재의 연단까지의 최대거리는 판두께의 12배 이하 또한 150mm 이하로 한다.
② 접합부의 설계강도는 45kN 이상이어야 한다. 다만, 연결재, 새그로드 또는 띠장은 제외한다.
③ 전단접합 시에 용접과 볼트의 병용이 허용되지 않는다.
④ 일반볼트는 영구적인 구조물에는 사용하지 못하고 가체결용으로만 사용한다.

Answer 5.③ 6.③

5 휨부재는 미리 압축을 가한 인장구역에서 사용하중에 의한 인장연단응력에 따라 비균열등급과 부분균열등급, 완전균열등급의 세 가지로 구분된다.
※ PSC(프리스트레스트 콘크리트) 휨부재의 균열등급
  ㉠ PSC 휨부재는 균열발생여부에 따라 그 거동이 달라지며 균열의 정도에 따라 세 가지 등급으로 구분하고 구분된 등급에 따라 응력 및 사용성을 검토하도록 규정하고 있다.
  ㉡ 비균열 등급 : $f_t < 0.63\sqrt{f_{ck}}$ 이므로 균열이 발생하지 않는다.
  ㉢ 부분균열등급 : $0.63\sqrt{f_{ck}} < f_t < 1.0\sqrt{f_{ck}}$ 이므로 사용하중이 작용 시 응력은 총 단면으로 계산하되 처짐은 유효단면을 사용하여 계산한다.
  ㉣ 완전균열등급 : 사용하중 작용 시 단면응력은 균열환산단면을 사용하여 계산하며 처짐은 유효단면을 사용하여 계산한다.

6 강구조의 접합에서 전단접합 시에는 용접과 볼트의 병용이 허용된다.

7 목구조에서 부재 접합 시의 유의사항으로 옳지 않은 것은?

① 이음·맞춤 부위는 가능한 한 응력이 작은 곳으로 한다.
② 맞춤면은 정확히 가공하여 빈틈없이 서로 밀착되도록 한다.
③ 이음·맞춤의 단면은 작용하는 외력의 방향에 직각으로 한다.
④ 경사못박기에서 못은 부재와 약 45°의 경사각을 갖도록 한다.

8 다음 그림과 같이 평판두께가 13mm인 2개의 강판을 하중(P)방향과 평행하게 필릿용접으로 겹침이음하고자 한다. 용접부의 설계강도를 산정하는 데 필요한 용접재의 유효면적과 가장 가까운 값(mm²)은? (단, 필릿용접부에 작용하는 하중은 단부하중이 아니며, 이음면은 직각이다)

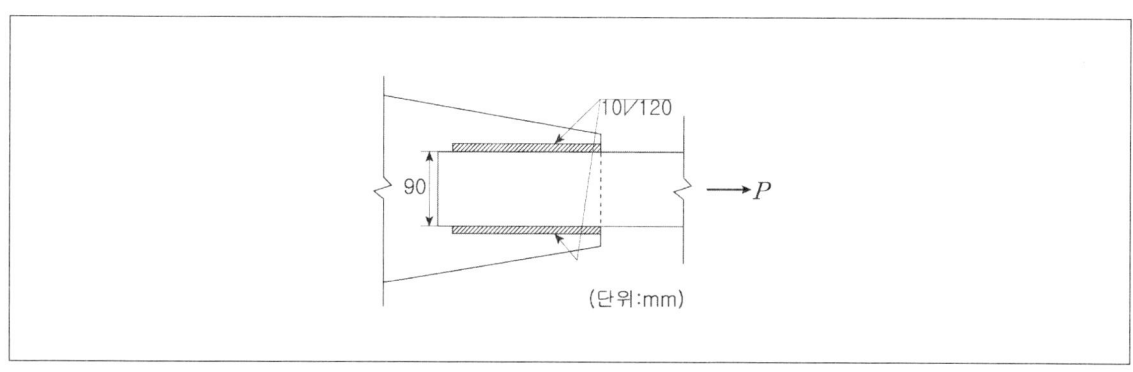

① 700
② 1,200
③ 1,400
④ 2,400

ANSWER 7.④ 8.③

7 경사못박기에서 못은 부재와 약 15°의 경사각을 갖도록 한다.

8 필릿용접은 모살용접이라고도 하며, 두 부재에 홈파기(가공)를 하지 않고 일정한 각도로 접합한 후 삼각형 모양으로 접합부를 용접하는 방법이다.
모살용접의 유효길이는 $L_e = L - 2S = 120 - 2 \cdot 10 = 100$
유효용접면적은 유효목두께(0.7S)와 유효길이 L_e를 곱한 값이며 양쪽으로 접합이 이루어지고 있으므로,
$A_e = 2 \cdot a \cdot L_e = 2 \cdot (0.7 \cdot 10) \cdot 100 = 1400$이 된다.

9 강구조의 휨부재에 대한 설명으로 옳지 않은 것은?

① 강축휨을 받는 2축대칭 H형강의 콤팩트 부재에서 비지지길이가 소성한계비지지길이 이하인 경우에는 횡좌굴강도를 고려하지 않아도 된다.
② 속이 꽉 찬 직사각형 단면의 경우 강축에 대한 소성단면계수는 탄성단면계수의 1.25배이다.
③ 동일 조건에서 휨부재의 비지지길이가 길수록 탄성횡좌굴강도는 감소한다.
④ 압연 H형강 H-150×150×7×10 휨부재에서 플랜지의 판폭 두께비는 7.5이다.

10 길이 L인 봉에 축하중 P가 작용할 때 봉의 늘어난 길이 ΔL은? (단, 봉의 단면적은 A이며, 하중 P는 단면의 도심에 가해지고 자중은 무시한다. 봉을 구성하는 재료의 응력(σ)-변형도(ϵ) 관계가 $\sigma = E\sqrt{\epsilon}$ 이며, E는 봉의 탄성계수이다)

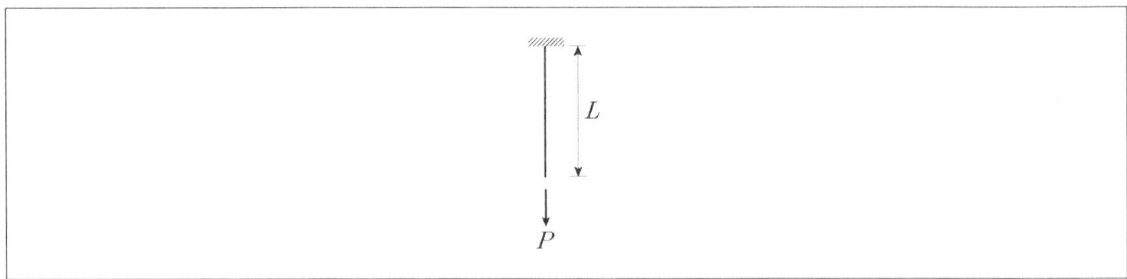

① $\dfrac{PL}{AE}$

② $\dfrac{P^2L^2}{A^2E^2}$

③ $\dfrac{P^2L}{A^2E^2}$

④ $\dfrac{PL}{A^2E^2}$

Answer 9.② 10.③

9 속이 꽉 찬 직사각형 단면의 경우 강축에 대한 소성단면계수는 탄성단면계수의 1.5배이다.

10 문제에서 주어진 조건대로라면 $\sigma = \dfrac{P}{A} = E\sqrt{\epsilon} = E\sqrt{\dfrac{\Delta L}{L}}$

$\dfrac{\Delta L}{L} = \dfrac{P^2}{A^2E^2}$ 이므로 $\Delta L = \dfrac{P^2L}{A^2E^2}$ 이 성립한다.

11 철근콘크리트구조에서 부재축에 직각인 전단철근을 사용하는 경우, 전단철근에 의한 전단강도의 크기에 영향을 미치는 요인이 아닌 것은?

① 전단철근의 설계기준항복강도
② 인장철근의 중심에서 압축콘크리트 연단까지의 거리
③ 전단철근의 간격
④ 부재의 폭

12 철근콘크리트구조에서 철근의 정착에 대한 설명으로 옳지 않은 것은?

① 인장 이형철근의 정착길이는 항상 300mm 이상이어야 한다.
② 갈고리는 압축을 받는 경우 철근정착에 유효하지 않은 것으로 보아야 한다.
③ 정착길이 산정에 사용하는 $\sqrt{f_{ck}}$ (f_{ck} : 콘크리트의 설계기준 압축강도) 값은 10.0MPa을 초과할 수 없다.
④ 확대머리 이형철근은 압축을 받는 경우에 유효하지 않다.

13 철근콘크리트구조에서 휨부재와 압축부재의 제한 사항으로 옳지 않은 것은?

① 보의 횡지지 간격은 압축 플랜지 또는 압축면의 최소 폭의 75배를 초과하지 않아야 한다.
② 두께가 균일한 구조용 슬래브와 기초판에서 경간방향으로 보강되는 휨철근의 최대 간격은 위험단면이 아닌 경우에 슬래브 또는 기초판 두께의 3배와 450mm 중 작은 값을 초과하지 않아야 한다.
③ 비합성 압축부재의 축방향 주철근 단면적은 전체 단면적의 0.01배 이상, 0.08배 이하로 하여야 한다. 축방향 주철근이 겹침이음되는 경우의 철근비는 0.04를 초과하지 않아야 한다.
④ 압축부재의 축방향 주철근의 최소 개수는 사각형이나 원형띠철근으로 둘러싸인 경우 4개로 하여야 한다.

ANSWER 11.④ 12.③ 13.①

11 철근콘크리트 부재의 폭은 부재축에 대해 직각인 전단철근에 의한 전단강도의 크기에 직접적인 영향을 미친다고 보기는 어렵다.
12 정착길이 산정에 사용하는 $\sqrt{f_{ck}}$ (f_{ck} : 콘크리트의 설계기준 압축강도) 값은 8.4MPa을 초과할 수 없다.
13 보의 횡지지 간격은 압축 플랜지 또는 압축면의 최소 폭의 50배를 초과하지 않아야 한다.

14 지반조사에서 본조사의 조사항목이 아닌 것은?

① 원위치시험
② 토질시험
③ 지지력 및 침하량 계산
④ 부근 건축구조물 등의 기초에 관한 제조사

15 콘크리트의 크리프 및 건조수축에 대한 설명으로 옳지 않은 것은?

① 콘크리트 강도가 증가하면 크리프는 감소한다.
② 단위골재량이 증가하면 크리프는 증가한다.
③ 대기 중의 습도가 증가하면 건조수축은 감소한다.
④ 물-시멘트비가 증가하면 건조수축은 증가한다.

ANSWER 14.④ 15.②

14 부근 건축구조물 등의 기초에 관한 제조사는 예비조사항목에 속한다.
※ 예비조사는 기초의 형식을 구상하고, 본조사의 계획을 세우기 위하여 시행하는 것으로서, 대지 내의 개략적인 지반구성, 층을 구성하는 토질의 단단함과 연함 및 지하수의 위치 등을 파악하는 것이다. 예비조사는 기초의 지반조사 자료의 수집, 지형에 따른 지반개황의 판단 및 부근 건축구조물 등의 기초에 관한 제조사를 시행하는 것으로 이것이 불충분하다고 생각될 때에는 대지조건에 따라 천공조사, 표준관입시험, 샘플링, 물리탐사, 시굴 등을 적절히 실시하는 것이다.
※ 본조사는 기초의 설계 및 시공에 필요한 제반 자료를 얻기 위하여 시행하는 것으로 천공조사 및 기타 방법에 따라 대지 내의 지반구성과 기초의 지지력, 침하(沈下) 및 시공에 영향을 미치는 범위 내의 지반의 여러 성질과 지하수의 상태를 조사하는 것이다. 조사간격, 조사지점 및 조사깊이는 예비조사에서 추정되는 지반상황과 건축구조물 등의 규모, 종류에 따라 정하는 것으로 한다. 지반의 상황에 따라서 적절한 원위치시험과 토질시험을 하고, 지지력 및 침하량의 계산과 기초공사의 시공에 필요한 지반의 성질을 구하는 것으로 한다.

15 단위골재량이 증가하면 크리프는 감소한다.

16 그림과 같은 단순보의 C점에서 발생하는 휨모멘트의 크기(kN·m)는? (단, 보의 자중은 무시한다)

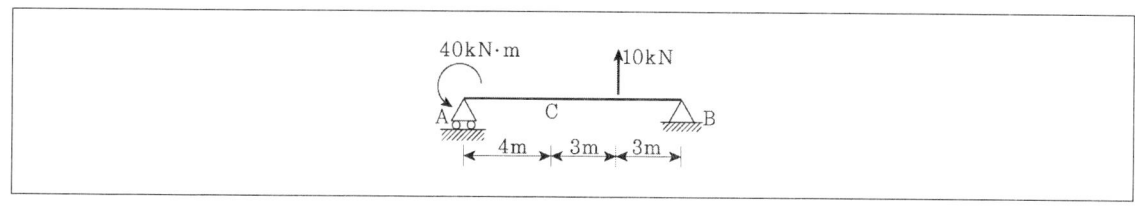

① -36
② -38
③ -40
④ -42

17 조적식 구조의 설계일반사항에 대한 설명으로 옳지 않은 것은?

① 공간쌓기벽의 개구부 주위에는 개구부의 가장자리에서 300mm 이내에 최대 간격 900mm인 연결철물을 추가로 설치해야 한다.
② 공간쌓기벽의 벽체연결철물 단부는 90°로 구부려 길이가 최소 30mm 이상이어야 한다.
③ 하중시험이 필요한 경우에는 해당 부재나 구조체의 해당 부위에 설계활하중의 2배에 고정하중의 0.5배를 합한 하중을 24시간 동안 작용시킨 후 하중을 제거한다.
④ 다중겹벽에서 줄눈보강철물의 수직간격은 400mm 이하로 한다.

ANSWER 16.① 17.②

16 지점A에는 1kN의 상향반력이 생기며 여기에 C지점까지의 거리인 4m를 곱하면 4kN·m의 정모멘트가 생기게 된다. 그러므로 C지점에서는 40-4=36kN·m의 부모멘트가 발생하게 된다.

17 공간쌓기벽의 벽체연결철물 단부는 90°로 구부려 길이가 최소 50mm 이상이어야 한다.

18 철근콘크리트구조의 내진설계 시 특별 고려사항에서 지진력에 저항하는 부재의 콘크리트와 철근에 대한 설명으로 옳지 않은 것은?

① 콘크리트의 설계기준압축강도는 21MPa 이상이어야 한다.
② 경량콘크리트의 설계기준압축강도는 35MPa을 초과할 수 없다. 만약 실험에 의하여 경량콘크리트를 사용한 부재가 같은 강도의 보통중량콘크리트를 사용한 부재의 강도 및 인성 이상을 갖는 것이 확인된다면, 이보다 큰 압축강도를 사용할 수 있다.
③ 철근의 실제 항복강도에 대한 실제 극한인장강도의 비가 1.25 이상이어야 한다.
④ 철근의 실제 항복강도가 공칭항복강도를 200MPa 이상 초과하지 않아야 한다.

19 말뚝재료의 허용응력에 대한 설명으로 옳지 않은 것은? (단, 이음말뚝 및 세장비가 큰 말뚝에 대한 허용응력 저감은 고려하지 않는다.)

① 나무말뚝의 허용지지력은 나무말뚝의 최소단면에 대해 구하는 것으로 한다.
② 기성콘크리트말뚝의 허용압축응력은 콘크리트설계기준강도의 최대 1/3까지를 말뚝재료의 허용압축응력으로 한다.
③ 강재말뚝의 허용압축력은 일반의 경우 부식부분을 제외한 단면에 대해 재료의 항복응력과 국부좌굴응력을 고려하여 결정한다.
④ 현장타설콘크리트말뚝에서 철근의 허용압축응력은 항복강도의 40% 이하로 하고, 형강의 허용압축응력은 항복강도의 50% 이하로 한다.

Answer 18.④ 19.②

18 지진력에 저항하는 부재의 철근은 강재를 제작한 공장에서 계측한 실제 항복강도가 공칭항복강도를 120MPa 이상 초과하지 않아야 한다. 재하시험에서는 이 값을 20MPa 이상 초과하지 않아야 한다.

19 기성콘크리트말뚝의 허용압축응력은 콘크리트설계기준강도의 최대 1/4까지를 말뚝재료의 허용압축응력으로 한다.

20 보강조적조의 구조세칙에 대한 설명으로 옳지 않은 것은?

① 6mm 이상의 원형철근의 사용은 금지한다.
② 기둥에서 띠철근과 길이방향철근은 기둥 표면으로부터 38mm 이상에서 150mm 이하로 배근되어야 한다.
③ 평행한 길이방향 철근의 순간격은 기둥단면을 제외하고, 철근의 공칭직경이나 25mm보다 작아서는 안 되지만 이음철근은 예외로 한다.
④ 휨부재에서의 압축철근은 지름 6mm 이하인 띠철근이나 전단보강근으로 보강되어야 한다.

ANSWER 20.②

20 기둥에서 띠철근과 길이방향철근은 기둥 표면으로부터 38mm 이상에서 130mm 이하로 배근되어야 한다.

건축구조 / 2017. 6. 17 제1회 지방직 시행

1 막과 케이블 구조에 대한 설명으로 옳지 않은 것은?

① 막구조는 자중을 포함하는 외력이 막응력에 따라서 저항되는 구조물로서 휨 또는 비틀림에 대한 저항이 큰 구조이다.
② 공기막구조는 공기막 내외부의 압력 차에 따라 막면에 강성을 주어 형태를 안정시켜 구성되는 구조물이다.
③ 인열강도는 재료가 접힘 또는 굽힘을 받은 후 견딜 수 있는 최대인장응력이다.
④ 케이블구조는 휨에 대한 저항이 작은 구조로 인장응력만을 받을 목적으로 제작 및 시공된다.

2 직접설계법이 적용된 콘크리트 슬래브의 제한사항에 대한 설명으로 옳지 않은 것은?

① 각 방향으로 3경간 이상 연속되어야 한다.
② 고정하중은 활하중의 2배 이하이어야 한다.
③ 연속한 기둥 중심선을 기준으로 기둥의 어긋남은 그 방향 경간의 10% 이하이어야 한다.
④ 각 방향으로 연속한 받침부 중심간 경간 차이는 긴 경간의 1/3 이하이어야 한다.

ANSWER 1.① 2.②

1 막구조는 자중을 포함하는 외력이 막응력에 따라서 저항되는 구조물로서 휨이나 비틀림에 대한 저항이 매우 약한 구조이다.
2 활하중은 고정하중의 2배 이하여야 한다.

3 철근의 정착길이에 대한 설명으로 옳지 않은 것은? (단, d_b : 철근의 공칭지름[mm])

① 단부에 표준갈고리가 있는 인장 이형철근의 정착길이는 항상 $8d_b$ 이상 또한 150mm 이상이어야 한다.
② 압축 이형철근의 정착길이는 항상 200mm 이상이어야 한다.
③ 확대머리 이형철근의 인장에 대한 정착길이는 $8d_b$, 또한 150mm 이상이어야 한다.
④ 인장 이형철근의 정착길이는 항상 200mm 이상이어야 한다.

4 건축물의 기초계획 시 고려해야 할 사항으로 옳지 않은 것은?

① 기초구조의 성능은 상부구조의 안전성 및 사용성을 확보할 수 있도록 계획하여야 한다.
② 연약지반에 구조물을 세우는 경우 시공과정이나 후에 여러 가지 문제가 발생하므로 연약지반의 공학적 조사와 더불어 개량공법 등의 대책을 수립하여야 한다.
③ 액상화평가결과 대책이 필요한 지반의 경우는 지반개량공법 등을 적용하여 액상화 저항능력을 증대시키도록 하여야 한다.
④ 동일 구조물의 기초에서는 가능한 한 이종형식기초를 병용하여야 한다.

ANSWER 3.④ 4.④

3 인장 이형철근의 정착길이는 항상 300mm 이상이어야 한다.
4 동일 구조물의 기초에서는 가능한 한 이종형식기초를 사용하지 않고 통일된 기초형식을 적용해야 한다.

5 목구조의 구조계획에 대한 설명으로 옳지 않은 것은?

① 고정하중, 활하중, 적설하중 등의 수직하중을 가능한 한 균등하게 분산하며, 안전성을 확보할 수 있도록 기둥-보의 골조 또는 벽체를 배치한다.
② 벽체는 상하벽이 가능한 한 일치하도록 배치하며, 수직하중이 국부적으로 작용하는 경우 편심을 고려하여 설계한다.
③ 골조 또는 벽체 등의 수평저항요소에 수평력을 적절히 전달하기 위하여 벽체가 일체화된 격막구조가 되도록 한다.
④ 각 골조 및 벽체는 되도록 균등하게 하중을 분담하도록 배치하며, 불균일하게 배치한 경우에는 평면적으로 가능한 한 일체가 되도록 하고, 뒤틀림의 영향을 고려한다.

6 래티스 형식 조립압축재에 설치하는 띠판에 대한 요구 조건으로 옳지 않은 것은?

① 띠판의 두께는 조립부재개재를 연결시키는 용접 또는 파스너열 사이 거리의 1/50 이상이 되어야 한다.
② 띠판의 조립부재에 접합은 용접의 경우 용접길이는 띠판 길이의 1/3 이상이어야 한다.
③ 부재단부에 사용되는 띠판의 폭은 조립부재개재를 연결하는 용접 또는 파스너열 간격 이상이 되어야 한다.
④ 부재중간에 사용되는 띠판의 폭은 부재단부 띠판길이의 1/3 이상이 되어야 한다.

ANSWER 5.③ 6.④

5 • 골조 또는 벽체 등의 수평저항요소에 수평력을 적절히 전달하기 위하여 바닥평면이 일체화된 격막구조가 되도록 한다.
  • 또한 각 수평저항요소에 동등한 수평력이 분포하는 경우에도 바닥 전체가 일체화된 격막구조가 되도록 한다.
6 부재중간에 사용되는 띠판의 폭은 부재단부 띠판길이의 1/2 이상이 되어야 한다.

7 풍하중 설계풍속 산정 시 건설지점의 지표면조도구분은 주변 지역의 지표면 상태에 따라 정해지는데, 높이 1.5~10m 정도의 장애물이 산재해 있는 지역에 대한 지표면조도구분은?

① A
② B
③ C
④ D

8 목구조의 뼈대를 구성하는 수평 부재의 시공 순서를 바르게 나열한 것은?

① 토대 → 깔도리 → 층도리 → 처마도리
② 토대 → 층도리 → 깔도리 → 처마도리
③ 처마도리 → 토대 → 층도리 → 깔도리
④ 처마도리 → 토대 → 깔도리 → 층도리

9 높이 L=3.0m인 압연H형강 H-200×200×8×12 기둥이 하부는 고정단으로 지지되어 있고 상부는 단순지지되어 있다. 유효좌굴 길이계수로 이론적인 값을 사용할 경우, 기둥의 약축방향 세장비는? (단, 압연H형강 H-200×200×8×12의 약축방향 단면 2차 반경 r_y=50.2mm)

① 29.9
② 41.8
③ 59.8
④ 71.7

ANSWER | 7.③ 8.② 9.②

7	지표면 조도구분	주변지역의 지표면 상태
	A	대도시 중심부에서 고층건축물(10층 이상)이 밀집해 있는 지역
	B	수목·높이 3.5m 정도의 주택과 같은 건축물이 밀집해 있는 지역 중층건물(4~9층)이 산재해 있는 지역
	C	높이 1.5~10m 정도의 장애물이 산재해 있는 지역 수목·저층 건축물이 산재해 있는 지역
	D	장애물이 거의 없고, 주변 장애물의 평균높이가 1.5m 이하인 지역 해안, 초원, 비행장

8 목구조의 뼈대를 구성하는 수평 부재의 시공 순서는 토대 → 층도리 → 깔도리 → 처마도리 순이다.

9 단부지지조건은 일단고정 타단힌지이므로 유효좌굴 길이계수(K)는 0.7이 된다.

세장비 $\lambda = \dfrac{KL}{r_{\min}} = \dfrac{0.7 \cdot (3000)}{50.2} \fallingdotseq 41.8$

10 필릿용접에 대한 설명으로 옳지 않은 것은?

① 접합부의 얇은 쪽 모재두께가 13mm일 때, 필릿용접의 최소 사이즈는 6mm이다.
② 필릿용접의 유효목두께는 용접루트로부터 용접표면까지의 최단거리로 한다. 단, 이음면이 직각인 경우에는 필릿사이즈의 0.7배로 한다.
③ 단부하중을 받는 필릿용접에서 용접길이가 용접사이즈의 100배 이하일 경우에는 유효길이를 실제길이와 같은 값으로 간주할 수 있다.
④ 강도를 기반으로 하여 설계되는 필릿용접의 최소길이는 공칭 용접사이즈의 4배 이상으로 해야 한다.

11 강구조의 국부좌굴에 대한 단면의 분류에서 비구속판요소의 폭(b)에 대한 설명으로 옳지 않은 것은?

① H형강 플랜지에 대한 b는 전체공칭플랜지폭의 반이다.
② ㄱ형강 다리에 대한 b는 전체공칭치수에서 두께를 감한 값이다.
③ T형강 플랜지에 대한 b는 전체공칭플랜지폭의 반이다.
④ 플레이트의 b는 자유단으로부터 파스너 첫 번째 줄 혹은 용접선까지의 길이이다.

ANSWER 10.① 11.②

10 필릿용접(모살용접)의 사이즈는 원칙적으로 접합되는 모재의 얇은 쪽 판두께 이하로 한다.

접합부의 얇은 쪽 판 두께, t(mm)	최소 사이즈(mm)
$t \leq 6$	3
$6 < t \leq 13$	5
$13 < t \leq 19$	6
$19 < t$	8

11 ㄱ형강, ㄷ형강 및 Z형강의 다리에 대한 폭 b는 전체공칭치수이다.
 ※ 비구속판요소의 폭(b)
  ㉠ H형강과 T형강 플랜지에 대한 폭 b는 전체공칭플랜지폭 b_f의 반이다.
  ㉡ ㄱ형강, ㄷ형강 및 Z형강의 다리에 대한 폭 b는 전체공칭치수이다.
  ㉢ 플레이트의 폭 b는 자유단으로부터 파스너의 첫 번째 줄 혹은 용접선까지의 길이이다.

12 기초지반 조사방법에 대한 설명으로 옳게 짝지은 것은?

> ㉠ 로드 끝에 +자형 날개를 달아 연약한 점토지반의 점착력을 판단하여 전단강도를 추정하는 방법이다.
> ㉡ 와이어로프 끝에 비트를 단 보링로드를 회전시키면서 상하로 충격을 주어 지반을 뚫고 시료를 채취하는 방법이다.
> ㉢ 63.5 kg 해머를 75cm 높이에서 자유낙하시켜 30cm 관입시킬 때 타격횟수를 산정하는 방법이다.

	㉠	㉡	㉢
①	표준관입시험	수세식 보링	베인테스트
②	베인테스트	수세식 보링	표준관입시험
③	베인테스트	충격식 보링	표준관입시험
④	표준관입시험	충격식 보링	베인테스트

13 폭 b, 높이 h인 직사각형 단면(h>b)에서 도심을 지나고 밑변과 수평인 축이 X축, 수직인 축이 Y축이다. 이 때, 약축에 대한 단면 2차 반경(i_Y)과 강축에 대한 단면 2차 모멘트(I_X)의 비율 $\left(\dfrac{I_X}{i_Y}\right)$은?

① $\dfrac{h^2}{\sqrt{3}}$

② $\dfrac{h^3}{\sqrt{12}}$

③ $\dfrac{b^2}{\sqrt{3}}$

④ $\dfrac{b^3}{\sqrt{12}}$

ANSWER 12.③ 13.②

12 ㉠은 베인테스트, ㉡은 충격식 보링, ㉢은 표준관입시험에 대한 설명이다.

13 폭 b, 높이 h인 직사각형 단면(h>b)에서 도심을 지나고 밑변과 수평인 축이 X축, 수직인 축이 Y축일 때, 약축에 대한 단면 2차 반경(i_Y)과 강축에 대한 단면 2차 모멘트(I_X)의 비율 $\left(\dfrac{I_X}{i_Y}\right)$은 $\dfrac{h^3}{\sqrt{12}}$가 된다.

14 허용응력설계법이 적용된 합성조적조에 대한 설명으로 옳지 않은 것은?

① 합성조적조의 어떠한 부분에서도 계산된 최대응력은 그 부분 재료의 허용응력을 초과할 수 없다.
② 재사용되는 조적부재의 허용응력은 같은 성능을 갖는 신설 조적개체의 허용응력을 초과하지 않아야 한다.
③ 해석은 순면적의 탄성환산단면에 기초한다.
④ 환산단면에서 환산된 면적의 두께는 일정하며 부재의 유효 높이나 길이는 변하지 않는다.

15 부유식 구조에 적용하는 하중에 대한 설명으로 옳지 않은 것은?

① 부유식 구조에 적용된 항구적인 발라스트의 하중은 활하중으로 고려한다.
② 부유식 구조의 계류 또는 견인으로 인한 하중에는 활하중의 하중계수를 적용한다.
③ 파랑하중의 설계용 파향은 부유식 구조물 또는 그 부재에 가장 불리한 방향을 취하는 것으로 한다.
④ 부유식 구조의 설계에서는 정수압과 부력의 영향을 고려한다.

16 구조물의 지진하중 산정에 사용되는 분류에 대한 설명으로 옳은 것은?

① 지진구역은 3가지로 분류한다.
② 지반종류는 4가지로 분류한다.
③ 구조물의 내진등급은 4가지로 분류한다.
④ 구조물의 내진설계범주는 4가지로 분류한다.

Answer 14.② 15.① 16.④

14 재사용되는 조적부재의 허용응력은 같은 성능을 갖는 신설 조적개체에 허용응력의 50%를 초과하지 않아야 한다.

15 부유식 구조에 적용된 항구적인 발라스트의 하중은 고정하중으로 고려한다.

16 ① 지진구역은 지진구역Ⅰ, 지진구역Ⅱ의 2가지로 분류한다.
② 지반종류는 5가지(경암, 보통암, 매우 조밀한 토사지반 또는 연암지반, 단단한 토사지반, 연약한 토사지반)로 분류한다.
③ 건축물의 내진등급은 특, Ⅰ, Ⅱ의 3가지로 분류한다.

17 콘크리트구조 내진설계 시 특별고려사항에서 특수모멘트골조 휨부재의 요구사항에 대한 설명으로 옳지 않은 것은?

① 부재의 순경간은 유효깊이의 4배 이상이어야 한다.
② 부재의 깊이에 대한 폭의 비는 0.3 이상이어야 한다.
③ 부재의 폭은 200mm 이상이어야 한다.
④ 부재의 폭은 휨부재 축방향과 직각으로 잰 지지부재의 폭에 받침부 양 측면으로 휨부재 깊이의 3/4을 더한 값보다 작아야 한다.

18 프리스트레스하지 않는 현장치기콘크리트 부재의 최소피복두께에 대한 설명으로 옳은 것은?

① 옥외의 공기에 직접 노출되는 D29철근을 사용하는 기둥 : 50mm
② 흙에 접하여 콘크리트를 친 후 영구히 흙에 묻혀 있는 보 : 60mm
③ 수중에서 타설하는 기둥 : 80mm
④ 옥외의 공기나 흙에 직접 접하지 않는 콘크리트 설계기준 강도가 30MPa인 보 : 40mm

19 프리스트레스트 콘크리트 슬래브 설계에서 긴장재와 철근의 배치에 대한 설명으로 옳지 않은 것은?

① 긴장재 간격을 결정할 때 슬래브에 작용하는 집중하중이나 개구부를 고려하여야 한다.
② 유효프리스트레스에 의한 콘크리트의 평균압축응력이 0.6MPa 이상이 되도록 긴장재의 간격을 정하여야 한다.
③ 등분포하중에 내하여 배치하는 긴장재의 간격은 최소한 1방향으로는 슬래브 두께의 8배 또는 1.5m 이하로 해야 한다.
④ 비부착긴장재가 배치된 슬래브에서는 관련 규정에 따라 최소 부착철근을 배치하여야 한다.

Answer 17.③ 18.④ 19.②

17 부재의 폭은 250mm 이상이어야 한다.
18 프리스트레스하지 않는 현장치기콘크리트 부재의 수중에서 타설하는 기둥의 최소피복두께는 100mm이다.
19 유효프리스트레스에 의한 콘크리트의 평균압축응력이 0.9MPa 이상이 되도록 긴장재의 간격을 정하여야 한다.

20 콘크리트구조에 사용되는 용어의 정의로 옳지 않은 것은?

① 계수하중 : 강도설계법으로 부재를 설계할 때 사용하중에 하중계수를 곱한 하중
② 고성능 감수제 : 감수제의 일종으로 소요의 작업성을 얻기 위해 필요한 단위수량을 감소시키고, 유동성을 증진시킬 목적으로 사용되는 혼화재료
③ 공칭강도 : 강도설계법의 규정과 가정에 따라 계산된 강도 감소계수를 적용한 부재 또는 단면의 강도
④ 균형철근비 : 인장철근이 설계기준항복강도에 도달함과 동시에 압축연단 콘크리트의 변형률이 극한변형률에 도달하는 단면의 인장철근비

ANSWER 20.③

20 공칭강도 : 강도설계법의 규정과 가정에 따라 계산된 부재 또는 단면의 강도로 강도감소계수를 적용하기 전의 강도
설계강도 : 공칭강도에 강도감소계수를 곱한 강도

건축구조 / 2017. 6. 24 제2회 서울특별시 시행

1 다음 중 지진하중에 관한 설명으로 가장 옳지 않은 것은?

① 행정구역에 따라 지진위험도를 결정할 때, 지진구역Ⅰ의 지진구역계수는 0.22g이고, 지진구역Ⅱ는 0.14g이다.
② 지반 분류는 일반적으로 지표면을 기준으로 정하지만 지하층을 가진 구조물로서 직접기초를 사용하고 기초 저면의 지반 종류가 S_D 이상의 지반인 경우에는 기초면을 지반 분류의 기준면으로 사용할 수 있다.
③ 내진설계에서 등가정적해석법으로 지진하중을 산정할 때, 밑면 전단력은 건축물의 중요도계수와 주기 1초에서의 설계스펙트럼가속도 값과 비례하고, 반응수정계수와는 반비례한다.
④ 내진설계범주 'D'에 해당하는 구조물은 시스템의 제한과 상호작용 효과, 변형의 적합성, 건축물 높이의 제한을 만족하여야 한다.

2 다음 중 「건축구조기준(국가건설기준코드)」에 따른 건축물 중요도 분류에 관한 설명으로 옳지 않은 것은? (※ 기출 변형)

① 연면적 1,000m² 미만인 위험물저장시설은 중요도(1)에 해당한다.
② 연면적 1,000m² 이상인 소방서는 중요도(특)에 해당한다.
③ 연면적 3,000m² 이상인 학교는 중요도(특)에 해당한다.
④ 연면적 5,000m² 이상인 운수시설은 중요도(1)에 해당한다.

ANSWER 1.② 2.③

1 지반 분류는 일반적으로 지표면을 기준으로 정하지만 지하층을 가진 구조물로서 직접기초를 사용하고 기초 저면의 지반 종류가 S_C 이상의 지반인 경우에는 기초면을 지반 분류의 기준면으로 사용할 수 있다.

2 건축물의 중요도는 용도 및 규모에 따라 중요도(특), 중요도(1), 중요도(2) 및 중요도(3)으로 분류하며, 학교는 중요도(1)에 해당한다.

3 다음 중 프리스트레스하지 않는 부재의 현장치기콘크리트의 최소 피복두께에 관한 설명으로 가장 옳지 않은 것은?

① 흙에 접하거나 옥외의 공기에 직접 노출되는 콘크리트에서 D25 이하의 철근일 경우는 50mm이다.
② 흙에 접하여 콘크리트를 친 후 영구히 흙에 묻혀 있는 콘크리트의 경우는 60mm이다.
③ 수중에서 타설하는 콘크리트의 경우는 100mm이다.
④ 옥외의 공기나 흙에 직접 접하지 않는 콘크리트의 보와 기둥은 40mm이다. (콘크리트의 설계기준강도 f_{ck}가 40MPa 이상인 경우 규정된 값에서 10mm 저감시킬 수 있다.)

4 「건축구조기준(국가건설기준코드)」에서 표준갈고리를 갖는 인장 이형철근의 기본정착길이로 옳은 것은? (단, d_b : 철근의 공칭지름, f_y : 철근의 설계기준항복강도, λ : 경량 콘크리트계수, f_{ck} : 콘크리트 설계기준압축강도, α : 철근배치 위치계수, β : 철근 도막계수, C : 철근간격 또는 피복두께에 관련된 치수, K_{tr} : 횡방향 철근지수) (※ 기출 변형)

① $\dfrac{0.90 d_b f_y}{\lambda \sqrt{f_{ck}}} \dfrac{\alpha\beta\gamma}{\left(\dfrac{c+K_{tr}}{d_b}\right)}$

② $\dfrac{0.60 d_b f_y}{\lambda \sqrt{f_{ck}}}$

③ $\dfrac{0.24 \beta d_b f_y}{\lambda \sqrt{f_{ck}}}$

④ $\dfrac{0.25 d_b f_y}{\lambda \sqrt{f_{ck}}}$

Answer 3.② 4.③

3 흙에 접하여 콘크리트를 친 후 영구히 흙에 묻혀 있는 콘크리트의 경우 최소 피복두께는 80mm이다. 단, 보와 기둥의 경우 f_{ck}(콘크리트의 설계기준압축강도)가 40MPa 이상이면 기준 최소피복두께에서 최대 10mm만큼 피복두께를 저감시킬 수 있다.

4 표준갈고리를 갖는 인장 이형철근의 기본정착길이 산정식은 $\dfrac{0.24\beta d_b f_y}{\lambda \sqrt{f_{ck}}}$ 과 같다.

5 폭b 및 높이 h인 직사각형 단면(b×h)을 갖는 무근콘크리트보에서, 콘크리트의 인장균열강도가 f_{cr}인 경우 이 보의 최초 휨인장 균열모멘트 M_{cr}의 산정값은?

① $M_{cr} = \dfrac{bh^3}{12} f_{cr}$

② $M_{cr} = \dfrac{bh^2}{12} f_{cr}$

③ $M_{cr} = \dfrac{bh^3}{6} f_{cr}$

④ $M_{cr} = \dfrac{bh^2}{6} f_{cr}$

6 「건축구조기준(국가건설기준코드)」에 따른 철근콘크리트 구조의 기초판 설계에 관한 설명으로 가장 옳지 않은 것은? (※ 기출 변형)

① 2방향직사각형 기초판의 장변방향 철근은 단변폭 전체에 균등하게 배치한다.
② 말뚝에 지지되는 기초판의 임의 단면에 있어서, 말뚝의 중심이 임의 단면에서 $d_{pile}/2$ 이상 내측에 있는 말뚝의 반력은 그 단면에 전단력으로 작용하는 것으로 한다.
③ 기초판의 철근 정착 시 각 단면에서 계산된 철근의 인장력 또는 압축력이 발휘될 수 있도록 묻힘길이, 표준갈고리나 기계적 장치 또는 이들의 조합에 의하여 철근을 단면의 양측에 정착하여야 한다.
④ 기초판의 최대 계수휨모멘트 계산 시 위험단면의 경우 조적조 벽체를 지지하는 기초판은 벽체 중심과 단부 사이의 중간이다.

ANSWER 5.④ 6.②

5 휨인장 균열모멘트 산정식 : $M_{cr} = \dfrac{bh^2}{6} f_{cr}$

6 말뚝에 지지되는 기초판의 임의 단면에 대한 전단력은 다음 규정에 따라 계산하여야 한다.
㉠ 말뚝의 중심이 임의 단면에서 $d_{pile}/2$ 이상 외측에 있는 말뚝의 반력 전부는 그 단면에 전단력으로 작용하는 것으로 한다.
㉡ 말뚝의 중심이 임의 단면에서 $d_{pile}/2$ 이상 내측에 있는 말뚝의 반력은 그 단면에 전단력으로 작용하지 않는 것으로 한다.
㉢ 말뚝의 중심이 위 ㉠과 ㉡에서 규정한 중간에 위치하는 경우, 단면의 외측 $d_{pile}/2$의 위치에서 말뚝 반력 전부를, 단면의 내측 $d_{pile}/2$의 위치에서 반력을 0으로 하여 직선보간으로 말뚝중심에서 산정한 반력이 그 단면에 전단력으로 작용하는 것으로 한다.

7 트러스 구조 해석을 위한 가정으로 가장 옳지 않은 것은?

① 트러스의 모든 하중과 반력은 오직 절점에서만 작용한다.
② 절점법에 의한 트러스 부재력은 절점이 아닌 전체 평형 조건으로부터 산정한다.
③ 트러스 부재는 인장력 또는 압축력의 축력만을 받는다.
④ 트러스는 유연한 접합부(핀 접합)에 의해 양단이 연결되어 강체로서 거동하는 직선부재의 집합체이다.

8 「건축구조기준(국가건설기준코드)」에 따른 철근콘크리트 구조 부재에 적용되는 강도감소계수로 옳은 것은? (※ 기출 변형)

① 나선철근기둥 $\phi = 0.65$
② 포스트 텐션 정착구역 $\phi = 0.70$
③ 인장지배단면 $\phi = 0.75$
④ 전단력과 비틀림모멘트 $\phi = 0.75$

ANSWER 7.② 8.④

7 • 절점법은 트러스 내 모든 부재에 걸리는 힘을 결정할 때 효과적이나 특정 부위, 또는 몇 개의 부재만 해석하고자 할 경우에는 불필요한 해석을 피할 수 없으므로 보다 효율적인 절단법을 적용한다.
 • 절점법은 부재나 절점을 모두 분해하여 절점에 대해 하나의 자유물체로 하여 평형을 취하는 방법이다.
 • 단면법은 하나의 부재나 하나의 트러스가 아니라 트러스 전체를 2개 혹은 3개로 가상으로 절단하여 분리된 일부분의 트러스를 자유물체로 간주하여 평형을 취하는 방식이다.

8 ① 나선철근기둥 $\phi = 0.70$
② 포스트 텐션 정착구역 $\phi = 0.85$
③ 인장지배단면 $\phi = 0.85$

9 「건축구조기준(국가건설기준코드)」에 따른 100년 재현기간에 대한 지역별 기본풍속 V_o(m/s)에 관한 설명으로 가장 옳은 것은? (※ 기출 변형)

① 제주시, 서귀포시의 기본풍속 V_o는 44m/s를 적용한다.

② 서울특별시, 인천광역시, 경기도 지역 중에는 기본풍속 V_o가 30m/s인 지역이 없다.

③ 울릉(독도)만 유일하게 기본풍속 V_o가 45m/s인 지역이다.

④ 풍속자료는 지표면조도구분 C인 지상 15m에서 10분간 평균풍속의 재현기간 100년 값으로 균질화해야 한다.

10 「건축구조기준(국가건설기준코드)」에 따른 조적식 구조의 묻힌 앵커볼트 설치에 관한 설명으로 가장 옳지 않은 것은? (※ 기출 변형)

① 앵커볼트 간의 최소 중심간격은 볼트직경의 4배 이상이어야 한다.

② 앵커볼트의 최소 묻힘길이 l_b는 볼트직경의 4배 이상 또는 50mm 이상이어야 한다.

③ 앵커볼트와 평행한 조적조의 연단으로부터 앵커볼트의 표면까지 측정되는 최소 연단거리 l_{be}는 30mm 이상이 되어야 한다.

④ 민머리 앵커볼트, 둥근머리 앵커볼트 및 후크형 앵커볼트의 설치 시 최소한 25mm 이상 조적조와 긴결하되, 6.4mm 직경의 볼트가 두께 13mm 이상인 바닥 가로줄눈에 설치될 때는 예외로 한다.

Answer 9.① 10.③

9 ② 경기도 지역 중 옹진은 기본풍속 V_o가 30m/s인 지역이다.
③ 울릉(독도)만 유일하게 기본풍속 V_o가 40m/s인 지역이다.
④ 풍속자료는 지표면조도구분 C인 지상 10m에서 10분간 평균풍속의 재현기간 100년 값으로 균질화해야 한다.

10 앵커볼트와 평행한 조적조의 연단으로부터 앵커볼트의 표면까지 측정되는 최소 연단거리 l_{be}는 40mm 이상이 되어야 한다.

11 다음 중 프리스트레스트콘크리트 구조의 슬래브 설계 시 긴장재와 철근의 배치에 관한 설명으로 가장 옳지 않은 것은?

① 긴장재 간격을 결정할 때 슬래브에 작용하는 집중하중이나 개구부를 고려하여야 한다.
② 유효프리스트레스에 의한 콘크리트의 평균 압축응력이 0.9MPa 이상이 되도록 긴장재의 간격을 정하여야 한다.
③ 등분포하중에 대하여 배치하는 긴장재의 간격은 최소한 1방향으로는 슬래브 두께의 10배 또는 2.0m 이하로 해야 한다.
④ 경간 내에서 단면 두께가 변하는 경우에는 단면 변화 방향이 긴장재 방향과 평행이거나 직각이거나에 관계없이 유효프리스트레스에 의한 콘크리트의 평균 압축응력이 모든 단면에서 0.9MPa 이상 되도록 설계하여야 한다.

12 강구조에서 압축재가 양단 고정이고, 횡좌굴에 대한 비지지길이는 3m이다. 이 때의 세장비(λ)는? (단, 단면 2차 반경은 20mm)

① 75
② 105
③ 150
④ 300

ANSWER 11.③ 12.①

11 등분포하중에 대하여 배치하는 긴장재의 간격은 최소한 1방향으로는 슬래브 두께의 8배 이하이면서 1.5m 이하로 해야 한다.
12 양단 고정이므로 유효좌굴 길이계수는 0.5이다. 따라서 세장비는 0.5×3,000/20=75이다.

13 「건축구조기준(국가건설기준코드)」에 따른 합성부재의 구조 제한 조건으로 가장 옳지 않은 것은? (단, f_y : 구조용 강재 및 철근의 설계기준 항복강도, f_{ck} : 콘크리트의 설계기준 압축강도, ρ_{sr} : 연속된 길이방향철근의 최소철근비) (※ 기출 변형)

① 매입형 합성부재의 강재코어 단면적은 합성기둥 총 단면적의 1% 이상으로 한다.
② $f_y \leq 650\text{MPa}$
③ $21\text{MPa} \leq f_{ck} \leq 70\text{MPa}$
④ 매입형 합성부재의 $\rho_{sr} = 0.024$

14 「건축구조기준(국가건설기준코드)」에 따라 목구조의 벽, 기둥, 바닥, 보, 지붕은 일정 기준 이상의 내화성능을 가진 내화구조로 하여야 한다. 주요구조부재의 내화시간으로 가장 옳은 것은? (※ 기출 변형)

① 내력벽의 내화시간 : 1시간 ~ 3시간
② 보·기둥의 내화시간 : 1시간 이내
③ 바닥의 내화시간 : 3시간 이상
④ 지붕틀의 내화시간 : 1시간 ~ 3시간

ANSWER 13.④ 14.①

13 연속된 길이방향철근의 최소철근비 ρ_{sr} 는 0.004로 하며 다음과 같은 식으로 구한다.

$\rho_{sr} = \dfrac{A_{sr}}{A_g}$ (A_{sr} : 연속길이방향철근의 단면적, A_g : 합성부재의 총단면적)

14

구분			내화시간
벽	외벽	내력벽	1시간~3시간
		비내력벽 연소 우려가 있는 부분	1시간~1.5시간
		비내력벽 연소 우려가 없는 부분	0.5시간
	내 벽		1시간~3시간
보·기둥			1시간~3시간
바닥			1시간~2시간
지붕틀			0.5시간~1시간

15 정정구조와 비교하였을 때 부정정구조의 특징으로 가장 옳지 않은 것은?

① 부정정구조는 부재에 발생하는 응력과 처짐이 작다.
② 부정정구조는 모멘트재분배 효과로 보다 안전을 확보할 수 있다.
③ 부정정구조는 강성이 작아 사용성능에서 불리하다.
④ 부정정구조는 온도변화 및 제작오차로 인해 추가적 변형이 일어난다.

16 강재기둥의 좌굴거동에 대하여 기술한 내용 중 가장 옳지 않은 것은?

① 횡이동이 있는 기둥의 경우 유효좌굴길이(KL)는 항상 길이(L) 이상이다.
② 세장비가 한계세장비보다 작은 기둥은 비탄성좌굴에 의해 파괴될 수 있다.
③ 접선탄성계수 이론은 비탄성좌굴에 대한 이론이다.
④ 수평하중이 작용하지 않는 기둥의 좌굴은 횡이동을 수반하지 않는다.

17 철골구조에서 한계상태 설계법에 의한 인장재의 설계 시 검토할 사항으로 가장 옳지 않은 것은?

① 웨브 크리플링(Web Crippling)
② 전단면적에 대한 항복
③ 유효단면에 대한 파괴
④ 블록시어(Block Shear)

Answer 15.③ 16.④ 17.①

15 부정정구조는 정정구조보다 강성이 높고 구조적 안전성이 우수하다.
16 일단이 고정단이고 타단이 자유단인 경우 압축력을 받게 되면 타단부에서부터 수평방향으로 횡이동이 발생할 수 있다.
17 웨브 크리플링(Web Crippling)은 웨브가 압축력을 받아 발생하는 한계상태이다. 특히 집중하중이 작용하는 부분이나 반력에 바로 인접한 부분에서 주로 발생한다.
(참고) Crippling은 '(기능을 상실할 정도로) 심하게 손상(부상)한'이라는 뜻이다.

18 다음 중 강구조의 조립인장재에 관한 설명으로 가장 옳지 않은 것은?

① 띠판은 조립인장재의 비충복면에 사용할 수 있으며, 띠판에서의 단속용접 또는 파스너의 재축방향 간격은 150mm 이하로 한다.
② 판재와 형강 또는 2개의 판재로 구성되어 연속적으로 접촉되어 있는 조립인장재의 재축방향 긴결간격은 대기 중 부식에 노출된 도장되지 않은 내후성강재의 경우 얇은 판두께의 16배 또는 180mm 이하로 해야 한다.
③ 판재와 형강 또는 2개의 판재로 구성되어 연속적으로 접촉되어 있는 조립인장재의 재축방향 긴결간격은 도장된 부재 또는 부식의 우려가 없어 도장되지 않은 부재의 경우 얇은 판두께의 24배 또는 300mm 이하로 해야 한다.
④ 끼움판을 사용한 2개 이상의 형강으로 구성된 조립인장재는 개재의 세장비가 가급적 300을 넘지 않도록 한다.

19 「건축구조기준(국가건설기준코드)」에서 제시하는 철근 배치 간격 제한에 관한 설명 중 가장 옳지 않은 것은? (※ 기출 변형)

① 동일 평면에서 평행하는 철근 사이의 수평 순간격은 25mm 이상, 철근의 공칭지름 이상으로 하여야 한다.
② 상단과 하단에 2단 이상으로 배치된 경우 상하 철근은 동일 연직면 내에 배치되어야 하고, 이때 상하 철근의 순간격은 25mm 이상으로 하여야 한다.
③ 나선철근 또는 띠철근이 배근된 압축부재에서 축방향철근의 순간격은 40mm 이상, 또한 철근 공칭지름의 1.5배 이상으로 하여야 한다.
④ 2개 이상의 철근을 묶어서 사용하는 다발철근은 이형철근으로, 그 개수는 5개 이하이어야 하며, 이들은 스터럽이나 띠철근으로 둘러싸여져야 한다.

Answer 18.② 19.④

18 판재와 형강 또는 2개의 판재로 구성되어 연속적으로 접촉되어 있는 조립인장재의 재축방향 긴결간격은 대기 중 부식에 노출된 도장되지 않은 내후성강재의 경우 얇은 판두께의 14배 또는 180mm 이하로 해야 한다.

19 2개 이상의 철근을 묶어서 사용하는 다발철근은 이형철근으로, 그 개수는 4개 이하이어야 하며, 이들은 스터럽이나 띠철근으로 둘러싸여져야 한다.

20 수직 등분포하중 w_o를 받는 지간 l인 단순보에서, 좌측지점으로부터 우측지점으로 $l/4$만큼 떨어진 위치에서의 휨모멘트 M 및 전단력 V의 산정식으로 각각 옳은 것은?

① $M = w_o l^2 (1/32)$, $V = w_o l/8$

② $M = w_o l^2 (1/16)$, $V = w_o l/2$

③ $M = w_o l^2 (3/32)$, $V = w_o l/4$

④ $M = w_o l^2 (1/8)$, $V = w_o l/3$

Answer 20.③

20 수직 등분포하중 w_o를 받는 지간 l인 단순보에서, 좌측지점으로부터 우측지점으로 $l/4$만큼 떨어진 위치에서의 휨모멘트 M 및 전단력 V의 산정식은 각각 $M = w_o l^2 (3/32)$, $V = w_o l/4$이다.

건축구조 / 2017. 12. 16 지방직 추가선발 시행

1 수평하중에 저항하는 목구조 계획에 대한 설명으로 옳지 않은 것은?

① 수평하중에 대하여 충분한 강성과 강도를 갖도록 설계한다.
② 각 골조 및 벽체는 되도록 균등하게 하중을 분담하도록 배치한다.
③ 골조 또는 벽체 등의 수평저항요소가 개별적으로 수평력에 저항할 수 있도록 바닥평면이 개별화된 격막구조가 되도록 한다.
④ 수평하중이 격막구조를 통하여 구조 각부에 전달되도록 바닥구조와 구조 각부를 긴밀하게 접합한다.

2 철근콘크리트 단근 직사각형보를 강도설계법으로 설계할 경우, 등가직사각형 응력블록의 깊이 계산 시 고려하지 않는 것은?

① 종방향 주철근의 설계기준항복강도
② 보의 폭
③ 주철근의 순간격
④ 콘크리트의 설계기준압축강도

3 철근콘크리트 옹벽 및 지하외벽에 대한 설명으로 옳지 않은 것은?

① 옹벽은 상재하중, 뒤채움 흙의 중량, 옹벽의 자중 및 옹벽에 작용되는 토압에 견디도록 설계하여야 한다.
② 활동에 대한 저항력은 옹벽에 작용하는 수평력의 1.5배 이상이어야 한다.
③ 전도에 대한 저항휨모멘트는 횡토압에 의한 전도모멘트의 2.0배 이상이어야 한다.
④ 지반에 유발되는 최대 지반반력은 지반의 허용지지력을 초과하여야 한다.

ANSWER 1.③ 2.③ 3.④

1 골조 또는 벽체 등의 수평저항요소가 수평력을 적절히 전달하기 위하여 바닥평면이 일체화된 격막구조가 되도록 한다. (또한 각 수평저항요소가 동등한 수평력을 분포하는 경우에도 바닥전체가 일체화된 격막구조가 되도록 한다.)

2 철근콘크리트 단근 직사각형보를 강도설계법으로 설계할 경우, 등가직사각형 응력블록의 깊이 계산 시 주철근의 순간격은 고려해야 할 대상이 아니다.

3 지반에 유발되는 최대 지반반력은 지반의 허용지지력을 초과해서는 안 된다.

4 보강조적조의 강도설계법에 의한 내진설계에서 부재의 치수에 대한 설명으로 옳지 않은 것은?

① 보의 폭은 120mm보다 작아서는 안 된다.
② 보의 깊이는 적어도 200mm 이상이어야 한다.
③ 피어의 횡지지 간격은 피어 폭의 30배를 넘을 수 없다.
④ 기둥의 횡지지 간격은 기둥 폭의 30배를 넘을 수 없다.

5 철근콘크리트구조에서 인장 이형철근 및 이형철선의 정착에 대한 설명으로 옳지 않은 것은?

① 에폭시 피복철근의 경우에는 부착력이 증가된다.
② 기본정착길이는 식 $\dfrac{0.6 d_b f_y}{\lambda \sqrt{f_{ck}}}$에 따라 구하여야 한다.
③ 정착길이는 기본정착길이에 보정계수를 고려하여 구할 수 있다.
④ 횡방향철근이 배치되어 있더라도 설계를 간편하게 하기 위해 횡방향철근지수는 0으로 사용할 수 있다.

6 축력을 받는 철근콘크리트 벽체의 최소철근비에 대한 설명으로 옳지 않은 것은?

① 수직 및 수평철근의 간격은 벽두께의 3배 이하, 또한 450mm 이하로 하여야 한다.
② 지름 16mm 이하 용접철망의 전체 단면적에 대한 최소 수직철근비는 0.0010이다.
③ 설계기준항복강도 400MPa 이상인 D16 이하 이형철근의 전체 단면적에 대한 최소 수직철근비는 0.0012이다.
④ 설계기준항복강도 400MPa 이상인 D16 이하 이형철근의 전체 단면적에 대한 최소 수평철근비는 0.0020이다.

Answer 4.① 5.① 6.②

4 보의 폭은 150mm보다 작아서는 안 된다.
5 에폭시 피복을 하게 되면 부착력이 저하된다.
6 지름 16mm 이하 용접철망의 전체 단면적에 대한 최소 수직 철근비는 0.0012이다.

7 단면적이 200mm²로 균질하고 길이가 2m인 선형탄성 부재가 길이방향으로 10kN의 중심인장력을 받을 경우, 늘어나는 길이는? (단, 부재의 자중은 무시하고 탄성계수 E = 200,000 N/mm²이다)

① 0.5mm ② 1.0mm
③ 1.5mm ④ 2.0mm

8 보강조적조의 허용응력설계법에 대한 설명으로 옳지 않은 것은?

① 설계의 기본은 균열단면과 적절한 안전계수를 갖는 선형탄성응력법이다.
② 줄눈보강근 이외에 모든 철근은 모르타르나 그라우트에 묻혀 있어야 한다.
③ 설계 시 철근은 조적재료로 피복 부착되어서 허용응력 이내에서는 하나의 균일한 재료로 작용하는 것으로 가정한다.
④ 설계 시 조적조는 인장응력을 전달하는 것으로 가정한다.

9 철근콘크리트 압축부재에 대한 설명으로 옳지 않은 것은?

① 비합성 압축부재의 축방향 주철근 단면적은 전체 단면적의 0.01배 이상, 0.08배 이하로 하여야 한다.
② 하중에 의해 요구되는 단면보다 큰 단면으로 설계된 압축부재의 경우, 감소된 유효단면적을 사용하여 최소철근량과 설계강도를 결정할 수 있다.
③ 축방향 주철근이 겹침이음되는 경우의 철근비는 0.05 이상이어야 한다.
④ 압축부재 축방향 주철근의 최소 개수는 사각형이나 원형띠철근으로 둘러싸인 경우 4개로 하여야 한다.

Answer 7.① 8.④ 9.③

7 $\triangle = \dfrac{PL}{AE} = \dfrac{10^4(N) \cdot 2000(mm)}{200(mm^2) \cdot 2 \cdot 10^5(N/mm^2)} = 0.5(mm)$

8 설계 시 조적조는 압축응력을 전달하는 것으로 가정하여 인장력에 대해서는 저항력이 없다고 가정한다.

9 철근콘크리트 압축부재의 축방향 주철근이 겹침이음되는 경우의 철근비는 0.04 이하이어야 한다.

10 그림과 같은 트러스 구조를 구성하는 부재 ㉠~㉣ 중 부재력의 크기가 0이 아닌 것은? (단, 부재의 자중은 무시한다)

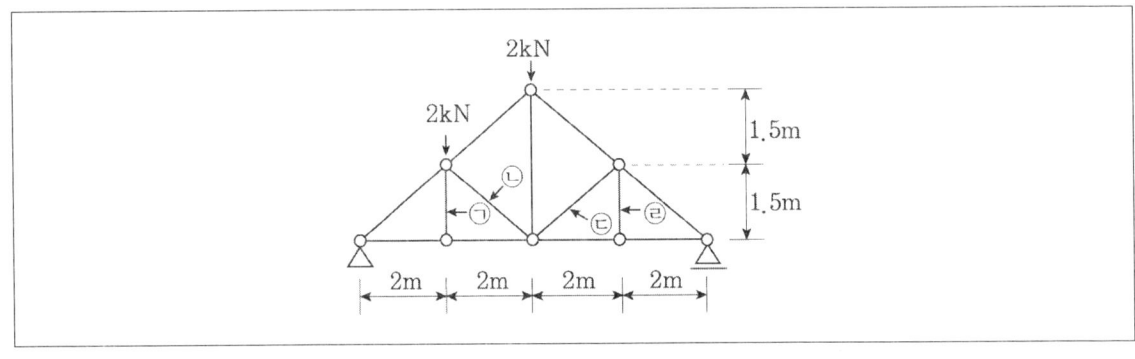

① ㉠
② ㉡
③ ㉢
④ ㉣

11 목구조 구조해석의 기본가정으로 옳지 않은 것은?

① 응력과 변형의 산정은 소성해석을 기본으로 한다.
② 접합부 성상에 따라 핀 또는 강접합으로 가정한다.
③ 가정한 절점이 실상과 다를 경우 필요에 따라 2차응력의 영향을 고려한다.
④ 목구조물을 구성하는 각 부재는 적절한 구조요소로 모델화한다.

12 지반의 안정성 검토를 위한 사전 평가 및 검토 내용에 해당하지 않는 것은?

① 지반침하에 따른 영향
② 경사지에서의 부지를 포함한 사면의 붕괴나 변형의 가능성
③ 옹벽의 전도에 대한 영향
④ 지진 시 액상화 발생의 가능성

ANSWER 10.② 11.① 12.③

10 ㉡은 압축력이 작용하는 부재이다.
11 목구조 구조해석의 경우, 응력과 변형의 산정은 탄성해석을 기본으로 한다.
12 옹벽의 전도에 대한 영향은 옹벽의 안정성 검토사항이지 지반자체의 안정성에 대한 검토사항이 아니다.

13 그림과 같은 H형강의 치수표시법으로 옳은 것은?

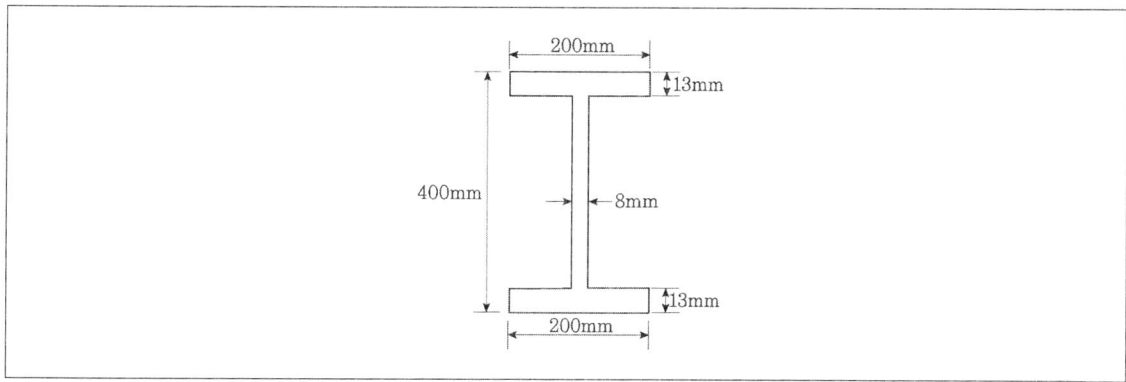

① H − 400 × 200 × 8 × 13
② H − 400 × 200 × 13 × 8
③ H − 200 × 400 × 8 × 13
④ H − 200 × 400 × 13 × 8

14 건축구조물에 작용하는 하중에 대한 설명으로 옳지 않은 것은?
① 한계상태설계법을 사용하는 구조기준에서는 하중계수를 사용하여 증가시킨 소요강도와 강도감소계수를 사용하여 공칭강도를 감소시킨 설계강도를 비교하여 구조물의 안전성을 확보한다.
② 기본지상적설하중은 재현기간 100년에 대한 수직 최심적설깊이를 기준으로 한다.
③ 활하중은 점유 또는 사용에 의하여 발생할 것으로 예상되는 최소의 하중이어야 한다.
④ 풍하중은 각각의 설계풍압에 유효수압면적을 곱하여 산정한다.

ANSWER 13.① 14.③

13 보 단면의 높이 400, 플랜지폭 200, 웨브부재의 두께 8, 플랜지의 두께 13이므로 H−400 × 200 × 8 × 13으로 표시한다.
14 활하중은 점유 또는 사용에 의하여 발생할 것으로 예상되는 최대의 하중이어야 한다.

15 기성콘크리트말뚝의 구조세칙으로 옳지 않은 것은?

① 주근은 4개 이상으로 한다.
② 주근 단면적의 합은 말뚝 실단면적의 0.8% 이상으로 한다.
③ 주근의 피복두께는 30mm 이상으로 한다.
④ 기성콘크리트말뚝을 타설할 때 그 중심간격은 말뚝머리지름의 2.5배 이상 또한 750mm 이상으로 한다.

16 그림과 같은 조건의 강재기둥이 중심압축력을 받을 때 탄성좌굴응력은? (단, E는 강재의 탄성계수이다)

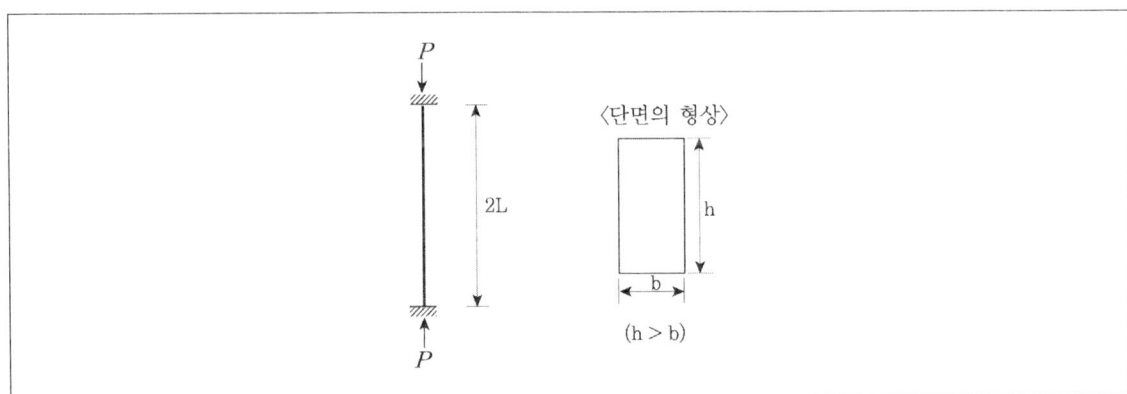

① $\dfrac{\pi^2 E}{12(L/b)^2}$
② $\dfrac{\pi^2 E}{12(L/h)^2}$
③ $\dfrac{\pi^2 E}{\sqrt{12}(L/b)}$
④ $\dfrac{\pi^2 E}{\sqrt{12}(L/h)}$

Answer 15.① 16.①

15 기성콘크리트 말뚝의 주근은 6개 이상으로 한다.

16 탄성좌굴하중을 단면의 면적으로 나눈 값을 구해야 한다.

탄성좌굴하중 $P_{cr} = \dfrac{\pi^2 \cdot E \cdot I_{\min}}{(K \cdot 2L)^2} = \dfrac{\pi^2 \cdot E \cdot I_{\min}}{(0.5 \cdot 2L)^2} = \dfrac{\pi^2 \cdot E \cdot I_{\min}}{L^2} = \dfrac{\pi^2 \cdot E \cdot h \cdot b^3}{12 L^2}$

($I_{\min} = \dfrac{hb^3}{12}$이며, 단면적은 $b \cdot h$)

탄성좌굴하중을 단면적으로 나눈 값인 탄성좌굴응력은 $\dfrac{\pi^2 E}{12(L/b)^2}$가 된다.

17 지진하중 산정 시 증축 구조물의 설계에 대한 설명으로 옳지 않은 것은?

① 기존 구조물과 구조적으로 독립된 증축 구조물은 신축 구조물로 취급한다.
② 기존 구조물과 구조적으로 독립되지 않은 증축 구조물의 경우에는 전체 구조물을 신축 구조물로 취급한다.
③ 기존 구조물의 구조변경으로 인하여 산정한 소요강도가 기존 부재의 구조내력을 5% 이상 초과하는 경우에는 구조보강 등의 조치를 하여야 한다.
④ 용도변경으로 인해 구조물이 건축물의 중요도분류에서 더 높은 내진중요도 그룹에 속하는 경우에 이 구조물은 변경 이전 그룹에 속하는 구조물에 대한 하중기준을 따라야 한다.

18 강구조에서 고장력볼트의 미끄럼 한계상태에 대한 마찰접합의 설계강도 계산 시 고려하지 않는 것은?

① 볼트구멍의 종류
② 피접합재의 두께
③ 설계볼트장력
④ 전단면의 수

ANSWER 17.④ 18.②

17 용도변경으로 인해 구조물이 건축물의 중요도분류에서 더 높은 내진중요도 그룹에 속하는 경우에 이 구조물은 변경 이후의 그룹에 속하는 구조물에 대한 하중기준을 따라야 한다.

18 고장력볼트의 설계미끄럼강도 산정식은 다음과 같다.
$\phi R_n = \phi \cdot \mu \cdot h_{sc} \cdot T_o \cdot N_s$
(μ : 미끄럼계수, h_{sc} : 구멍계수[볼트구멍의 종류에 따라 차이가 남], N_s : 전단면의 수, T_o : 설계볼트장력)
※ 피접합재의 두께는 마찰접합의 설계강도에 직접적인 영향을 주지 않는다.

19 강구조 용어의 정의로 옳지 않은 것은?

① 가새골조는 횡력에 저항하기 위하여 건물골조시스템 또는 이중골조시스템에서 사용하는 중심형 또는 편심형의 수직트러스 또는 이와 동등한 구성체이다.
② 구속판요소는 H형강의 플랜지와 같이 하중의 방향과 평행하게 한쪽 끝단이 직각방향의 판요소에 의해 연접된 평판요소이다.
③ 비지지길이는 한 부재의 횡지지가새 사이의 간격으로 가새부재의 도심 간 거리로 측정한다.
④ 스티프너는 하중을 분배하거나, 전단력을 전달하거나, 좌굴을 방지하기 위해 부재에 부착하는 구조요소이다.

20 그림과 같은 조건을 갖는 보에서 휨모멘트의 크기가 0이 아닌 지점은?

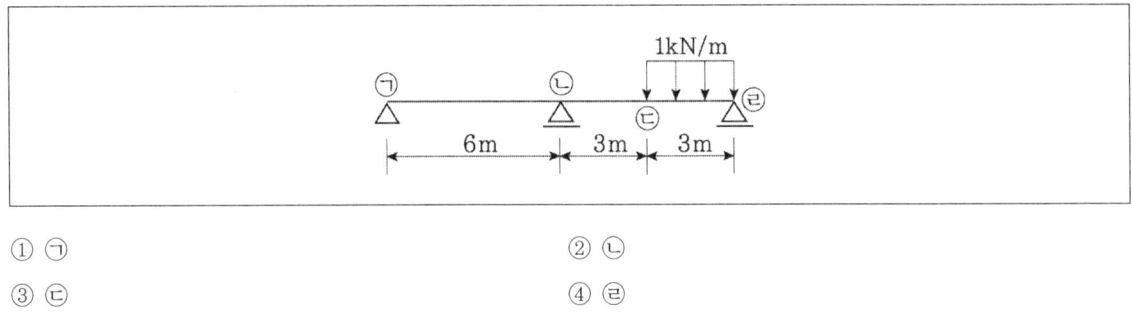

① ㉠
② ㉡
③ ㉢
④ ㉣

ANSWER 19.② 20.②

19 H형강의 플랜지는 비구속판 요소에 속한다. 비구속판요소는 하중의 방향과 평행한 면 중에서 한쪽 면에만 지지되어 있는 구조요소이다. 반면, 구속판요소는 압축력방향과 평행한 양쪽면에 지지된 구조요소이다.

20 직관적으로 판단할 때 내부힌지인 ㉢에는 휨모멘트가 작용하지 않으며 양단인 ㉠, ㉣은 핀지점으로서 휨모멘트가 0이 된다. 결과적으로 ㉡에만 휨모멘트가 발생한다.

건축구조 — 2018. 3. 24 제1회 서울특별시 시행

1 철근콘크리트구조의 극한강도설계법에서 강도감소계수를 사용하는 이유로 가장 옳지 않은 것은?

① 부정확한 부재강도 계산식에 대한 여유 확보
② 구조물에서 구조부재가 차지하는 부재의 중요도 반영
③ 구조물에 작용하는 하중의 불확실성에 대한 여유 확보
④ 주어진 하중조건에 대한 부재의 연성능력과 신뢰도 확보

2 건물에 작용하는 하중에 관한 설명으로 가장 옳지 않은 것은?

① 풍하중에서 설계속도압은 공기밀도와 설계풍속의 제곱에 비례한다.
② 기본지상적설하중은 재현기간 100년에 대한 수직 최심적설깊이를 기준으로 한다.
③ 구조물의 반응수정계수가 클수록 구조물에 작용하는 지진하중은 증가한다.
④ 지붕층을 제외한 일반층의 기본등분포활하중은 부재의 영향면적이 $36m^2$ 이상일 경우 저감할 수 있다.

3 기초 및 지반에 관한 설명으로 가장 옳지 않은 것은?

① 점토질 지반은 강한 점착력으로 흙의 이동이 없고 기초주변의 지반반력이 중심부에서의 지반반력보다 크다.
② 샌드드레인 공법은 모래질 지반에 사용하는 지반개량 공법으로, 모래의 압밀침하현상을 이용하여 물을 제거하는 공법이다.
③ 슬러리월 공법은 가설 흙막이벽뿐만 아니라 영구적인 구조 벽체로 사용할 수 있다.
④ 평판재하시험은 지름 300mm의 재하판에 지반의 극한지지력 또는 예상장기설계하중의 3배를 최대 재하하중으로 지내력을 측정한다.

ANSWER 1.③ 2.③ 3.②

1 구조물에 작용하는 하중의 불확실성에 대한 여유 확보를 위해 사용하는 계수는 하중계수이다.

2 구조물의 반응수정계수가 클수록 구조물에 작용하는 지진하중은 감소하게 된다.

3 샌드드레인 공법은 점토질 지반에 사용하는 지반재량공법이다.

4 〈보기〉와 같이 동일한 재료로 만들어진 변단면 구조물이 100N의 인장력을 받아 1mm 늘어났을 때, 이 구조물을 이루는 재료의 탄성계수는? (단, 괄호 안의 값은 단면적이다.)

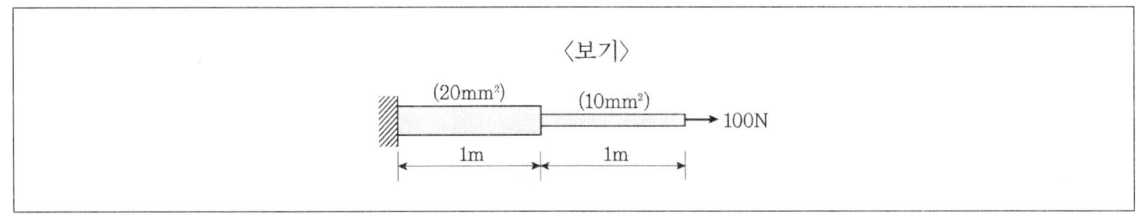

① $5,000\text{N/mm}^2$
② $10,000\text{N/mm}^2$
③ $15,000\text{N/mm}^2$
④ $20,000\text{N/mm}^2$

5 철근콘크리트 구조물의 철근배근에 관한 설명으로 가장 옳은 것은?

① 기둥에서 철근의 피복 두께는 40mm 이상으로 하며, 주근비는 1% 이상 6% 이하로 한다.
② 보에서 주근의 순간격은 25mm 이상이고 주근 공칭지름의 1.5배 이상이며 굵은골재 최대치수의 4/3배 이상으로 하여야 한다.
③ 기둥에서 나선철근의 중심간격은 25mm 이상 75mm 이하로 한다.
④ 보에서 깊이 h가 900mm를 초과하는 경우, 보의 양측면에 인장연단으로부터 h/2 위치까지 표피철근을 길이 방향으로 배근한다.

ANSWER 4.③ 5.④

4 $\delta = \sum \dfrac{P \cdot L_i}{A_i \cdot E_i} = \dfrac{100}{20 \cdot E} + \dfrac{100}{10 \cdot E} = \dfrac{300}{20 \cdot E} = \dfrac{15}{E}[\text{m}] = 0.001[\text{mm}]$

∴ $E = 15,000[\text{N/mm}^2]$

5 ① 기둥에서 철근의 피복 두께는 40mm 이상으로 하며, 주근(주철근)비는 1% 이상 8% 이하로 한다.
② 보에서 주근의 순간격은 25mm이상이고 주근 공칭지름 이상이며 굵은골재 최대치수의 4/3배 이상으로 하여야 한다.
  (굵은 골재는 개별철근, 다발철근, 긴장재 또는 덕트 사이의 최소 순간격의 4/3 이하여야 한다.)
③ 기둥에서 나선철근의 순간격은 25mm 이상 75mm 이하로 한다.

6 프리스트레스트 콘크리트구조의 프리텐션공법에서 긴장재의 응력손실 원인이 아닌 것은?

① 긴장재와 덕트(시스) 사이의 마찰
② 콘크리트의 크리프
③ 긴장재 응력의 이완(relaxation)
④ 콘크리트의 탄성수축

7 「건축구조기준(국가건설기준코드)」에 따른 철골부재의 이음부 설계 세칙에 대한 설명으로 가장 옳지 않은 것은?

① 응력을 전달하는 필릿용접 이음부의 길이는 필릿 사이즈의 10배 이상이며, 또한 30mm 이상이다.
② 겹침길이는 얇은 쪽 판 두께의 5배 이상이며, 또한 25mm 이상 겹치게 한다.
③ 응력을 전달하는 겹침이음은 2열 이상의 필릿용접을 원칙으로 한다.
④ 고장력볼트의 구멍 중심 간 거리는 공칭직경의 1.5배 이상으로 한다.

8 건축구조물의 기초를 선정할 때, 상부 건물의 구조와 지반상태를 고려하여 적절히 선정하여야 한다. 기초선정과 관련된 설명으로 가장 옳지 않은 것은?

① 연속기초(wall footing)는 상부하중이 편심되게 작용하는 경우에 적합하다.
② 온통기초(mat footing)는 지반의 지내력이 약한 곳에서 적합하다.
③ 복합기초(combined footing)는 외부기둥이 대지 경계선에 가까이 있을 때나 기둥이 서로 가까이 있을 때 적합하다.
④ 독립기초(isolated footing)는 지반이 비교적 견고하거나 상부하중이 작을 때 적합하다.

ANSWER 6.① 7.④ 8.①

6 긴장재와 덕트(시스) 사이의 마찰은 포스트텐션공법에서 발생하는 응력손실이다.

7 고장력볼트의 구멍 중심 간 거리는 공칭직경의 2.5배 이상으로 한다.

8 연속기초(wall footing, 줄기초)는 벽 또는 일련의 기둥으로부터의 응력을 띠모양으로 하여 지반 또는 지정에 전달토록 하는 기초이다. 연속기초의 접지압은 각 기둥의 지배면적 범위 안에서 균등하게 분포되는 것으로 가정한다.

9 철근콘크리트구조에서 전단마찰설계에 대한 설명으로 가장 옳지 않은 것은?

① 전단마찰철근이 전단력 전달면에 수직한 경우 공칭전단강도 $V_n = A_{vf} f_y \mu$로 산정한다.
② 보통중량콘크리트의 경우 일부러 거칠게 하지 않은 굳은 콘크리트와 새로 친 콘크리트 사이의 마찰계수는 0.6으로 한다.
③ 전단마찰철근은 굳은 콘크리트와 새로 친 콘크리트 양쪽에 설계기준항복강도를 발휘할 수 있도록 정착시켜야 한다.
④ 전단마찰철근의 설계기준항복강도는 600MPa 이하로 한다.

10 철골구조에서 설계강도를 계산할 때 저항계수의 값이 다른 것은?

① 볼트 구멍의 설계지압강도
② 압축재의 설계압축강도
③ 인장재의 인장파단 시 설계인장강도
④ 인장재의 블록전단강도

Answer 9.④ 10.②

9 전단마찰철근의 설계기준항복강도는 500MPa 이하로 한다.
10 압축재의 설계압축강도 저항계수값은 0.90이다.
볼트구멍의 설계지압강도, 인장재의 인장파단 시 설계인장강도, 인장재의 블록전단강도 저항계수값은 0.75이다.

11 〈보기〉와 같이 양단 단순지지 보에서 최대 휨모멘트가 발생하는 지점이 지점 A로부터 x만큼 떨어진 곳에 있을 때 x의 값은?

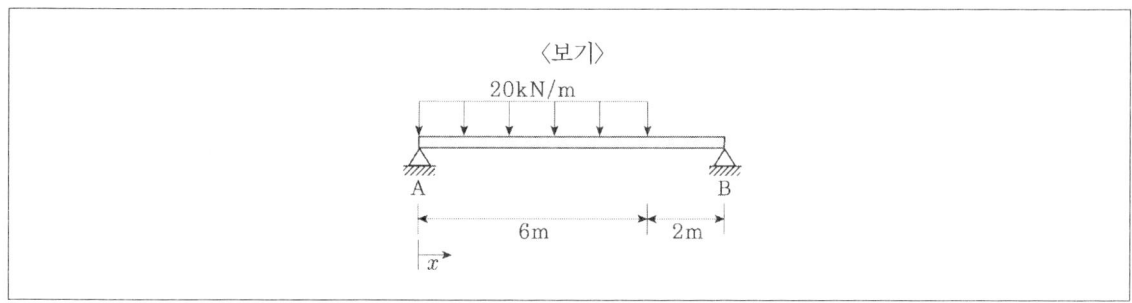

① 1.54m ② 2.65m
③ 3.75m ④ 4.65m

12 지진에 저항하는 구조물을 설계할 때, 지반과 구조물을 분리함으로써 지진동이 지반으로부터 구조물에 최소한으로 전달되도록 하여 수평진동을 감소시키는 건축구조기술에 해당하는 것은?

① 면진구조 ② 내진구조
③ 복합구조 ④ 제진구조

ANSWER 11.③ 12.①

11 등분포하중을 집중하중으로 치환하면 120kN의 힘이 A지점으로부터 3m인 지점에 작용하게 된다.
이 때 A점에는 75kN의 상향반력, B점에서는 45kN의 상향반력이 발생하게 된다.
전단력이 0이 되는 점에서 최대휨모멘트가 발생하므로, $R_A - 20 \cdot x = 75 - 20 \cdot x = 0$에 따라 $x = 3.75[m]$

12 면진구조에 대한 설명이다.
※ 내진구조 : 구조물이 지진력에 대항하여 싸워 이겨내도록 구조물 자체를 튼튼하게 설계하는 기술
※ 제진구조 : 별도의 장치를 이용하여 지진력에 상응하는 힘을 구조물 내에서 발생시키거나 지진력을 흡수하여 구조물이 부담해야 할 지진력을 감소시키는 기술

13 강구조 접합에서 용접과 볼트의 병용에 대한 설명으로 가장 옳지 않은 것은?

① 신축 구조물의 경우 인장을 받는 접합에서는 용접이 전체 하중을 부담한다.
② 신축 구조물에서 전단접합 시 표준구멍 또는 하중 방향에 수직인 단슬롯구멍이 사용된 경우, 볼트와 하중 방향에 평행한 필릿용접이 하중을 각각 분담할 수 있다.
③ 마찰볼트접합으로 기 시공된 구조물을 개축할 경우 고장력 볼트는 기 시공된 하중을 받는 것으로 가정하고 병용되는 용접은 추가된 소요강도를 받는 것으로 용접설계를 병용할 수 있다.
④ 높이가 38m 이상인 다층구조물의 기둥이음부에서는 볼트가 설계하중의 25%까지만 부담할 수 있다.

14 철근콘크리트구조에서 철근의 정착 및 이음에 관한 설명으로 가장 옳지 않은 것은?

① 보에서 상부철근의 정착길이가 하부철근의 정착길이보다 길다.
② 압축을 받는 철근의 정착길이가 부족할 경우 철근 단부에 표준갈고리를 설치하여 정착길이를 줄일 수 있다.
③ 겹침이음의 경우 철근의 순간격은 겹침이음길이의 1/5 이하이며, 또한 150mm 이하이어야 한다.
④ 연속부재의 받침부에서 부모멘트에 배치된 인장철근 중 1/3 이상은 변곡점을 지나 부재의 유효깊이, 주근 공칭지름의 12배 또는 순경간의 1/16 중 큰 값 이상의 묻힘길이를 확보하여야 한다.

ANSWER 13.④ 14.②

13 높이가 38m 이상인 다층구조물의 기둥이음부에서는 용접 또는 마찰접합, 또는 전인장조임을 사용해야만 한다.
  ※ **볼트와 용접접합의 제한**
    다음의 접합에 대해서는 용접접합, 마찰접합 또는 전인장조임을 적용해야 한다.
    • 높이가 38m 이상되는 다층구조물의 기둥이음부
    • 높이가 38m 이상되는 구조물에서, 모든 보와 기둥의 접합부 그리고 기둥에 횡지지를 제공하는 기타의 모든 보의 접합부
    • 용량 50kN 이상의 크레인구조물 중 지붕트러스이음, 기둥과 트러스접합, 기둥이음, 기둥횡지지가새, 크레인지지부
    • 기계류 지지부 접합부 또는 충격이나 하중의 반전을 일으키는 활하중을 지지하는 접합부

14 압축을 받는 철근은 표준갈고리를 설치하여도 압축에 대한 효과가 없는 것으로 간주한다.

15 〈보기〉와 같은 원형 독립기초에 축력 N=50kN, 휨모멘트 M=20kN·m가 작용할 때, 기초바닥과 지반 사이에 접지압으로 압축반력만 생기게 하기 위한 최소 지름(D)은?

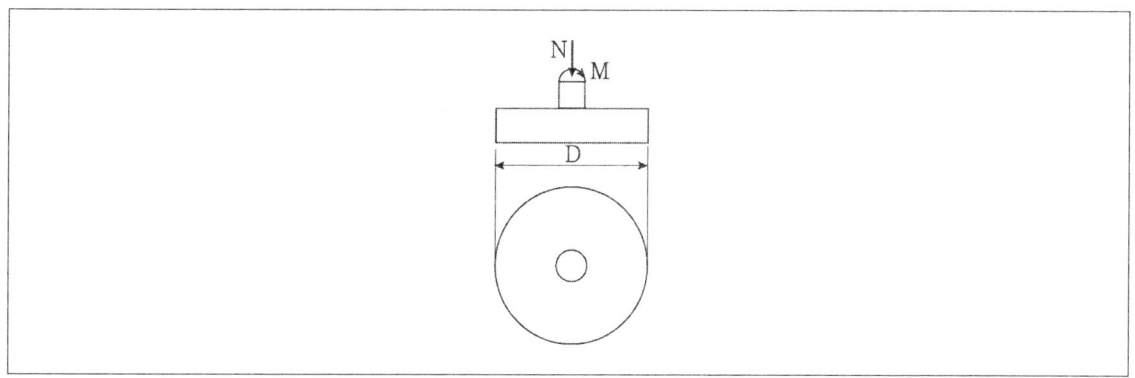

① 1.2m
② 2.4m
③ 3.2m
④ 4.0m

ANSWER   15.③

15 압축응력 $\sigma_c = \dfrac{P}{A} - \dfrac{M}{Z} = 0$을 만족하는 직경을 구해야 한다.

원형단면인 경우 $Z = \dfrac{\pi D^3}{32}$ 이므로,

$\sigma_c = \dfrac{P}{A} - \dfrac{M}{Z} = \dfrac{4 \cdot 50}{\pi D^2} - \dfrac{32 \cdot 20}{\pi D^3} = 0$

∴ $D = 3.2[m]$

16 철근콘크리트 구조 설계에서 보의 휨모멘트 계산을 위한 압축응력 등가블록깊이 계산 시 사용되는 설계변수가 아닌 것은?

① 보의 폭
② 콘크리트 탄성계수
③ 인장철근의 설계기준항복강도
④ 인장철근 단면적

ANSWER 16.②

16 콘크리트의 탄성계수는 철근콘크리트 구조 설계에서 보의 휨모멘트 계산을 위한 압축응력 등가블록깊이 계산 시 사용되는 설계변수가 아니다.
  ※ 등가응력블록

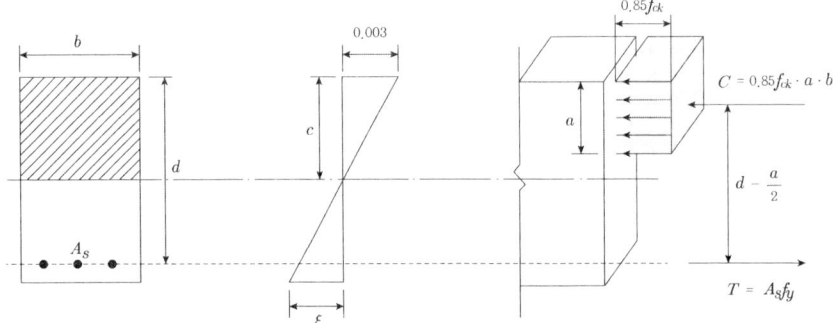

중립축거리(c)와 압축응력 등가블록깊이(a)의 관계는 $a = \beta_1 C$가 성립하며 등가압축영역계수 β_1은 다음의 표를 따른다.

f_{ck}	등가압축영역계수 β_1
$f_{ck} \leq 28 MPa$	$\beta_1 = 0.85$
$f_{ck} \geq 28 MPa$	$\beta_1 = 0.85 - 0.007(f_{ck} - 28) \geq 0.65$

17 KS D3529에 따른 두께 16mm SMA275CP 강재에 대한 설명으로 가장 옳지 않은 것은? (※ 기출 변형)

① 용접구조용 강재이다.
② 항복강도는 275MPa이다.
③ 일반구조용 강재에 비해 대기 중에서 부식에 대한 저항성이 우수하다.
④ 샤르피 흡수에너지가 가장 낮은 등급이다.

18 「콘크리트구조기준(2012)」에서는 응력교란영역에 해당하는 구조부재에 스트럿-타이 모델(strut-tie model)을 적용 하도록 권장하고 있다. 스트럿-타이 모델을 구성하는 요소에 해당하지 않는 것은?

① 절점(node)
② 하중경로(load path)
③ 타이(tie)
④ 스트럿(strut)

ANSWER 17.④ 18.②

17 C는 샤르피 흡수에너지 등급 중 가장 높은 등급을 의미한다.
※ SMA275CP의 해석 : 용접구조용 내후성 열간 압연강재, 강재의 항복강도는 275Mpa이며 샤르피 에너지 흡수등급은 C (우수한 충격치 요구)를 의미한다.
㉠ 샤르피 흡수에너지 등급
• A : 별도 조건 없음 / B : 일정 수준의 충격치 요구 / C : 우수한 충격치 요구
㉡ 내후성 등급
• W : 녹안정화 처리 / P : 일반도장 처리 후 사용
㉢ 열처리의 종류
• N : Normalizing(소준) / QT : Quenching Tempering / TMC : Thermo Mechanical Control(열가공제어)
㉣ 내라멜라테어 등급
• ZA : 별도보증 없음 / ZB : Z방향 15% 이상 / ZC : Z방향 25% 이상

18 하중경로(load path)는 스트럿-타이 모델의 구성요소에 해당되지 않는다.

19 〈보기〉와 같은 단면을 갖는 캔틸레버 보에 작용할 수 있는 최대 등분포하중(W)은? (단, 내민길이 l=4m, 허용전단 응력 f_s=2MPa이고 휨모멘트에 대해서는 충분히 안전한 것으로 가정한다.)

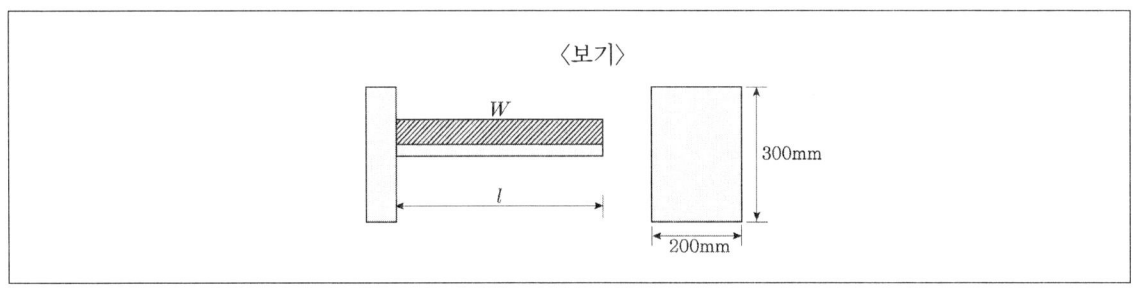

① 20.00kN/m
② 22.50kN/m
③ 25.00kN/m
④ 27.50kN/m

Answer 19.①

19 캔틸레버 고정지점 부분에서 최대휨모멘트와 최대전단력이 발생하게 된다. 이 때 발생하는 최대전단력은 $W \cdot l = 4W$
평균전단응력 $\tau_{avg} = \dfrac{S_{max}}{A} = \dfrac{4 \cdot W}{200 \cdot 300}$ 이며 최대전단응력은 이 값의 1.5배이고, 이는 허용전단응력보다 작아야 한다.
$\tau_{max} \cdot \dfrac{3}{2} T_{avg} = \dfrac{3}{2} \cdot \dfrac{S_{max}}{A} = \dfrac{3}{2} \cdot \dfrac{4 \cdot W}{200 \cdot 300} \leq 2[\text{N/mm}^2]$
따라서 $W \leq 20,000[\text{N/m}] = 20.00[\text{kN/m}]$

20 〈보기〉와 같이 스팬이 8,000mm이며 간격이 3,000mm인 합성보의 슬래브 유효폭은?

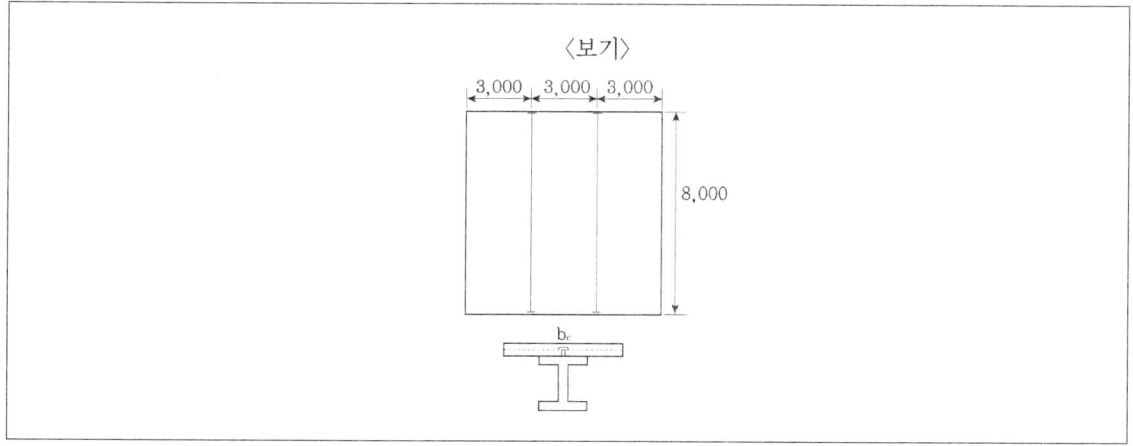

① 1,000mm
② 2,000mm
③ 3,000mm
④ 4,000mm

ANSWER 20.②

20 합성보 콘크리트 슬래브의 유효폭은 보 중심을 기준으로 좌우 각 방향에 대한 유효폭의 합으로 구하며 보 중심에 대해서 좌우 중 한쪽 방향에 대한 유효폭은 다음 중에서 최솟값으로 구한다.
- 보 스팬(지지점의 중심간)의 1/8 : 1,000[mm]
- 보 중심선에서 인접보 중심선까지의 거리의 1/2 : 1,500[mm]
- 보 중심선에서 슬래브 가장자리까지의 거리 : 3,000[mm]

한쪽 면에 대한 유효폭이 아니라 좌우 양방향에 대한 유효폭을 묻고 있으므로, 위의 값에 2배를 해야 슬래브의 유효폭이 구해진다. 따라서 위의 값 중 가장 작은 값인 1,000[mm]에 2배를 한 2,000[mm]가 유효폭이 된다.

건축구조 / 2018. 4. 7 인사혁신처 시행

1 토질 및 기초에 대한 설명으로 옳지 않은 것은?

① 물에 포화된 느슨한 모래가 진동, 충격 등에 의하여 간극수압이 급격히 상승하기 때문에 전단저항을 잃어버리는 현상을 액상화 현상이라 한다.
② 온통기초는 상부구조의 광범위한 면적 내의 응력을 단일 기초판으로 연결하여 지반 또는 지정에 전달하도록 하는 기초이다.
③ 사질토 지반의 기초하부 토압분포는 기초 중앙부 토압이 기초 주변부보다 작은 형태이다.
④ 연약한 점성토 지반에서 땅파기 외측의 흙의 중량으로 인하여 땅파기 된 저면이 부풀어 오르는 현상을 히빙(Heaving)이라 한다.

2 목재에 대한 설명으로 옳지 않은 것은?

① 목재 단면의 수심에 가까운 중앙부를 심재, 수피에 가까운 부분을 변재라 한다.
② 목재의 단면에서 볼트 등의 철물을 위한 구멍이나 홈의 면적을 포함한 단면적을 순단면적이라 한다.
③ 기계등급구조재는 기계적으로 목재의 강도 및 강성을 측정하여 등급을 구분한 목재이다.
④ 육안등급구조재는 육안으로 목재의 표면결점을 검사하여 등급을 구분한 목재이다.

ANSWER 1.③ 2.②

1 강성기초의 경우, 사질토 지반의 기초하부 토압분포는 기초 중앙부 토압이 기초 주변부보다 큰 형태이다. (점토 지반은 이와는 반대이다.)

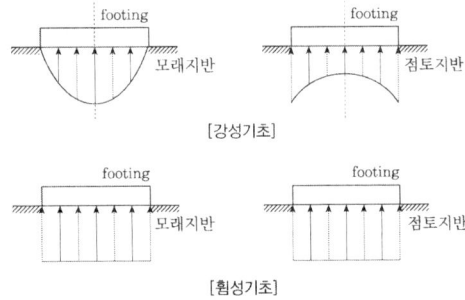

2 순단면적은 목재의 단면에서 볼트 등의 철물을 위한 구멍이나 홈의 면적을 제외한 나머지 단면적이다.

3 프리스트레스하지 않는 부재의 현장치기콘크리트의 최소피복두께에 대한 설명으로 옳지 않은 것은?

① 수중에서 타설하는 콘크리트 : 80mm
② 옥외의 공기나 흙에 직접 접하지 않는 콘크리트 절판부재 : 20mm
③ 흙에 접하여 콘크리트를 친 후 영구히 흙에 묻혀 있는 콘크리트 : 80mm
④ 옥외의 공기나 흙에 직접 접하지 않는 콘크리트로 D35 이하의 철근을 사용한 슬래브 : 20mm

4 강구조의 용접접합에 대한 설명으로 옳지 않은 것은?

① 플러그 및 슬롯용접의 유효전단면적은 접합면 내에서 구멍 또는 슬롯의 공칭단면적으로 한다.
② 그루브용접의 유효길이는 접합되는 부분의 폭으로 한다.
③ 그루브용접의 유효면적은 용접의 유효길이에 유효목두께를 곱한 것으로 한다.
④ 필릿용접의 유효길이는 필릿용접의 총길이에서 4배의 필릿사이즈를 공제한 값으로 한다.

5 현장 말뚝재하실험에 대한 설명으로 옳지 않은 것은?

① 말뚝재하실험은 지지력 확인, 변위량 추정, 시공방법과 장비의 적합성 확인 등을 위해 수행한다.
② 말뚝재하실험에는 압축재하, 인발재하, 횡방향재하실험이 있다.
③ 말뚝재하실험을 실시하는 방법으로 정재하실험방법은 고려할 수 있으나, 동재하실험방법을 사용해서는 안 된다.
④ 압축정재하실험의 수량은 지반조건에 큰 변화가 없는 경우 구조물별로 1회 실시한다.

ANSWER 3.① 4.④ 5.③

3 수중에서 타설하는 콘크리트의 최소피복두께는 100mm이다.
4 필릿용접의 유효길이는 필릿용접의 총길이에서 2배의 필릿사이즈를 공제한 값으로 한다.
5 말뚝재하시험에서는 동재하실험방법의 사용도 가능하다.

6 다음 미소 응력 요소의 평면 응력 상태(σ_x = 4 MPa, σ_y = 0 MPa, τ = 2 MPa)에서 최대 주응력의 크기는?

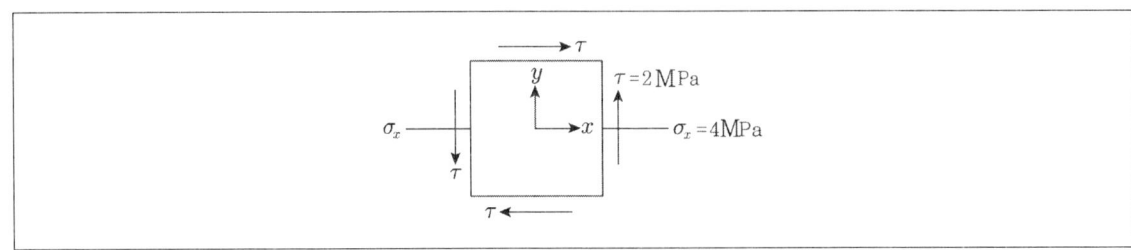

① $4+2\sqrt{2}$ MPa
② $2+2\sqrt{2}$ MPa
③ $4+\sqrt{2}$ MPa
④ $2+\sqrt{2}$ MPa

7 다음 단순보에 등변분포하중이 작용할 때, 각 지점의 수직반력의 크기는? (단, 부재의 자중은 무시한다)

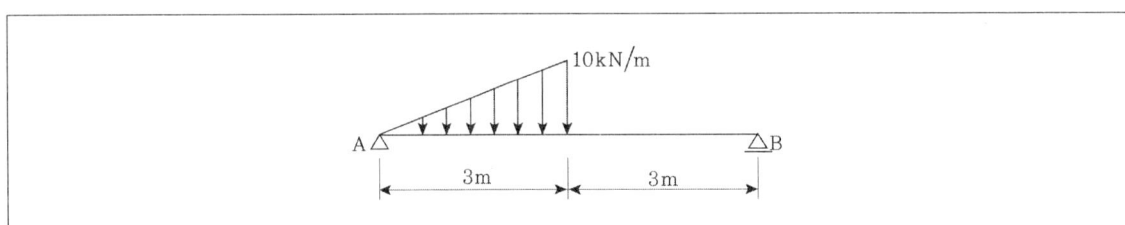

	A지점	B지점
①	20 kN	10 kN
②	15 kN	10 kN
③	10 kN	5 kN
④	12 kN	3 kN

ANSWER 6.② 7.③

6 $\sigma_{\max} = \dfrac{\sigma_x + \sigma_y}{2} + \sqrt{\left(\dfrac{\sigma_x - \sigma_y}{2}\right)^2 + \tau_{xy}^2} = \dfrac{4+0}{2} + \sqrt{\left(\dfrac{4-0}{2}\right)^2 + 2^2} = 2 + 2\sqrt{2}$

7 A점에 대한 모멘트의 합이 0임을 이용하여 구한다.
등변분포하중은 집중하중으로 치환하면 손쉽게 반력을 구할 수 있다.
집중하중으로 치환하면 15kN이 작용하게 되며, 이는 A점으로부터 2m 떨어진 곳에 작용하게 된다.
$\sum M_A = 0 \to 15 \cdot 2 - R_B \cdot 6 = 0$이므로 $R_B = 5kN$
$\sum V = 0 \to R_A + R_B = 15$이므로 $R_A = 10kN$

8 목재의 기준 허용휨응력 F_b로부터 설계 허용휨응력 F_b'을 결정하기 위해서 적용되는 보정계수에 해당하지 않는 것은?

① 좌굴강성계수 C_T
② 습윤계수 C_M
③ 온도계수 C_t
④ 형상계수 C_f

9 $F10T$ 고장력볼트의 나사부가 전단면에 포함되지 않을 경우, 지압접합의 공칭전단강도(F_{nv})는?

① 300 MPa
② 400 MPa
③ 500 MPa
④ 600 MPa

10 콘크리트구조의 내진설계 시 고려사항에 대한 설명으로 옳지 않은 것은?

① 지진력에 의한 휨모멘트 및 축력을 받는 특수모멘트 골조에 사용하는 철근은 실제 항복강도에 대한 실제 극한인장강도의 비가 1.25 이상이어야 한다.
② 프리캐스트 및 프리스트레스트 콘크리트 구조물은 일체식 구조물에서 요구되는 안전성 및 사용성에 관한 조건을 갖추고 있지 않더라도 내진구조로 다룰 수 있다.
③ 지진력에 의한 휨모멘트 및 축력을 받는 특수모멘트 골조에 사용하는 보강철근은 설계기준항복강도 f_y가 전단철근인 경우 500MPa까지 허용된다.
④ 구조물의 진동을 감소시키기 위하여 관련 구조전문가에 의해 설계되고 그 성능이 실험에 의해 검증된 진동감쇠장치를 사용할 수 있다.

ANSWER 8.① 9.③ 10.②

8 목재의 기준 허용휨응력을 결정하기 위해서 적용되는 보정계수는 하중기간계수, 습윤계수, 온도계수, 보안정계수, 치수계수, 부피계수, 평면사용계수, 반복부재사용계수, 곡률계수, 형상계수이다. (좌굴강성계수는 탄성계수를 구할 때 적용한다.)

9

강도		강종	고장력볼트		일반볼트	
			F8T	F10T	F13T[1]	4.6[2]
공칭인장강도, F_{nt}			600	750	975	300
지압접합의 공칭전단강도, F_{nv}	나사부가 전단면에 포함될 경우		320	400	520	160
	나사부가 전단면에 포함되지 않을 경우		400	500	650	

1) 고장력볼트 중 F13T는 KS B 1010에 의하여 수소지연파괴민감도에 대하여 합격된 시험성적표가 첨부된 제품에 한하여 사용하여야 한다.
2) KS B 1002에 따른 강도 구분에 따른 강종의 강도이다.

10 프리캐스트 및 프리스트레스트 콘크리트 구조물은 일체식 구조물에서 요구되는 안전성 및 사용성에 관한 조건을 갖추고 있는 경우에 한하여 내진구조로 다룰 수 있다.

11 그림과 같이 트러스구조의 상단에 10kN의 수평하중이 작용할 때, 옳지 않은 것은? (단, 부재의 자중은 무시한다)

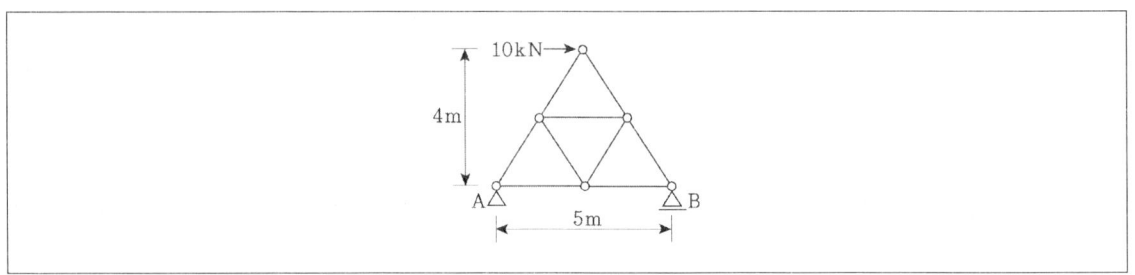

① 트러스의 모든 절점은 활절점이다.
② A 지점의 수직반력은 하향으로 8kN이다.
③ B 지점의 수평반력은 0이다.
④ 1차 부정정구조물이다.

12 조적구조의 벽체를 보강하기 위한 테두리보의 역할에 대한 설명으로 옳지 않은 것은?
① 기초판 위에 설치하여 조적벽체의 부동침하를 방지한다.
② 조적벽체에 작용하는 하중에 의한 수직 균열을 방지한다.
③ 조적벽체 상부의 하중을 균등하게 분산시킨다.
④ 조적벽체를 일체화하여 벽체의 강성을 증대시킨다.

13 조적구조에 대한 설명으로 옳지 않은 것은?
① 조적구조에서 기초의 부동침하는 조적 벽체 균열의 발생 원인이 될 수 있다.
② 보강조적이란 보강근이 조적체와 결합하여 외력에 저항하는 조적시공 형태이다.
③ 조적구조에 사용되는 그라우트의 압축강도는 조적개체의 압축강도의 1.3배 이상으로 한다.
④ 통줄눈으로 시공한 벽체는 막힌줄눈으로 시공한 벽체보다 수직하중에 대한 균열 저항성이 크다.

Answer 11.④ 12.① 13.④

11 그림의 트러스는 정정구조물이다.

12 테두리보 : 기둥과 기둥을 연결하는 보를 만들어 기둥사이, 보 하부에 벽돌이나 블록으로 벽체를 만드는 구조를 갖는데, 이 때 블록이나 벽돌 위에 만든 보이다.

13 통줄눈으로 시공한 벽체는 막힌줄눈으로 시공한 벽체보다 수직하중에 대한 균열 저항성이 약하다.

14 철근과 콘크리트의 재료특성과 휨 및 압축을 받는 철근콘크리트 부재의 설계가정에 대한 설명으로 옳지 않은 것은?

① 철근은 설계기준항복강도가 높아지면 탄성계수도 증가한다.
② 콘크리트 압축응력 분포와 콘크리트변형률 사이의 관계는 직사각형, 사다리꼴, 포물선형 또는 강도의 예측에서 광범위한 실험의 결과와 실질적으로 일치하는 어떤 형상으로도 가정할 수 있다.
③ 등가직사각형 응력블록계수 β_1의 범위는 $0.65 \leq \beta_1 \leq 0.85$ 이다.
④ 철근의 변형률이 f_y에 대응하는 변형률보다 큰 경우 철근의 응력은 변형률에 관계없이 f_y로 하여야 한다.

15 막구조 및 케이블 구조의 허용응력 설계법에 따른 하중조합으로 옳지 않은 것은?

① 고정하중 + 활하중 + 초기장력
② 고정하중 + 활하중 + 강우하중 + 초기장력
③ 고정하중 + 활하중 + 풍하중 + 초기장력
④ 고정하중 + 활하중 + 적설하중 + 초기장력

16 휨모멘트와 축력을 받는 특수모멘트골조의 부재에 대한 설명으로 옳지 않은 것은?

① 면의 도심을 지나는 직선상에서 잰 최소단면치수는 300mm 이상이어야 한다.
② 횡방향철근의 연결철근이나 겹침후프철근은 부재의 단면 내에서 중심간격이 350mm 이내가 되도록 배치하여야 한다.
③ 축방향철근의 철근비는 0.01 이상, 0.08 이하이어야 한다.
④ 최소단면치수의 직각방향 치수에 대한 길이비는 0.4 이상이어야 한다.

Answer 14.① 15.② 16.③

14 철근의 탄성계수는 설계기준항복강도와는 독립적인 관계로서 재료의 고유값이다.
15 막구조 및 케이블 구조 허용응력설계법의 하중조합에서 강우하중은 고려하지 않는다.
16 휨모멘트와 축력을 받는 특수모멘트골조의 부재 축방향철근의 철근비는 0.01 이상 0.06 이하이어야 한다.

17 강구조의 국부좌굴에 대한 단면의 분류에서 구속판요소에 해당하지 않는 것은?

① 압연 H형강 휨재의 플랜지
② 압축을 받는 원형강관
③ 휨을 받는 원형강관
④ 휨을 받는 ㄷ형강의 웨브

18 강구조에서 조립인장재에 대한 설명으로 옳지 않은 것은?

① 판재와 형강 또는 2개의 판재로 구성되어 연속적으로 접촉되어 있는 조립인장재의 재축방향 긴결간격은 대기 중 부식에 노출된 도장되지 않은 내후성강재의 경우 얇은 판두께의 24배 또는 280mm 이하로 해야 한다.
② 판재와 형강 또는 2개의 판재로 구성되어 연속적으로 접촉되어 있는 조립인장재의 재축방향 긴결간격은 도장된 부재 또는 부식의 우려가 없어 도장되지 않은 부재의 경우 얇은 판두께의 24배 또는 300mm 이하로 해야 한다.
③ 띠판은 조립인장재의 비충복면에 사용할 수 있으며, 띠판에서의 단속용접 또는 파스너의 재축방향 간격은 150mm 이하로 한다.
④ 끼움판을 사용한 2개 이상의 형강으로 구성된 조립인장재는 개재의 세장비가 가급적 300을 넘지 않도록 한다.

ANSWER 17.① 18.①

17 구속판요소는 하중의 방향과 평행하게 양면이 직각방향의 판요소에 의해 연속된 압축을 받는 평판요소이다. 압연 H형강 휨재의 플랜지는 비구속판요소에 해당한다.

18 판재와 형강 또는 2개의 판재로 구성되어 연속적으로 접촉되어 있는 조립인장재의 재축방향 긴결간격은 대기 중 부식에 노출된 도장되지 않은 내후성강재의 경우 얇은 판두께의 24배 또는 300mm 이하로 해야 한다.

19 내진설계 시 반응수정계수(R)가 가장 작은 구조형식은?

① 모멘트-저항골조 시스템에서의 철근콘크리트 보통모멘트 골조
② 내력벽시스템에서의 철근콘크리트 보통전단벽
③ 건물골조시스템에서의 철근콘크리트 보통전단벽
④ 철근콘크리트 보통 전단벽-골조 상호작용 시스템

20 다음 그림은 휨모멘트만을 받는 철근콘크리트 보의 극한상태에서 변형률 분포를 나타낸 것이다. 휨모멘트에 대한 설계강도를 산정할 때 적용되는 강도감소계수는? (단, $f_y = 400MPa$, $f_{ck} = 24MPa$이다)

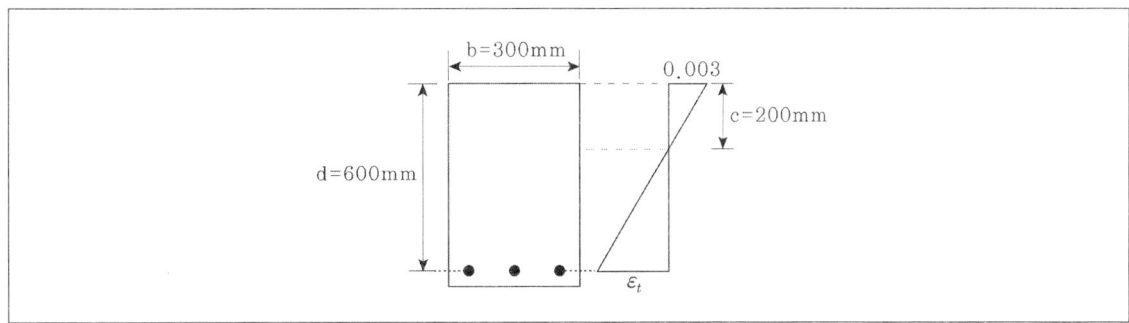

① 0.95
② 0.85
③ 0.75
④ 0.65

Answer 19.① 20.②

19 ① 모멘트-저항골조 시스템에서의 철근콘크리트 보통모멘트 골조 : R=3.0
② 내력벽시스템에서의 철근콘크리트 보통전단벽 : R=4.0
③ 건물골조시스템에서의 철근콘크리트 보통전단벽 : R=5.0
④ 철근콘크리트 보통 전단벽-골조 상호작용 시스템 : R=4.5

20 인장지배단면으로서 $0.003 : 200 = \varepsilon_t : 400$이므로 $\varepsilon_t = 0.006$이 된다.
인장지배변형률 한계인 0.005를 초과하였으므로 인장지배단면이므로 인장지배단면의 강도감소계수인 0.85를 적용해야 한다.

건축구조 / 2018. 5. 19 제1회 지방직 시행

1 일반 조적식구조의 설계법으로 옳지 않은 것은?

① 허용응력설계　　② 소성응력설계
③ 강도설계　　④ 경험적설계

2 건축물에 작용하는 하중에 대한 설명으로 옳지 않은 것은?

① 구조물의 사용과 점유에 의해 발생하는 하중은 활하중으로 분류된다.
② 적설하중은 지붕의 경사도가 크고 바람의 영향을 많이 받을수록 감소된다.
③ 외부온도변화는 건축물에 하중으로 작용하지 않는다.
④ 건축물의 중량이 클수록 지진하중이 커진다.

3 건축물의 기초계획에 있어 고려할 사항으로 옳지 않은 것은?

① 구조성능, 시공성, 경제성 등을 검토하여 합리적으로 기초형식을 선정하여야 한다.
② 기초는 상부구조의 규모, 형상, 구조, 강성 등을 함께 고려해야 한다.
③ 기초형식 선정 시 부지 주변에 미치는 영향은 물론 장래 인접대지에 건설되는 구조물과 그 시공에 의한 영향까지 함께 고려하는 것이 바람직하다.
④ 액상화는 경암지반이 비배수상태에서 급속한 재하를 받게 되면 과잉간극수압의 발생과 동시에 유효응력이 감소하며, 이로 인해 전단저항이 크게 감소하여 액체처럼 유동하는 현상으로 그 발생 가능성을 검토하여야 한다.

ANSWER 1.② 2.③ 3.④

1 조적식구조의 설계법에는 허용응력설계법, 강도설계법, 경험적설계법이 있다.
2 온도에 의한 재료의 변형이 발생하므로 반드시 하중으로서 외부온도변화를 고려해야 한다.
3 액상화는 사질지반에서 발생하는 현상이다.
　※ **액상화**: 포화된 느슨한 모래가 진동이나 지진 등의 충격을 받으면 입자들이 재배열되어 약간 수축하며 큰 과잉 간극수압을 유발하게 되고 그 결과로 유효응력과 전단강도가 크게 감소되어 모래가 유체처럼 거동하게 되는 현상이다.

4 강재의 접합부 형태가 아닌 것은?

① 완전강접합　　　　　　　　　② 부분강접합
③ 보강접합　　　　　　　　　　④ 단순접합

5 콘크리트구조 벽체설계에서 실용설계법에 대한 설명으로 옳지 않은 것은?

① 벽체의 축강도 산정 시 강도감소계수 ϕ는 0.65이다.
② 벽체의 두께는 수직 또는 수평받침점 간 거리 중에서 작은 값의 1/25 이상이어야 하고, 또한 100mm 이상이어야 한다.
③ 지하실 외벽 및 기초벽체의 두께는 150mm 이상으로 하여야 한다.
④ 상·하단이 횡구속된 벽체로서 상·하 양단 모두 회전이 구속되지 않은 경우 유효길이계수 k는 1.0이다.

6 콘크리트구조에서 표준갈고리에 대한 설명으로 옳지 않은 것은?

① 주철근의 표준갈고리는 180° 표준갈고리와 90° 표준갈고리로 분류된다.
② 주철근의 90° 표준갈고리는 구부린 끝에서 공칭지름의 12배 이상 더 연장되어야 한다.
③ 스터럽과 띠철근의 표준갈고리는 90° 표준갈고리와 135° 표준갈고리로 분류된다.
④ D19 철근을 사용한 스터럽의 90° 표준갈고리는 구부린 끝에서 공칭지름의 6배 이상 더 연장되어야 한다.

ANSWER 4.③　5.③　6.④

4 강재의 접합부 형태는 접합부의 성능과 회전에 대한 구속정도에 따라 전단접합(단순접합), 반강접합(부분강접합), 강접합(완전강접합)으로 분류한다.

5 지하실 외벽 및 기초벽체의 두께는 200mm 이상으로 하여야 한다.

6 D19 철근을 사용한 스터럽의 90° 표준갈고리는 구부린 끝에서 공칭지름의 12배 이상 더 연장되어야 한다.

7 벽돌공사에 대한 설명으로 옳지 않은 것은?

① 담당원의 승인 없이 사용할 수 있는 줄눈 모르타르 잔골재의 절건비중은 $2.4g/cm^3$ 이상이어야 한다.
② 벽돌공사의 충전 콘크리트에 사용하는 굵은골재는 양호한 입도분포를 가진 것으로 하고, 그 최대치수는 충전하는 벽돌공동부 최소 직경의 1/3 이하로 한다.
③ 보강벽돌쌓기에서 철근의 피복 두께는 20mm 이상으로 한다. 다만, 칸막이벽에서 콩자갈 콘크리트 또는 모르타르를 충전하는 경우에 있어서 10mm 이상으로 한다.
④ 보강벽돌쌓기에서 벽돌 공동부의 모르타르 및 콘크리트 1회의 타설높이는 1.5m 이하로 한다.

8 다음 구조물의 지점 A에서 발생하는 수직방향 반력의 크기는? (단, 부재의 자중은 무시한다)

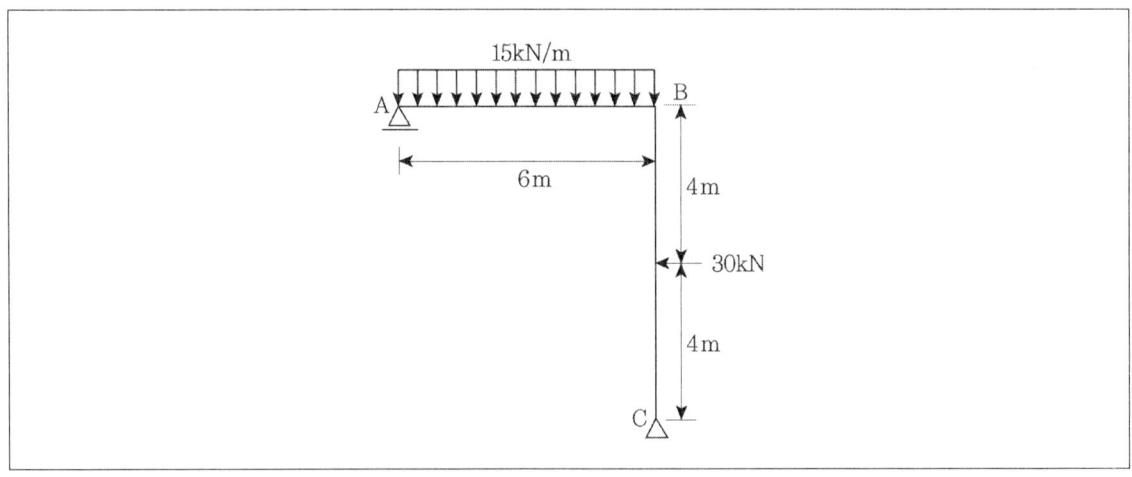

① 65 kN (↑)
② 70 kN (↑)
③ 75 kN (↑)
④ 80 kN (↑)

ANSWER 7.② 8.①

7 벽돌공사의 충전 콘크리트에 사용하는 굵은골재는 양호한 입도분포를 가진 것으로 하고, 그 최대치수는 충전하는 벽돌공동부 최소 직경의 1/4 이하로 한다.

8 A지점은 이동지점으로서 수평반력은 0이 된다.
C점을 기준으로 하여 모멘트가 평형을 이루어야 하므로,
A점의 수직방향 반력을 R_A라고 하고 AB부재에 걸쳐 작용하는 등분포하중을 계산의 편의상 집중하중으로 치환시켜서 모멘트평형조건을 구하면,
$\sum M_C = 0 : R_A \cdot 6 - 90 \cdot 3 - 30 \cdot 4 = 6R_A - 390 = 0$
∴ $R_A = 65[kN](↑)$

9 구조내력상 주요한 부분에 사용하는 막구조의 재료(막재)에 대한 설명으로 옳지 않은 것은?

① 두께는 0.5mm 이상이어야 한다.
② 인장강도는 폭 1cm당 300N 이상이어야 한다.
③ 인장크리프에 따른 신장률은 30% 이하이어야 한다.
④ 파단신율은 35% 이하이어야 한다.

10 건축 구조물의 시간이력해석을 수행하는 경우에 대한 설명으로 옳지 않은 것은?

① 탄성시간이력해석에 의한 층전단력, 층전도모멘트, 부재력 등 설계값은 시간이력해석에 의한 결과에 중요도계수와 반응수정계수를 곱하여 구한다.
② 비탄성시간이력해석 시 부재의 비탄성 능력 및 특성은 중요도 계수를 고려하여 실험이나 충분한 해석결과에 부합하도록 모델링해야 한다.
③ 지반효과를 고려하기 위하여 기반암 상부에 위치한 지반을 모델링하여야 하며, 되도록 넓은 면적의 지반을 모델링하여 구조물로부터 멀리 떨어진 지반의 운동이 구조물과 인접지반의 상호작용에 의하여 영향을 받지 않도록 한다.
④ 3개의 지반운동을 이용하여 해석할 경우에는 최대응답을 사용하여 설계해야 하며, 7개 이상의 지반운동을 이용하여 해석할 경우에는 평균응답을 사용하여 설계할 수 있다.

ANSWER 9.③ 10.①

9 인장크리프에 따른 신장률은 15%(합성섬유 직포로 구성된 막재료에 있어서는 25%) 이하이어야 한다.
※ 막재의 강도 및 내구성
• 두께 : 0.5mm 이상
• 인장강도 : 300N/cm 이상
• 파단신장률 : 35% 이하
• 인열강도 : 100N 이상 또한 인장강도에 1cm를 곱해서 얻은 수치의 15% 이상이어야 함 (인열강도 : 재료가 접힘 또는 굽힘을 받은 후 견딜 수 있는 최대인장응력)
• 인장크리프 신장률 : 15%(합성섬유 직포로 구성된 막재료에 있어서는 25%) 이하

10 탄성시간이력해석을 수행하는 경우 층전단력, 층전도모멘트, 부재력 등 설계값은 해석값에 중요도계수를 곱하고 반응수정계수로 나누어 구한다.

11 콘크리트구조 기둥에 사용되는 띠철근의 주요한 역할에 대한 설명으로 옳지 않은 것은?

① 축방향 주철근을 정해진 위치에 고정시킨다.
② 기둥의 휨내력을 증가시킨다.
③ 축방향력을 받는 주철근의 좌굴을 억제시킨다.
④ 압축콘크리트의 파괴 시 기둥의 벌어짐을 구속하여 연성을 증가시킨다.

12 인장력만을 이용하는 구조 형식은?

① 케이블(Cable) 구조
② 돔(Dome) 구조
③ 볼트(Vault) 구조
④ 아치(Arch) 구조

13 콘크리트구조의 설계강도 산정 시 적용하는 강도감소계수로 옳지 않은 것은?

① 인장지배 단면 : 0.85
② 압축지배 단면(나선철근으로 보강된 철근콘크리트 부재) : 0.70
③ 포스트텐션 정착구역 : 0.85
④ 전단력과 비틀림모멘트 : 0.70

ANSWER 11.② 12.① 13.④

11 기둥의 가장 주된 목적은 연직하중을 저항하기 위함이지만 횡하중에 의한 전단력과 휨모멘트에 대한 저항성능도 갖추어야만 하는데 이는 기둥의 주철근이 부담을 하도록 설계를 한다. 기둥의 띠철근은 축방향주철근을 횡지지하거나 결속시키기 위해 사용된다.

12 케이블구조는 인장력만을 이용하는 전형적인 구조이다.

13 전단력과 비틀림모멘트의 강도감소계수는 0.75가 된다.

14 다음 용접기호에 대한 설명으로 옳지 않은 것은?

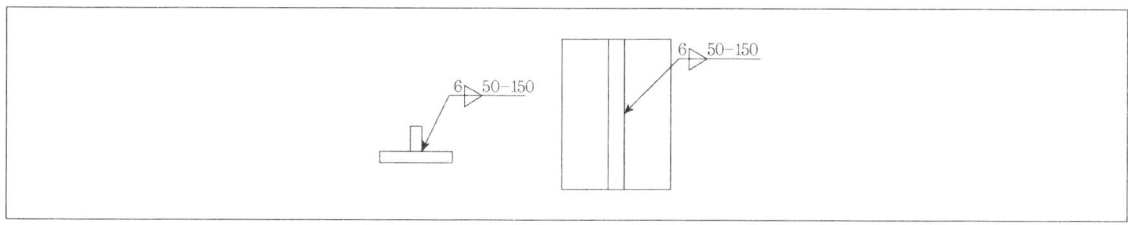

① 그루브(Groove) 용접을 부재 양면에 시행한다.
② 용접사이즈는 6mm이다.
③ 용접길이는 50mm이다.
④ 용접간격은 150mm이다.

ANSWER 14.①

14 그루브(Groove)용접은 한쪽, 또는 양쪽 부재의 끝을 용접이 양호하게 되도록 끝단면을 비스듬히 절단하여 용접을 하는 방법이다. 부재의 끝을 절단을 해낸 것이 바로 그루브(홈, 개선)이다. 이는 효율적으로 용접을 하기 위해 용접하는 모재사이에 만들어진 가공부이다.

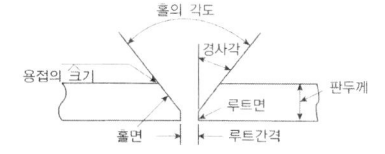

- 개선(groove) : 접합하려는 두개의 부재의 각각 한쪽을 개선각을 내어 절단하고 서로 맞대어서(맞대기 이음) 용접봉 또는 와이어를 녹여 양 개선면을 용착시키는 방법
- 루트간격(root opening) : 이음부 밑에 충분한 용입을 주기 위한 루트면 사이의 간격
- 루트면(root face) : 개선홈의 밑바닥이 곧게 일어선 면
- 홈면(groove face) : 이음부를 가공할 때, 경사나 모따기 등으로 절단한 이음면
- 경사각(bevel angle) : 개선면(홈면)과 수직의 각도
- 홈의 각도(groove angle) : 접합시킬 두 모재 단면 사이에 형성된 각

※ 용접의 크기(size of weld)

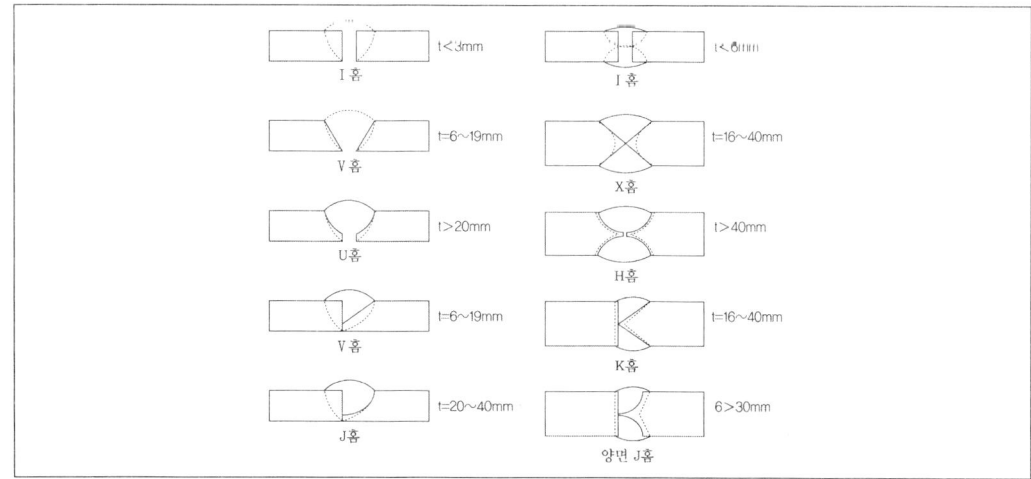

15 콘크리트구조 해석에 대한 설명으로 옳지 않은 것은? (단, ε_t : 공칭축강도에서 최외단 인장철근의 순인장변형률이며, 유효프리스트레스 힘, 크리프, 건조수축 및 온도에 의한 변형률은 제외함)

① 근사해법에 의해 휨모멘트를 계산한 경우를 제외하고, 어떠한 가정의 하중을 적용하여 탄성이론에 의하여 산정한 연속 휨부재 받침부의 부모멘트는 20% 이내에서 $1,000\varepsilon_t$ %만큼 증가 또는 감소시킬 수 있다.
② 2경간 이상인 경우, 인접 2경간의 차이가 짧은 경간의 20% 이하인 경우, 등분포하중이 작용하는 경우, 활하중이 고정하중의 3배를 초과하지 않는 경우 및 부재의 단면크기가 일정한 경우를 모두 만족하는 연속보는 근사해법을 적용할 수 있다.
③ 연속 휨부재의 모멘트 재분배 시, 경간 내의 단면에 대한 휨모멘트의 계산은 수정 전 부모멘트를 사용하여야 하며, 휨모멘트 재분배 이후에도 정적 평형은 유지되어야 한다.
④ 휨모멘트의 재분배는 휨모멘트를 감소시킬 단면에서 최외단 인장철근의 순인장변형률 ε_t 가 0.0075 이상인 경우에만 가능하다.

16 압축력과 휨을 받는 1축 및 2축 대칭단면부재에 적용되는 휨과 압축력의 상관관계식에 대한 설명으로 옳지 않은 것은?

① 소요압축강도와 설계압축강도의 상대적인 비율은 상관관계식의 변수 중 하나이다.
② 보의 공칭휨강도는 항복, 횡비틀림좌굴, 플랜지국부좌굴, 웨브국부좌굴 등 4가지 한계상태강도 가운데 최솟값으로 산정한다.
③ 강축 및 약축에 대하여 동시에 휨을 받을 때 약축에 대한 휨만 고려한다.
④ 소요휨강도는 2차효과가 포함된 모멘트이다.

Answer 15.③ 16.③

15 연속 휨부재의 모멘트 재분배 시, 경간 내의 단면에 대한 휨모멘트의 계산은 수정된 부모멘트를 사용하여야 하며, 휨모멘트 재분배 이후에도 정적 평형은 유지되어야 한다.
16 강축 및 약축에 대하여 동시에 휨을 받을 때에는 강축과 약축에 대한 휨을 모두 고려해야 한다.

17 강구조의 합성부재에 대한 설명으로 옳지 않은 것은?

① 합성단면의 공칭강도는 소성응력분포법 또는 변형률적합법에 따라 결정한다.
② 압축력을 받는 충전형 합성부재의 단면은 조밀, 비조밀, 세장으로 분류한다.
③ 매입형 합성부재는 국부좌굴의 영향을 고려해야 하나, 충전형 합성부재는 국부좌굴을 고려할 필요가 없다.
④ 합성기둥의 강도를 계산하는 데 사용되는 구조용 강재 및 철근의 설계기준항복강도는 650MPa를 초과할 수 없다.

18 목구조의 구조계획 및 각부구조에 대한 설명으로 옳지 않은 것은?

① 구조해석 시 응력과 변형의 산정은 탄성해석에 의한다. 다만, 경우에 따라 접합부 등에서는 국부적인 탄소성 변형을 고려할 수 있다.
② 기초는 상부구조가 수직 및 수평하중에 대하여 침하, 부상, 전도, 수평이동이 생기지 않고 지반에 안전하게 지지하도록 설계한다.
③ 골조 또는 벽체 등의 수평저항요소에 수평력을 적절히 전달하기 위하여 바닥평면이 일체화된 격막구조가 되도록 한다.
④ 목구조 설계에서는 고정하중, 바닥활하중, 지붕활하중, 적설하중, 풍하중, 지진하중을 적용한 세 가지 하중조합을 고려하여 사용하중조합을 결정한다.

Answer 17.③ 18.④

17 충전형 합성부재는 국부좌굴을 고려해야 하나 매입형 합성부재는 국부좌굴을 고려할 필요가 없다.

18 목구조 설계에서는 고정하중, 바닥활하중, 지붕활하중, 적설하중, 풍하중, 지진하중을 적용한 다음의 네 가지 하중조합을 고려하여 사용하중조합을 결정한다. (D : 고정하중, L : 활하중, L_r : 지붕활하중, S : 적설하중, E : 지진하중)
  ㉠ D
  ㉡ $D+L$
  ㉢ $D+L+(L_r \text{ or } S)$
  ㉣ $D+L+(W \text{ or } 0.7E)+(L_r \text{ or } S)$

19 목구조에서 맞춤과 이음 접합부에 대한 설명으로 옳지 않은 것은?

① 인장을 받는 부재에 덧댐판을 대고 길이이음을 하는 경우에 덧댐판의 면적은 요구되는 접합면적의 1.3배 이상이어야 한다.
② 맞춤 부위의 보강을 위하여 접합제를 사용할 수 있다.
③ 구조물의 변형으로 인하여 접합부에 2차응력이 발생할 가능성이 있는 경우 이를 설계에서 고려한다.
④ 접합부에서 만나는 모든 부재를 통하여 전달되는 하중의 작용선은 접합부의 중심 또는 도심을 통과하여야 하며 그렇지 않을 경우 편심의 영향을 설계에 고려한다.

20 강구조의 설계기본원칙에 대한 설명으로 옳지 않은 것은?

① 구조해석에서 연속보의 모멘트재분배는 소성해석에 의한다.
② 한계상태설계는 구조물이 모든 하중조합에 대하여 강도 및 사용성한계상태를 초과하지 않는다는 원리에 근거한다.
③ 강구조는 탄성해석, 비탄성해석 또는 소성해석에 의한 설계가 허용된다.
④ 강도한계상태에서 구조물의 설계강도가 소요강도와 동일한 경우는 구조물이 강도한계상태에 도달한 것이다.

ANSWER 19.① 20.①

19 인장을 받는 부재에 덧댐판을 대고 길이이음을 하는 경우에 덧댐판의 면적은 요구되는 접합면적의 1.5배 이상이어야 한다.
20 구조해석에서 연속보의 모멘트재분배는 탄성해석에 의한다.

건축구조 / 2018. 6. 23 제2회 서울특별시 시행

1 철골기둥의 좌굴하중에 영향을 주지 않는 것은?

① 항복강도
② 단면2차모멘트
③ 기둥의 단부지지조건
④ 탄성계수

2 서울시에서 장경간의 문서수장고 용도의 철근콘크리트 구조물을 계획하고 있다. 수장고 바닥을 지지하는 보의 장기 처짐량을 저감하기 위한 방안으로 가장 효율적인 것은?

① 고강도 철근을 사용한다.
② 고강도 콘크리트를 사용한다.
③ 복근보로 설계한다.
④ 표피철근을 배근한다.

3 「건축구조기준(국가건설기준코드)」에 따른 건축구조물에 적용하는 기본등분포활하중의 용도별 최솟값에 대한 설명으로 가장 옳지 않은 것은? (※ 기출 변형)

① 총 중량 30kN 이하의 차량에 대한 옥내 주차장과 옥외 주차장의 기본등분포활하중은 서로 다르다.
② 공동주택의 공용실과 주거용 건축물의 거실의 기본등분포활하중은 서로 다르다.
③ 사무실 건물에서, 1층 외의 모든 층 복도와 일반 사무실의 기본등분포활하중은 서로 다르다.
④ 집회 및 유흥장에서, 집회장(이동 좌석)과 연회장의 기본등분포활하중은 서로 다르다.

ANSWER 1.① 2.③ 3.④

1 기둥부재의 좌굴하중은 $P_{cr} = \dfrac{\pi^2 EI}{l_k}$ 이며 l_k는 기둥의 단부지지조건에 따라 정해지는 값이므로, 항복강도는 좌굴하중과 직접적으로 관련이 있다고 보기는 어렵다.

2 주어진 보기 중 수장고 바닥을 지지하는 보의 장기 처짐량을 저감하기 위한 방안으로 가장 효율적인 것은 복근보로 설계하는 것이다. (크리프는 압축철근이 많을수록 감소하게 된다.)

3 집회 및 유흥장에서, 집회장(이동 좌석)과 연회장의 기본 등분포활하중은 5.0[kN/m²]로서 서로 동일하다.

4 철근콘크리트 깊은보에 대한 설명으로 가장 옳지 않은 것은?

① 비선형 변형률 분포를 고려하여 설계한다.
② 스트럿-타이모델에 따라 설계한다.
③ 순경간이 부재 깊이의 2배 이하인 부재를 깊은 보로 정의한다.
④ 깊은보의 최소 휨인장철근량은 휨부재의 최소철근량과 동일하다.

5 〈보기〉와 같은 보에서 D점에 최대 휨모멘트가 유발되기 위하여 가하여야 하는 C점의 집중하중(P)의 크기는?

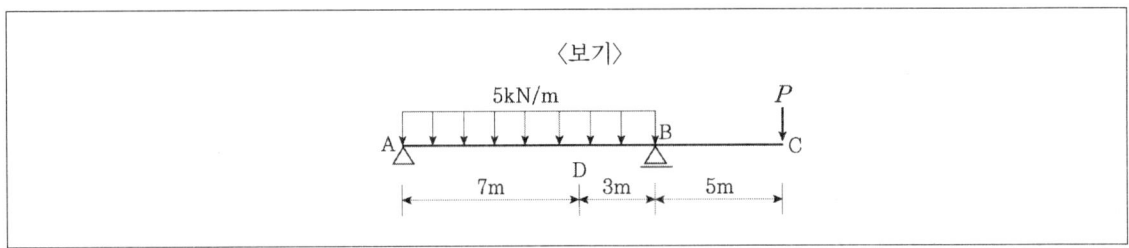

① 20kN(↑)
② 20kN(↓)
③ 45kN(↑)
④ 45kN(↓)

ANSWER 4.③ 5.①

4 순경간이 부재 깊이의 4배 이하인 부재를 깊은 보로 정의한다.

5 A지점의 반력은 상향으로 가정하고 P는 그림처럼 하향으로 가정하면 다음의 식이 성립해야 한다.

$\sum M_B = 0 : R_A \cdot 10 - 5 \cdot 10 \cdot 5 + 5 \cdot P = 0$

여기서 A점의 반력은 $R_A = \dfrac{250-5P}{10}(\uparrow)$

D점에서 휨모멘트가 최대가 되려면, 전단력이 0이 되어야 하므로, $V_D = R_A - 5 \cdot 7 = 0$이어야 한다.

따라서 $R_A = 35[kN](\uparrow)$이어야 하며,

$R_A = \dfrac{250-5P}{10}[kN] = 35[kN]$이므로, 하중 P는 $-20[kN]$이 되며 이는 본래 가정한 하향의 반대인 상향력을 의미한다.

따라서 P는 20kN(↑)이어야 한다.

6 강구조 용접부의 비파괴 검사법에 해당하지 않는 것은?

① 방사선 투과 검사
② 자기분말 탐상법
③ 정전 탐상법
④ 침투 탐상법

7 포화사질토가 비배수상태에서 급속한 재하를 받아 과잉간극수압의 발생과 동시에 유효응력이 감소하는 현상은?

① 분사현상
② 액상화
③ 사운딩
④ 슬라임

8 「건축구조기준(국가건설기준코드)」에서 풍동실험에 따라 특별풍하중을 산정하여야 하는 조건이 아닌 것은? (※ 기출 변형)

① 평면이 원형인 건축물로 형상비 H/d(H : 건축물의 기준높이, d : 높이 2H/3에서의 외경)가 7 미만인 경우
② 장경간의 현수, 사장, 공기막 지붕 등 경량이며 강성이 낮은 지붕골조
③ 국지적인 지형 및 지물의 영향으로 골바람 효과가 발생하는 곳에 위치한 건축물
④ 인접효과가 우려되는 건축물

ANSWER 6.③ 7.② 8.①

6 정전 탐상법은 비파괴 검사법의 일종이지만 강구조 용접부의 비파괴 검사법으로 적용되는 방법이 아니다. 비전기 전도성 재료 표면의 공극성 결함의 검출에 사용한다. 탄산칼슘 등의 미세 분말을 마찰에 의해 하전시키고 압착 공기에 의해 시험재 위에 불어 붙이면, 이 하전 분말은 결함 부분에만 붙기 때문에 결함이 보기 쉽게 하도록 하는 방법이다.

7 액상화 현상에 관한 설명이다.

8 특별풍하중 : 바람의 직접적인 작용 또는 간접적인 작용을 받는 대상건축물 및 공작물에서 발생하는 현상이 매우 불규칙하고 복잡하여 풍하중을 평가하는 방법이 확립되어 있지 않기 때문에 풍동실험을 통하여 풍하중을 평가해야만 하는 경우의 하중이다.
※ 평면이 원형인 건축물로 형상비 H/d(H:건축물의 기준 높이, d : 높이 2H/3에서의 외경)가 7 이상인 경우 특별풍하중으로 본다.

9 「건축구조기준(국가건설기준코드)」에 따른 콘크리트 공시체의 제작에 대한 설명으로 가장 옳지 않은 것은? (※ 기출 변형)

① 압축강도용 공시체는 $\phi 100 \times 200$mm를 기준으로 한다.
② 습윤양생 시 온도는 21~25℃ 정도로 유지한다.
③ 임의의 1개 운반차로부터 채취한 시료에서 3개의 공시체를 제작하여 시험한 시험값의 평균값을 이용한다.
④ 공시체는 28일 동안 습윤양생한다.

10 보가 있는 2방향 슬래브를 직접설계법으로 계산할 때 계수모멘트가 1,000kN·m로 산정되었다. 이때 내부스팬의 부계수 모멘트와 정계수모멘트는?

부계수모멘트	정계수모멘트
① 250kN·m	750kN·m
② 350kN·m	650kN·m
③ 650kN·m	350kN·m
④ 750kN·m	250kN·m

11 「건축구조기준(국가건설기준코드)」에서 국부좌굴에 대한 구조용 강재 중 조밀단면과 비조밀단면의 분류 기준으로 사용되는 것은? (※ 기출 변형)

① 전단강도
② 판폭두께비
③ 단면적
④ 단면2차모멘트

Answer 9.① 10.③ 11.②

9 콘크리트의 공시체를 제작할 때 압축강도용 공시체는 $\phi 150 \times 300$mm를 기준으로 하며, $\phi 100 \times 200$mm의 공시체를 사용할 경우 강도보정계수 0.97을 사용하며, 이외의 경우에도 적절한 강도보정계수를 고려하여야 한다.

10 보가 있는 2방향 슬래브를 직접설계법으로 계산할 때 내부스팬의 부계수모멘트와 정계수모멘트의 비는 0.65 : 0.35를 이루므로 부계수모멘트는 650[kNm], 정계수모멘트는 350[kNm]이다.

11 「건축구조기준(국가건설기준코드)」에서 국부좌굴에 대한 구조용 강재 중 조밀단면과 비조밀단면의 분류 기준으로 사용되는 것은 판폭두께비이다.

12 「건축구조기준(국가건설기준코드)」에 따른 조적식구조에 사용되는 모르타르와 그라우트의 요구조건에 대한 설명으로 가장 옳지 않은 것은? (※ 기출 변형)

① 그라우트의 압축강도는 조적개체 강도의 1.3배 이상으로 한다.
② 시멘트 성분을 지닌 재료 또는 첨가제들은 내화점토를 포함할 수 없다.
③ 줄눈용 모르타르의 시멘트, 석회, 모래, 자갈의 용적비는 1:1:3:3이다.
④ 동결방지용액이나 염화물 등의 성분은 모르타르에 사용할 수 없다.

13 「건축구조기준(국가건설기준코드)」의 기존 철근콘크리트 구조물의 안전성 및 내하력 평가 방법에 대한 설명으로 가장 옳지 않은 것은? (※ 기출 변형)

① 구조부재의 치수는 중앙부와 단부를 측정하여 그 평균값을 부재치수로 하여야 한다.
② 기존 구조물의 안전성 평가에서는 구조치수, 재료 및 하중에 대한 조사 및 시험에 따라 측정한 값을 근거로 평가기준 값을 결정하여 사용한다.
③ 단면크기 및 재료특성이 조사 및 시험에 근거한 평가기준 값을 적용하였다면 강도감소계수를 증가시킬 수 있다.
④ 하중의 크기를 현장조사에 의하여 정밀하게 확인하는 경우 부재의 소요강도 산정을 위하여 적용되는 고정하중 및 활하중의 하중계수를 5%만큼 저감할 수 있다.

ANSWER 12.③ 13.①

12 줄눈용 모르타르의 경우 시멘트, 석회, 모래의 용적비는 1:1:3으로 규정되어 있으나 자갈은 규정된 사항이 없다.

종류		배합비			
		시멘트	석회	모래	자갈
모르타르	줄눈용	1	1	3	–
	사춤용	1	–	3	–
	치장용	1	–	1	–
그라우트	사춤용	1	–	2	3

13 구조부재의 치수는 위험단면에서 확인을 해야 한다.

14 〈보기〉의 지점 A에서 발생하는 반력의 크기는?

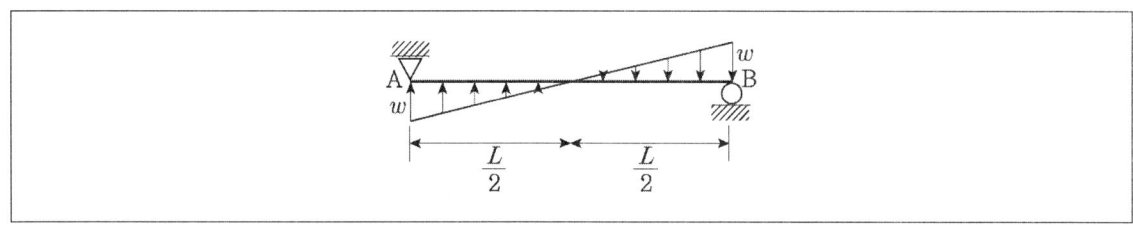

① $\dfrac{wL}{3}$
② $\dfrac{wL}{4}$
③ $\dfrac{wL}{5}$
④ $\dfrac{wL}{6}$

15 단면이 가로×세로가 10mm×10mm인 사각형이고 길이가 1,000mm인 부재에 100N의 하중이 작용하여 길이가 1mm 늘어났다면 이 부재의 탄성계수는?

① 1MPa
② 10MPa
③ 100MPa
④ 1,000MPa

ANSWER 14.④ 15.④

14 일반적인 단순보에서 A지점의 방향만을 바꾼 것으로 보고 직관적으로 풀 수 있는 문제이다.

등변분포하중을 집중하중으로 치환하고, 우력모멘트의 크기를 구한 후 이를 부재길이로 나누면 지점의 반력이 된다.

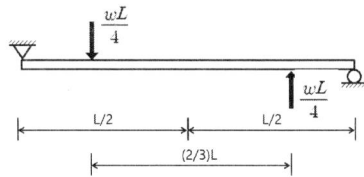

- 우선 우력모멘트의 크기는 $M = \dfrac{wL}{4} \cdot \dfrac{2}{3}L = \dfrac{wL^2}{6}$

- 이를 부재의 길이로 나누면 $R_A = \dfrac{M}{L} = \dfrac{\frac{wL^2}{6}}{L} = \dfrac{wL}{6}$

15 $\delta = \dfrac{PL}{AE} = \dfrac{100[\text{N}] \cdot 1000[\text{mm}]}{10^2[\text{mm}^2] \cdot E} = 1[\text{mm}]$이므로 이를 만족하는 탄성계수 E는 $1,000[\text{N/mm}^2]$이므로 1,000MPa이 된다.

16 공칭강도에 대한 설명으로 가장 옳은 것은?

① 하중계수를 곱한 하중
② 규정된 재료강도 및 부재치수를 사용하여 계산된 부재의 하중에 대한 저항능력
③ 하중 및 외력에 의하여 구조부재의 단면에 생기는 축방향력
④ 구조설계 시 적용하는 하중

17 프리스트레스트(Prestressed) 콘크리트 부재에서 프리스트레스(Prestress)의 손실원인에 해당하지 않는 것은?

① 콘크리트의 수축
② 정착장치의 활동
③ 긴장재 응력의 릴랙세이션
④ 포스트텐셔닝 긴장재와 콘크리트 부재의 비부착

18 단면 필릿용접의 총 용접 길이가 1,000mm, 필릿사이즈가 20mm인 경우 필릿용접의 유효단면적은?

① 9,600mm^2
② 13,440mm^2
③ 19,200mm^2
④ 26,880mm^2

ANSWER 16.② 17.④ 18.②

16 공칭강도는 규정된 재료강도 및 부재치수를 사용하여 계산된 부재의 하중에 대한 저항능력이다.

17 포스트텐셔닝 긴장재와 콘크리트 부재의 비부착은 프리스트레스의 손실원인으로 보기는 어렵다.

18 용접의 유효길이 : $1,000 - 2s = 1,000 - 2 \cdot 20 = 960[mm]$
용접의 목두께 : $0.7 \cdot s = 0.7 \cdot 20 = 14[mm]$
용접의 유효면적은 유효길이와 목두께의 곱이므로 $13,440[mm^2]$가 된다.
(s : 다리길이, 필릿사이즈)

19 「건축구조기준(국가건설기준코드)」에 따라 20층 이하이고, 높이 70m 미만인 정형구조물의 등가정적해석법에 의한 설계지진력을 산정할 때, 밑면전단력의 계산에 영향을 주지 않는 것은? (※ 기출 변형)

① 지반종류
② 유효건물 중량
③ 내진등급
④ 내진설계범주

20 「건축구조기준(국가건설기준코드)」에서 정하는 구조용 무근콘크리트를 사용할 수 없는 부재에 해당하는 것은? (※ 기출 변형)

① 기둥 부재
② 지반 또는 다른 구조용 부재에 의하여 연속적으로 수직 지지되는 부재
③ 모든 하중 조건에서 아치작용에 의하여 압축력이 유발되는 부재
④ 벽체와 주각

Answer 19.④ 20.①

19 내진설계범주는 건물의 내진등급 및 설계응답스펙트럼가속도값에 의해 결정되는 내진설계상의 구분이다. (이는 등가정적해석법에 의한 설계지진력 산정 시 고려하지 않는다.)

20 구조용 무근콘크리트는 다음의 경우에만 사용할 수 있으며, 기둥에는 무근콘크리트를 사용할 수 없다.
• 지반 또는 다른 구조용 부재에 의해 연속적으로 수직 지지되는 부재
• 모든 하중조건에서 아치작용에 의해 압축력이 유발되는 부재
• 벽체와 주각

건축구조 / 2019. 2. 23 제1회 서울특별시 시행

1 「건축물강구조설계기준(KDS 41 31 00)」에 따라 보 플랜지를 완전용입용접으로 접합하고 보의 웨브는 용접으로 접합한 접합부를 적용한 경우, 철골중간모멘트골조 지진하중저항시스템에 대한 요구사항으로 가장 옳지 않은 것은?

① 내진설계를 위한 철골중간모멘트골조의 반응수정계수는 4.5이다.
② 보-기둥 접합부는 최소 0.02rad의 층간변위각을 발휘할 수 있어야 한다.
③ 보의 춤이 900mm를 초과하지 않으면 실험결과 없이 중간모멘트골조의 접합부로서 인정할 수 있다.
④ 중간모멘트골조의 보소성힌지영역은 보호영역으로 고려되어야 한다.

2 다음과 같은 단면을 가진 단순보에 등분포하중(w)이 작용하여 처짐이 발생하였다. 단면 높이 h를 2h로 2배 증가하였을 경우, 보에 작용하는 최대 모멘트와 처짐의 변화에 대한 설명으로 가장 옳은 것은?

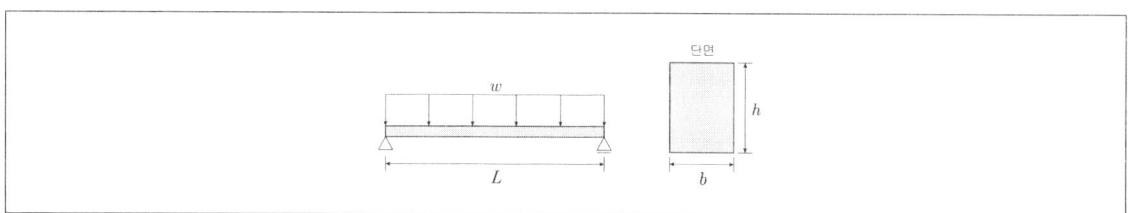

① 최대 모멘트와 처짐이 둘 다 8배가 된다.
② 최대 모멘트는 동일하고, 처짐은 8배가 된다.
③ 최대 모멘트는 8배, 처짐은 1/8배가 된다.
④ 최대 모멘트는 동일하고, 처짐은 1/8배가 된다.

ANSWER 1.③ 2.④

1 보플랜지를 완전용입용접으로 접합하고 보의 웨브는 용접 또는 고장력볼트로서 접합한 접합부로서 보의 춤이 750mm를 초과하지 않으면 중간모멘트골조의 접합부로서 인정할 수 있다.

2 단면의 높이가 2배가 되면 단면2차모멘트가 8배가 되므로 처짐은 1/8배로 줄어들게 된다.

3 콘크리트구조의 철근상세에 대한 설명으로 가장 옳지 않은 것은?

① 주철근의 180도 표준갈고리는 구부린 반원 끝에서 철근지름의 4배 이상, 또한 60mm 이상 더 연장되어야 한다.
② 주철근의 90도 표준갈고리는 구부린 끝에서 철근지름의 6배 이상 더 연장되어야 한다.
③ 스터럽과 띠철근의 90도 표준갈고리의 경우, D16 이하의 철근은 구부린 끝에서 철근지름의 6배 이상 더 연장되어야 한다.
④ 스터럽과 띠철근의 135도 표준갈고리의 경우, D25 이하의 철근은 구부린 끝에서 철근지름의 6배 이상 더 연장되어야 한다.

4 다음과 같이 1단고정, 타단핀고정이고 절점 횡이동이 없는 중심압축재가 있다. 부재단면은 압연H형강이고, 부재길이는 10m, 부재 중간에 약축 방향으로만 횡지지(핀고정)되어 있다. 이 부재의 휨좌굴강도를 결정하는 세장비로 가장 옳은 것은? (단, 부재단면의 국부좌굴은 발생하지 않으며, 세장비는 유효좌굴길이(이론값)를 단면2차반경으로 나눈 값으로 정의하고, 강축에 대한 단면2차반경 r_x=100mm, 약축에 대한 단면2차반경 r_y=50mm이다.)

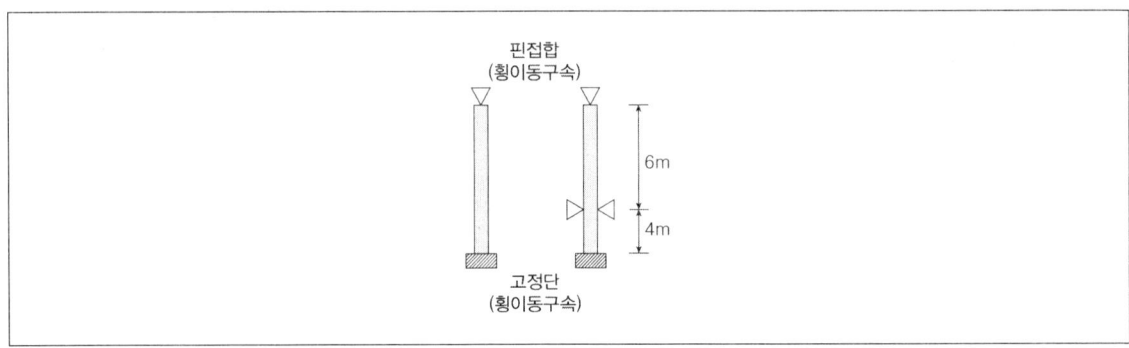

① 70
② 100
③ 120
④ 56

ANSWER 3.② 4.③

3 주철근의 90도 표준갈고리는 구부린 끝에서 철근지름의 12배 이상 더 연장되어야 한다.

4 강축을 x축, 약축을 y축이라고 가정할 때, 이 압축재의 좌굴은 횡지지된 점부터 끝단까지의 거리가 먼 부재의 좌굴에 지배를 받게 된다. 6m가 4m보다 더 기므로 6m 부분에서 좌굴이 먼저 발생하게 되며 이 부재는 양단힌지와 같은 거동을 하므로 유효좌굴길이계수는 1.0이 된다.

따라서 세장비는 $\lambda = \dfrac{KL}{r_y} = \dfrac{1.0 \cdot 6}{0.05} = 120$

5 「건축물강구조설계기준(KDS 41 31 00)」에서 충전형 합성기둥에 대한 설명으로 가장 옳지 않은 것은?

① 강관의 단면적은 합성기둥 총단면적의 1% 이상으로 한다.
② 압축력을 받는 각형강관 충전형합성부재의 강재요소의 최대폭두께비가 $2.26\sqrt{E/F_y}$ 이하이면 조밀로 분류한다.
③ 실험 또는 해석으로 검증되지 않을 경우, 합성기둥에 사용되는 구조용 강재의 설계기준항복강도는 700MPa를 초과할 수 없다.
④ 실험 또는 해석으로 검증되지 않을 경우, 합성기둥에 사용되는 콘크리트의 설계기준압축강도는 70MPa를 초과할 수 없다(경량콘크리트 제외).

6 시험실에서 양생한 공시체의 강도평가에 대한 다음 설명에서 ㉠~㉢에 들어갈 값을 순서대로 바르게 나열한 것은?

> 콘크리트 각 등급의 강도는 다음의 두 요건이 충족되면 만족할 만한 것으로 간주할 수 있다.
> ㈎ ㉠번의 연속강도 시험의 결과 그 평균값이 ㉡ 이상일 때
> ㈏ 개개의 강도시험값이 f_{ck}가 35MPa 이하인 경우에는 $(f_{ck}-3.5)$MPa 이상, 또한 f_{ck}가 35MPa 초과인 경우에는 ㉢ 이상인 경우

	㉠	㉡	㉢
①	2	f_{ck}	$0.85f_{ck}$
②	2	$0.9f_{ck}$	$0.9f_{ck}$
③	3	$0.9f_{ck}$	$0.85f_{ck}$
④	3	f_{ck}	$0.9f_{ck}$

ANSWER 5.③ 6.④

5 실험 또는 해석으로 검증되지 않을 경우, 합성기둥에 사용되는 구조용 강재의 설계기준항복강도는 450MPa를 초과할 수 없다.

6 콘크리트 각 등급의 강도는 다음의 두 요건이 충족되면 만족할 만한 것으로 간주할 수 있다.
㈎ 3번의 연속강도 시험의 결과 그 평균값이 f_{ck} 이상일 때
㈏ 개개의 강도시험값이 f_{ck}가 35MPa 이하인 경우에는 $(f_{ck}-3.5)$MPa 이상, 또한 f_{ck}가 35MPa 초과인 경우에는 $0.9f_{ck}$ 이상인 경우

7 기본등분포 활하중의 저감에 대한 설명으로 가장 옳지 않은 것은?

① 지붕활하중을 제외한 등분포활하중은 부재의 영향 면적이 36m² 이상인 경우 저감할 수 있다.
② 기둥 및 기초의 영향면적은 부하면적의 4배이다.
③ 부하면적 중 캔틸레버 부분은 영향면적에 단순 합산한다.
④ 1개 층을 지지하는 부재의 저감계수는 0.6보다 작을 수 없다.

8 다음과 같은 단면의 X-X 축에 대한 단면2차 모멘트의 값으로 옳은 것은?

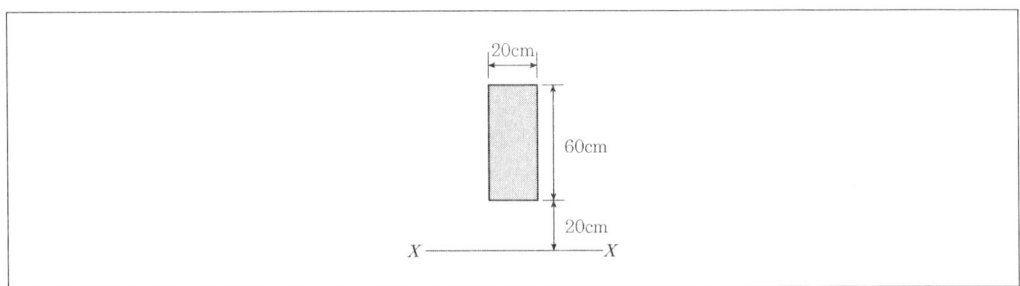

① 360,000cm⁴
② 2,640,000cm⁴
③ 3,000,000cm⁴
④ 3,360,000cm⁴

ANSWER 7.④ 8.④

7 1개 층을 지지하는 부재의 저감계수 C는 0.5 이상, 2개 층 이상을 지지하는 부재의 저감계수 C는 0.4 이상으로 한다.

※ 활하중 저감계수 … 활하중 저감계수는 $C = 0.3 + \dfrac{4.2}{\sqrt{A}}$ (영향면적 $A \geqq 36\text{m}^2$)

8 $I_{X-X} = I + A \cdot e^2 = \dfrac{20 \cdot 60^3}{12} + 60 \cdot 20 \cdot 50^2 = 3,360,000$

9 다음과 같은 단순트러스 구조물 C점에 수평력 10kN이 작용하고 있다. 부재 BC에 걸리는 힘의 크기 F_{BC} 값은? (단, 인장력은 (+), 압축력은 (-)이다.)

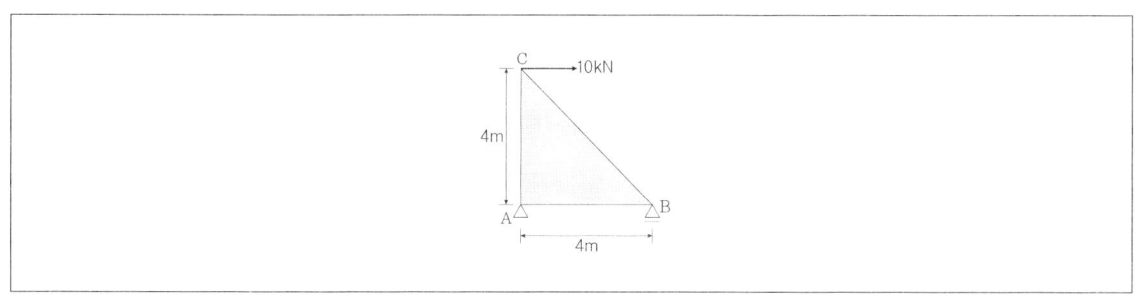

① $10\sqrt{2}$ (인장력) ② $10\sqrt{2}$ (압축력)

③ $\dfrac{10}{\sqrt{2}}$ (인장력) ④ $\dfrac{10}{\sqrt{2}}$ (압축력)

10 다음과 같이 등분포 하중 w를 지지하는 스팬 L인 단순보가 있다. 이 보의 단면의 폭은 b, 춤은 h라고 할 때, 최대 휨모멘트로 인해 이 단면에 발생하는 최대 인장응력도의 크기는?

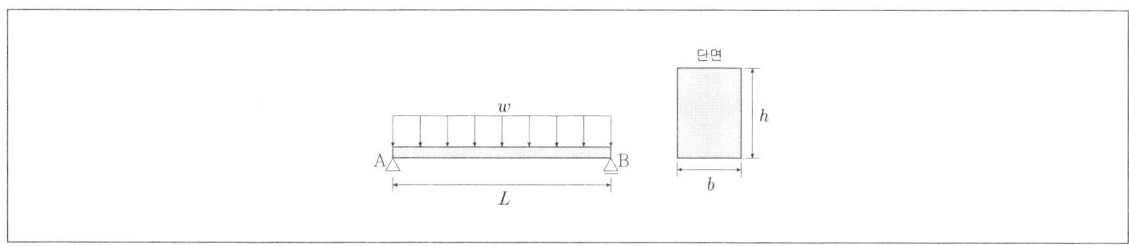

① $\dfrac{wL^2}{2bh^2}$ ② $\dfrac{wL^2}{bh^2}$

③ $\dfrac{3wL^2}{4bh^2}$ ④ $\dfrac{11wL^2}{12bh^2}$

ANSWER 9.② 10.③

9 힘의 평형에 관한 단순한 문제이다.
BC에는 직관적으로 압축력이 걸리며 이 때 힘의 크기는 $10 \cdot \dfrac{1}{\cos 45°} = \dfrac{10}{\frac{\sqrt{2}}{2}} = 10\sqrt{2}$

10 최대휨모멘트는 부재의 중앙에서 발생하며, 최대휨응력은 부재의 중앙단면 하연에서 발생하게 되며 이때의 휨인장응력의 크기는 $\dfrac{3wL^2}{4bh^2}$ 가 된다.

11 다음 구조물의 부정정 차수는?

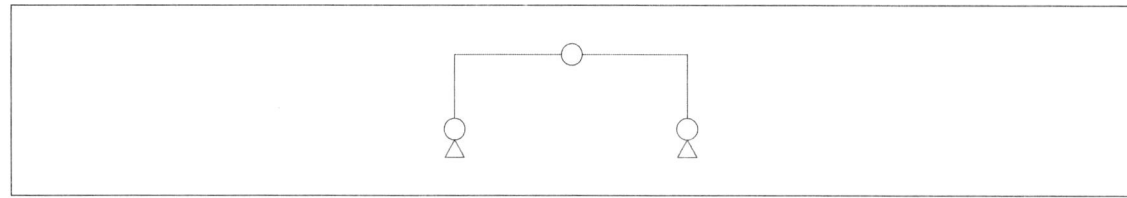

① 0차
② 1차
③ 2차
④ 3차

12 콘크리트 재료에 대한 설명으로 가장 옳은 것은?
① 강도설계법에서 파괴 시 극한 변형률을 0.005로 본다.
② 콘크리트의 탄성계수는 콘크리트의 압축강도에 따라 그 값을 달리한다.
③ 할선탄성계수(secant modulus)는 응력-변형률 곡선에서 초기 선형 상태의 기울기를 뜻한다.
④ 압축강도 실험 시 하중을 가하는 재하속도는 강도 값에 영향을 미치지 않는다.

Answer 11.① 12.②

11 $N_e = r - 3 = (2+2) - 3 = 1$
$N_i = -1 \times 1 = -1$
$N = N_e + N_i = 1 - 1 = 0$

12 ① 강도설계법에서 파괴 시 극한 변형률을 0.003로 본다.
③ 응력-변형률 곡선에서 초기 선형 상태의 기울기는 초기접선계수이다.
④ 압축강도 실험 시 하중을 가하는 재하속도는 강도 값에 영향을 미친다.
※ 탄성계수의 종류
㉠ 초기접선탄성계수 : 0점에서 맨 처음 응력-변형률 곡선에 그은 접선이 이루는 각의 기울기
㉡ 접선탄성계수 : 임의의 점 A에서 응력-변형률곡선에 그은 접선이 이루는 각의 기울기
㉢ 할선탄성계수 : 압축응력이 압축강도의 30~50%정도이며 이 점을 A라고 할 경우 OA의 기울기 (콘크리트의 실제적인 탄성계수를 의미한다.)

13 다음과 같은 단면을 갖는 직사각형 보의 인장철근비는? (단, D22 철근 3개의 단면적 합은 600mm²이다.)

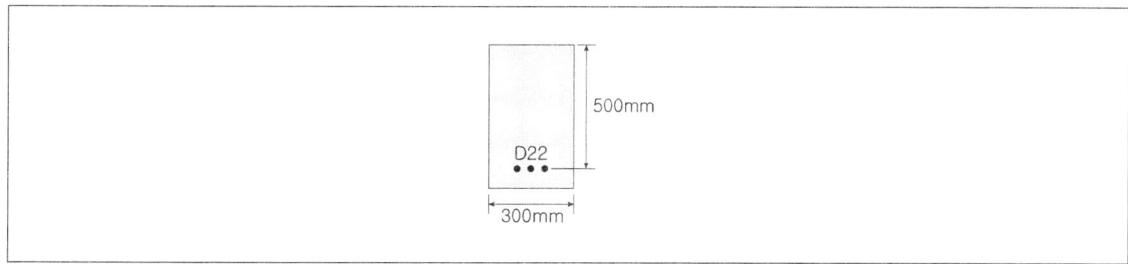

① 0.004
② 0.006
③ 0.008
④ 0.01

ANSWER 13.①

13 인장철근비 $\rho = \dfrac{A_s}{b \cdot d} = \dfrac{600}{500 \cdot 300} = 0.004$

14 강도설계법의 하중조합으로 가장 옳은 것은? (단, D : 고정하중, L : 활하중, S : 적설하중, W : 풍하중, E : 지진하중이다.)

① 1.2D

② 1.4D + 1.6L

③ 1.2D + 1.6S + 0.5W

④ 0.9D + 1.0E

ANSWER 14.④

14 ① 1.4D

② 1.2D + 1.6L

③ 1.2D + 1.6S + 0.65W

※ 강도설계법의 하중조합

$U = 1.4(D+F)$

$U = 1.2(D+F+T) + 1.6(L + a_H \cdot H_v + H_h) + 0.5(L_r \text{ or } S \text{ or } R)$

$U = 1.2D + 1.6(L_r \text{ or } S \text{ or } R) + (1.0L \text{ or } 0.65W)$

$U = 1.2D + 1.3W + 1.0L + 0.5(L_r \text{ or } S \text{ or } R)$

$U = 1.2(D + H_v) + 1.0E + 1.0L + 0.2S + (1.0H_h \text{ or } 0.5H_h)$

$U = 1.2(D+F+T) + 1.6(L + a_H \cdot H_v) + 0.8H_h + 0.5(L_r \text{ or } S \text{ or } R)$

$U = 0.9(D + H_v) + 1.3W + (1.6H_h \text{ or } 0.8H_h)$

$U = 0.9(D + H_v) + 1.0E + (1.0H_h \text{ or } 0.5H_h)$

(단, D는 고정하중, L은 활하중, W는 풍하중, E는 지진하중, S는 적설하중, H_v는 흙의 자중에 의한 연직방향 하중, H_h는 흙의 횡압력에 의한 수평방향 하중, α는 토피 두께에 따른 보정계수를 나타내며 F는 유체의 밀도를 알 수 있고, 저장 유체의 높이를 조절할 수 있는 유체의 중량 및 압력에 의한 하중 또는 이에 의해서 생기는 단면력이다.)

- 차고, 공공장소, $L \geq 5.0 kN/m^2$인 모든 장소 이외에는 활하중(L)을 0.5L로 감소시킬 수 있다.
- 지진하중 E에 대하여 사용수준 지력을 사용하는 경우 지진하중은 1.4E를 적용한다.
- 흙, 지하수 또는 기타 재료의 횡압력에 의한 수평방향하중(H_h)와 연직방향하중(H_v)로 인한 하중효과가 풍하중(W) 또는 지진하중(E)로 인한 하중효과를 상쇄시키는 경우 수평방향하중(H_h)와 연직방향하중(H_v)에 대한 계수는 0으로 한다.
- 측면토압이 다른 하중에 의한 구조물의 거동을 감소시키는 저항효과를 준다면 이를 수평방향하중에 포함시키지 않아야 하지만 설계강도를 계산할 경우에는 수평방향하중의 효과를 고려해야 한다.

15 지진력저항시스템을 성능설계법으로 설계하고자 할 때, 내진등급별 최소성능목표를 만족해야 한다. 내진등급 I의 최소성능목표에 대한 설명으로 가장 옳은 것은?

① 건축구조기준의 설계스펙트럼가속도에 대해 기능 수행의 성능수준을 만족해야 한다.
② 건축구조기준의 설계스펙트럼가속도의 1.2배에 대해 인명안전의 성능수준을 만족해야 한다.
③ 건축구조기준의 설계스펙트럼가속도의 1.2배에 대해 붕괴방지의 성능수준을 만족해야 한다.
④ 건축구조기준의 설계스펙트럼가속도의 1.5배에 대해 인명안전의 성능수준을 만족해야 한다.

ANSWER 15.②

15 지진력저항시스템을 성능설계법으로 설계하고자 할 때, 내진등급별 최소성능목표는 다음과 같다.

내진 등급	성능목표	
	성능수준	지진위험도
특	기능수행(또는 즉시거주)	설계스펙트럼가속도의 1.0배
	인명안전 및 붕괴방지	설계스펙트럼가속도의 1.5배
I	인명안전	설계스펙트럼가속도의 1.2배
	붕괴방지	설계스펙트럼가속도의 1.5배
II	인명안전	설계스펙트럼가속도의 1.0배
	붕괴방지	설계스펙트럼가속도의 1.5배

위의 표에 따르면 내진등급I의 경우 건축구조기준의 설계스펙트럼가속도의 1.2배에 대해 인명안전의 성능수준을 만족해야 한다.

16 콘크리트 인장강도에 대한 설명으로 가장 옳지 않은 것은?

① 휨재의 균열발생, 전단, 부착 등 콘크리트의 인장응력 발생 조건별로 적합한 인장강도 시험방법으로 평가해야 한다.
② f_{ck}을 이용하여 콘크리트파괴계수 f_r을 산정할 때, 동일한 f_{ck}를 갖는 경량콘크리트와 일반중량콘크리트의 f_r은 동일하다.
③ 시험 없이 계산으로 산정된 콘크리트파괴계수 f_r과 쪼갬인장강도 f_{sp}는 $\sqrt{f_{ck}}$에 비례한다.
④ 쪼갬인장강도 시험 결과는 현장 콘크리트의 적합성 판단 기준으로 사용할 수 없다.

17 철근콘크리트구조에서 인장을 받는 SD500 D22 표준 갈고리를 갖는 이형철근의 기본 정착길이 l_{hb}는 철근 지름 d_b의 몇 배인가? (단, 일반중량콘크리트로 설계기준압축강도 f_{ck}=25MPa이고, 도막은 없다.)

① 19배
② 24배
③ 25배
④ 40배

ANSWER 16.② 17.②

16 콘크리트파괴계수(쪼갬인장강도) $f_r = 0.63\lambda\sqrt{f_{ck}}[MPa]$에서 λ는 중량계수로서 일반콘크리트의 경우 1.0, 경량콘크리트의 경우 0.75가 되므로 경량콘크리트와 일반중량콘크리트의 쪼갬인장강도는 차이가 있다.

17 $l_{hb} = \dfrac{0.24\beta d_b f_y}{\lambda\sqrt{f_{ck}}} = \dfrac{0.24 \cdot 1.0 \cdot d_b \cdot 500}{1.0 \cdot \sqrt{25}} = 24 d_b$

18 다음의 매입형 합성부재 안에 사용하는 스터드앵커에 관한 표에서 A~E 중 가장 작은 값과 가장 큰 값을 순서대로 바르게 나열한 것은? (단, 표는 각 하중조건에 대한 스터드앵커의 최소 h/d값을 나타낸 것이다.)

하중조건	보통콘크리트	경량콘크리트
전단	$h/d \geq (A)$	$h/d \geq (B)$
인장	$h/d \geq (C)$	$h/d \geq (D)$
전단과 인장의 조합력	$h/d \geq (E)$	※

h/d = 스터드앵커의 몸체직경(d)에 대한 전체길이(h) 비
* 경량콘크리트에 묻힌 앵커에 대한 조합력의 작용효과는 관련 콘크리트 기준을 따른다.

① A, D
② B, E
③ C, A
④ D, B

ANSWER 18.①

18
하중조건	보통콘크리트	경량콘크리트
전단	$h/d \geq 5$	$h/d \geq 7$
인장	$h/d \geq 8$	$h/d \geq 10$
전단과 인장의 조합력	$h/d \geq 8$	※

h/d는 스터드앵커의 몸체직경(d)에 대한 전체길이(h) 비이며 경량콘크리트에 묻힌 앵커에 대한 조합력의 작용효과는 관련 콘크리트 기준을 따른다.

19 말뚝기초에 대한 설명으로 가장 옳은 것은?

① 말뚝기초의 허용지지력은 말뚝의 지지력에 따른 것으로만 한다.
② 말뚝기초의 설계에 있어서는 하중의 편심에 대하여 검토하지 않아도 된다.
③ 동일 구조물에서 지지말뚝과 마찰말뚝을 혼용할 수 있다.
④ 타입말뚝, 매입말뚝 및 현장타설콘크리트말뚝의 혼용을 적극 권장하여 경제성을 확보할 수 있다.

20 강구조 볼트 접합에 대한 설명으로 가장 옳지 않은 것은?

① 고장력볼트의 미끄럼 한계상태에 대한 마찰접합의 설계강도 산정에서 볼트 구멍의 종류에 따라 강도 감소계수가 다르다.
② 고장력볼트의 마찰접합볼트에 끼움재를 사용할 경우에는 미끄럼에 관련되는 모든 접촉면에서 미끄럼에 저항할 수 있도록 해야 한다.
③ 지압한계상태에 대한 볼트구멍의 지압강도 산정에서 구멍의 종류에 따라 강도감소계수가 다르다.
④ 지압접합에서 전단 또는 인장에 의한 소요응력 f가 설계응력의 20% 이하이면 조합응력의 효과를 무시할 수 있다.

Answer 19.① 20.③

19 ② 말뚝기초의 설계에 있어서는 하중의 편심에 대하여 검토해야 한다.
③ 동일 구조물에서 지지말뚝과 마찰말뚝을 혼용하지 않도록 한다.
④ 타입말뚝, 매입말뚝 및 현장타설콘크리트말뚝을 혼용하지 않도록 한다.

20 지압한계상태에 대한 볼트구멍의 지압강도 산정 시 구멍의 종류에 관계없이 볼트구멍에서 설계강도의 강도감소계수는 0.75로 동일하다.

건축구조 / 2019. 4. 6 인사혁신처 시행

1 건축물 구조설계법에 대한 설명으로 옳지 않은 것은?

① 허용응력설계법은 탄성이론에 의한 구조해석으로 산정한 부재단면의 응력이 허용응력을 초과하도록 구조부재를 설계하는 방법이다.
② 강도설계법은 구조부재를 구성하는 재료의 비탄성거동을 고려하여 산정한 부재단면의 공칭강도에 강도감소계수를 곱한 설계강도가 계수하중에 의한 소요강도 이상이 되도록 구조부재를 설계하는 방법이다.
③ 성능설계법은 건축설계기준에서 규정한 목표성능을 만족하면서 건축구조물을 건축주가 선택한 성능지표에 만족하도록 설계하는 방법이다.
④ 한계상태설계법은 한계상태를 명확히 정의하여 하중 및 내력의 평가에 준해서 한계상태에 도달하지 않는 것을 확률통계적 계수를 이용하여 설정하는 설계법이다.

2 콘크리트구조 현장재하실험에 대한 설명으로 옳지 않은 것은?

① 재하할 보나 슬래브 수와 하중배치는 강도가 의심스러운 구조부재의 위험단면에서 최대응력과 처짐이 발생하도록 결정하여야 한다.
② 재하할 실험하중은 해당 구조 부분에 작용하고 있는 고정하중을 포함하여 설계하중의 75% 이상이어야 한다.
③ 실험하중은 4회 이상 균등하게 나누어 증가시켜야 한다.
④ 측정된 최대처짐과 잔류처짐이 허용기준을 만족하지 않을 때 재하실험을 반복할 수 있다.

ANSWER 1.① 2.②

1 허용응력설계법은 탄성이론에 의한 구조해석으로 산정한 부재단면의 응력이 허용응력을 초과하지 않도록 구조부재를 설계하는 방법이다.

2 재하할 실험하중은 해당 구조 부분에 작용하고 있는 고정하중을 포함하여 설계하중의 85%, 즉 0.85(1.2D+1.6L) 이상이어야 한다. 활하중 L의 결정은 해당 구조물의 관련기준에 규정된 대로 활하중감소율 등을 적용시켜 허용범위 내에서 감소시킬 수 있다.

3 건축구조물에서 각 날짜에 타설한 각 등급의 콘크리트 강도시험용 시료를 채취하는 기준으로 옳지 않은 것은?

① 하루에 1회 이상
② 150m³당 1회 이상
③ 슬래브나 벽체의 표면적 500m²마다 1회 이상
④ 배합이 변경될 때마다 1회 이상

4 조적조 기준압축강도 확인에 대한 설명으로 옳지 않은 것은?

① 시공 전에는 규정에 따라 5개의 프리즘을 제작하여 시험한다.
② 구조설계에 규정된 허용응력의 1/2을 적용한 경우, 시공 중 시험을 반드시 시행해야 한다.
③ 구조설계에 규정된 허용응력을 모두 적용한 경우, 벽면적 500m²당 3개의 프리즘을 규정에 따라 제작하여 시험한다.
④ 기시공된 조적조의 프리즘시험은 벽면적 500m²마다 품질을 확인하지 않은 부분에서 재령 28일이 지난 3개의 프리즘을 채취한다.

ANSWER 3.② 4.②

3 각 날짜에 친 각 등급의 콘크리트 강도시험용 시료를 다음과 같이 채취하여야 한다.
 • 하루에 1회 이상
 • 120m³당 1회 이상
 • 슬래브나 벽체의 표면적 500m²마다 1회 이상
 • 배합이 변경될 때마다 1회 이상

4 ② 구조설계에 규정된 허용응력의 1/2를 적용한 경우 시공 중 별도의 시험은 필요하지 않다.

5 목구조 바닥에 대한 설명으로 옳지 않은 것은?

① 바닥구조는 수직하중에 대하여 충분한 강도와 강성을 가져야 한다.
② 바닥구조는 바닥구조에 전달되는 수평하중을 안전하게 골조와 벽체에 전달할 수 있는 강도와 강성을 지녀야 한다.
③ 구조용바닥판재로 구성된 플랜지재는 수평하중에 의해 발생하는 면내전단력에 대해 충분한 강도와 강성을 지녀야 한다.
④ 바닥격막구조의 구조형식에는 수평격막구조, 수평트러스 등이 있다.

ANSWER 5.③

5 목구조 바닥
- 구조용바닥판재로 구성된 웹재는 수평하중에 따라 발생되는 면내전단력에 대해 충분한 강도와 강성을 지녀야 하며, 면재이 좌굴이 생기지 않도록 하다.
- 수평격막구조의 외주에 배치된 보와 장선 등의 플랜지재와는 수평하중에 따라 발생하는 축방향력에 대해 충분한 강도, 강성을 갖도록 한다.
- 바닥구조를 구성하는 보와 바닥판재 등은 충분한 휨강도 및 전단강도를 갖도록 한다. 또한 과도한 처짐이나 진동 등의 문제점을 일으키지 않도록 하여 사용목적에 합당하도록 한다.
- 보 또는 장선의 따냄은 되도록 피하고, 특히 부재의 중앙 하단부의 따냄을 피한다. 불가피하게 따냄을 설치할 경우는 충분한 유효단면을 확보한다.
- 보와 바닥판재와 이를 지지하는 부재의 접합부는 각부에 존재하는 응력을 안전하게 전달하는 구조로 한다.
- 강재보를 사용할 경우에는 품질과 강도가 보증된 제품을 사용한다.
- 바닥격막구조의 구조형식에는 수평격막구조, 수평트러스 등이 있고, 건축의 규모와 구조형식에 따라 선택한다.
- 수평트러스를 구성하는 각 부재단면은 수평하중에 따라 발생하는 응력에 대하여 안전하도록 한다. 또한 트러스 각부의 접합부는 충분한 강도와 강성을 지닌 구조로 한다.
- 바닥격막구조와 골조, 벽체 등의 다른 구조부분과의 접합부는 응력을 전달할 수 있는 충분한 강도와 강성을 지닌 구조로 한다.

6 보통모멘트골조에서 압축을 받는 철근콘크리트 기둥의 띠철근에 대한 설명으로 옳지 않은 것은? (단, 전단이나 비틀림 보강철근 등이 요구되는 경우, 실험 또는 구조해석 검토에 의한 예외사항 등과 같은 추가 규정은 고려하지 않는다)

① 모든 모서리 축방향철근은 135° 이하로 구부린 띠철근의 모서리에 의해 횡지지되어야 한다.
② 띠철근의 수직간격은 축방향 철근지름의 16배 이하, 띠철근이나 철선지름의 48배 이하, 또한 기둥단면의 최소 치수 이하로 하여야 한다.
③ D35 이상의 축방향 철근은 D10 이상의 띠철근으로 둘러싸야 하며, 이 경우 띠철근 대신 용접철망을 사용할 수 없다.
④ 기초판 또는 슬래브의 윗면에 연결되는 기둥의 첫 번째 띠철근 간격은 다른 띠철근 간격의 1/2 이하로 하여야 한다.

Answer 6.③

6 보통모멘트골조로서 압축을 받는 철근콘크리트기둥 띠철근
- D32 이하의 축방향 철근은 D10 이상의 띠철근으로, D35 이상의 축방향 철근과 다발철근은 D13 이상의 띠철근으로 둘러싸야 하며, 이 경우 띠철근 대신 등가단면적의 이형철선 또는 용접철망을 사용할 수 있다.
- 띠철근의 수직간격은 축방향 철근지름의 16배 이하, 띠철근이나 철선지름의 48배 이하, 또한 기둥단면의 최소 치수 이하로 하여야 한다.
- 모든 모서리 축방향 철근과 하나 건너 위치하고 있는 축방향 철근들은 135° 이하로 구부린 띠철근의 모서리에 의해 횡지지되어야 한다. 다만, 띠철근을 따라 횡지지된 인접한 축방향 철근의 순간격이 150mm 이상 떨어진 경우에는 추가 띠철근을 배치하여 축방향 철근을 횡지지하여야 한다. 또한, 축방향 철근이 원형으로 배치된 경우에는 원형띠철근을 사용할 수 있다. 이 때 원형 띠철근을 150mm 이상 겹쳐서 표준 갈고리로 기둥주근을 감싸야 한다.
- 기초판 또는 슬래브의 윗면에 연결되는 압축부재의 첫 번째 띠철근 간격은 다른 띠철근 간격의 1/2 이하로 하여야 하고, 슬래브나 지판 기둥전단머리에 배치된 최하단 수평철근 아래에 배치되는 첫 번째 띠철근도 다른 띠철근 간격의 1/2 이하로 하여야 한다.
- 보 또는 브래킷이 기둥의 4면에 연결되어 있는 경우에 가장 낮은 보 또는 브래킷의 최하단 수평철근 아래에서 75mm 이내에서 띠철근 배치를 끝낼 수 있다. 단, 이때, 보의 폭은 해당 기둥면 폭의 1/2 이상이어야 한다.
- 앵커볼트가 기둥 상단이나 주각 상단에 위치한 경우에 앵커볼트는 기둥이나 주각의 적어도 4개 이상의 수직철근을 감싸고 있는 횡방향 철근에 의해 둘러싸야 한다. 횡방향 철근은 기둥 상단이나 주각 상단에서 125mm 이내에 배치하고 적어도 2개 이상의 D13 철근이나 3개 이상의 D10 철근으로 구성되어야 한다.

7 건축물 강구조 설계기준에서 SS275 강종의 압연H형강 H-400×200×8×13의 강도 및 재료정수로 옳은 것은?

① 인장강도(F_u)는 410MPa이다.
② 항복강도(F_y)는 265MPa이다.
③ 탄성계수(E)는 205,000MPa이다.
④ 전단탄성계수(G)는 79,000MPa이다.

8 강구조 고장력볼트 접합의 일반사항에 대한 설명으로 옳은 것은?

① 고장력볼트 구멍중심 간 거리는 공칭직경의 2.0배 이상으로 한다.
② 고장력볼트 전인장조임은 임팩트렌치로 수 회 또는 일반렌치로 최대한 조이는 조임법이다.
③ 고장력볼트는 용접과 조합하여 하중을 부담시킬 수 없고, 고장력볼트와 용접을 병용할 경우 고장력볼트에 전체하중을 부담시킨다.
④ 고장력볼트 마찰접합에서 하중이 접합부의 단부를 향할 때는 적절한 설계지압강도를 갖도록 검토하여야 한다.

Answer 7.① 8.④

7 ② 웨브와 플랜지의 두께가 모두 16mm 이하이므로 항복강도는 275MPa 이상이어야 한다.(SS표시는 당초에는 인장강도를 의미하였으나 구조기준 개정에 의해 항복강도를 의미하는 것으로 변경되었다.)
③ 강과 주강의 탄성계수는 개정 전에는 205,000MPa이었으나 개정 후 210,000MPa로 변경되었다.
④ 전단탄성계수(G)는 개정 전에는 79,000MPa이었으나 개정 후 81,000MPa로 변경되었다.

8 ① 고장력볼트 구멍중심 간 거리는 공칭직경의 2.5배 이상으로 한다.
② 임팩트렌치로 수 회 또는 일반렌치로 최대한 조이는 방법은 밀착조임법이다.
③ 볼트접합은 용접과 조합해서 하중을 부담시킬 수 없다. 이러한 경우 용접이 전체하중을 부담하는 것으로 한다. 다만 전단접합에는 용접과 볼트의 병용이 허용된다. 표준구멍과 하중방향에 직각인 단슬롯의 경우 볼트접합과 하중방향에 평행한 필릿용접이 하중을 각각 분담할 수 있다. 이때 볼트의 설계강도는 지압볼트접합 설계강도의 50%를 넘지 않도록 한다. 마찰볼트접합으로 이미 시공된 구조물을 개축할 경우 고장력볼트는 이미 시공된 하중을 받는 것으로 가정하고 병용되는 용접은 추가된 소요강도를 받는 것으로 용접설계를 병용할 수 있다.

9 길이가 L이고 변형이 구속되지 않은 트러스 부재가 온도변화 △T에 의해 일어나는 축방향 변형률(ε)은? (단, 트러스 부재의 재료는 열팽창계수 α인 등방성 균질재료로 온도변화에 따라 선형으로 변형한다)

① $\varepsilon = \alpha(\triangle T)$
② $\varepsilon = \alpha(\triangle T)\sqrt{L}$
③ $\varepsilon = \alpha(\triangle T)L$
④ $\varepsilon = \alpha(\triangle T)L^2$

10 그림과 같이 AB구간과 BC구간의 단면이 상이한 캔틸레버 보에서 B점에 집중하중 P가 작용할 때, 자유단인 C점의 처짐은? (단, AB구간과 BC구간의 휨강성은 각각 2EI와 EI이며 자중을 포함한 기타 하중의 영향은 무시한다)

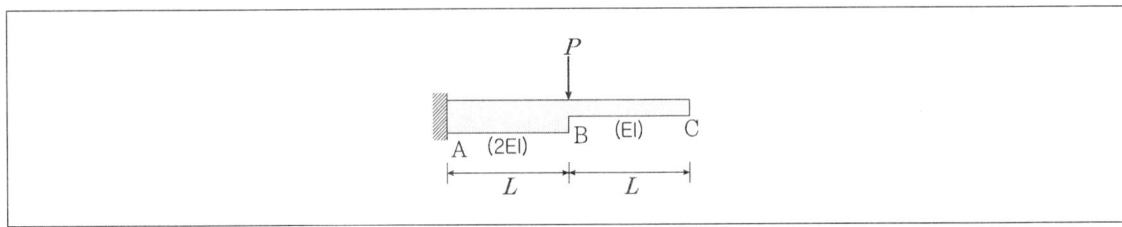

① $\dfrac{PL^3}{3EI}$
② $\dfrac{2PL^3}{3EI}$
③ $\dfrac{5PL^3}{6EI}$
④ $\dfrac{5PL^3}{12EI}$

ANSWER 9.① 10.④

9 온도변화에 의한 축방향 변형률 : $\varepsilon = \alpha(\triangle T)$
(온도변형률 자체는 길이와는 무관한 부재 고유의 성질이다.)

10 일반적인 캔틸레버의 경우 자유단에 집중하중 P가 작용할 경우의 처짐은 $\dfrac{PL^3}{3EI}$가 된다.

문제에서 주어진 조건에 의하면 B점의 처짐은 $\dfrac{PL^3}{3(2EI)}$이 되며, B점의 처짐각은 $\dfrac{PL^2}{2EI}$이다.

따라서 B점에 대한 C점의 상대처짐은 $\dfrac{PL^2}{2(2EI)} \cdot L = \dfrac{PL^3}{4EI}$, C점의 처짐값은 $\dfrac{PL^3}{6EI} + \dfrac{PL^3}{4EI} = \dfrac{5PL^3}{12EI}$이 된다.

11 항복점 이상의 응력을 받는 금속재료가 소성변형을 일으켜 파괴되지 않고 변형을 계속하는 성질은?

① 연성
② 취성
③ 탄성
④ 강성

12 등가정적해석법에 의한 내진설계에서 밑면전단력 산정에 대한 설명으로 옳지 않은 것은?

① 반응수정계수가 클수록 밑면전단력은 감소한다.
② 건축물 중요도계수가 클수록 밑면전단력은 감소한다.
③ 건축물 고유주기가 클수록 밑면전단력은 감소한다.
④ 유효건물중량이 작을수록 밑면전단력은 감소한다.

Answer 11.① 12.②

11 ㉠ 연성: 항복점 이상의 응력을 받는 금속재료가 소성변형을 일으켜 파괴되지 않고 변형을 계속하는 성질
㉡ 취성: 재료가 외력을 받았을 때 작은 변형에도 파괴가 되는 성질
㉢ 탄성: 외력을 받으면 재료가 변형이 생기고, 외력을 제거하면 원래 상태로 되돌아가는 성질
㉣ 소성: 외력을 받으면 재료가 변형이 생겼다가 외력을 제거해도 원래 상태로 되돌아가지 않고 변형된 상태로 남는 성질
㉤ 강성: 재료가 외력을 받으면 변형도 생기지 않고 파괴도 되지 않는 성질
㉥ 인성: 재료가 외력(에너지)을 견딜 수 있는 능력

12 건축물의 중요도계수가 클수록 밑면전단력은 증가한다.

13 설계지진 시 큰 횡변위가 발생되도록 상부구조와 하부구조 사이에 설치하는 수평적으로 유연하고 수직적으로 강한 구조요소는?

① 능동질량감쇠기
② 동조질량감쇠기
③ 점탄성감쇠기
④ 면진장치

14 보통모멘트골조에서 철근콘크리트 보의 전단철근 설계에 대한 설명으로 옳지 않은 것은? (단, 스트럿-타이모델에 따라 설계하지 않은 일반적인 보 부재로, 전단철근에 의한 전단강도는 콘크리트에 의한 전단강도의 2배 이하이며, d는 보의 유효깊이이다)

① 용접이형철망을 사용한 전단철근의 설계기준항복강도는 600MPa를 초과할 수 없다.
② 부재축에 직각으로 배치된 전단철근의 간격은 철근콘크리트 부재인 경우 d/2 이하 또한 600mm 이하로 하여야 한다.
③ 종방향 철근을 구부려 전단철근으로 사용할 때는 그 경사길이의 중앙 3/4만이 전단철근으로서 유효하다.
④ 경사스터럽과 굽힘철근은 부재의 중간 높이에서 반력점 방향으로 주인장철근까지 연장된 30°선과 한 번 이상 교차되도록 배치하여야 한다.

ANSWER 13.④ 14.④

13 ㉠ **면진장치**: 설계지진 시 큰 횡변위가 발생되도록 상부구조와 하부구조 사이에 설치하는 수평적으로 유연하고 수직적으로 강한 구조이다.
㉡ **능동질량감쇠기**: '건물의 제진을 위해 에너지를 사용하는 시스템으로서 외력 또는 건물의 응답을 감지하는 센서부분'과 '주어진 제어 알고리즘에 근거하여 센서를 통하여 전달받은 정보를 이용하여 제어력을 계산하는 부분' 및 '건물에 제어력을 가하는 부분'의 3가지로 구성된다.
㉢ **동조질량감쇠기**: 건물 상부에 건물 고유주기와 같은 고유주기를 가지는 추와 스프링과 감쇠장치로 이루어지는 진동계를 설치한 것으로 건물이 진동하면 이것을 억제하려고 하는 힘이 건물에 작용하도록 하는 제진장치이다. (장치의 주기를 건물의 주기와 같게 하므로 "동조"라는 단어가 붙는다.)
㉣ **점탄성감쇠기**: 점성체 혹은 점성체의 점성감쇠에 의해 에너지를 흡수하는 시스템으로서 비교적 작은 진폭에서도 감쇠효과가 우수하며 건물의 고차진동의 저감효과도 우수하나 온도와 진폭에 민감하므로 이에 대한 고려가 요구된다.

14 경사스터럽과 굽힘철근은 부재의 중간 높이에서 반력점 방향으로 주인장철근까지 연장된 45°선과 한 번 이상 교차되도록 배치하여야 한다.

15 현장타설콘크리트말뚝 구조세칙으로 옳지 않은 것은?

① 현장타설콘크리트말뚝의 선단부는 지지층에 확실히 도달시켜야 한다.
② 현장타설콘크리트말뚝은 특별한 경우를 제외하고 주근은 4개 이상 또한 설계단면적의 0.25% 이상으로 하고 띠철근 또는 나선철근으로 보강하여야 한다.
③ 저부의 단면을 확대한 현장타설콘크리트말뚝의 측면경사가 수직면과 이루는 각이 30°를 초과할 경우, 전단력에 대해 검토하여 사용하도록 한다.
④ 현장타설콘크리트말뚝을 배치할 때 그 중심간격은 말뚝머리 지름의 2.0배 이상 또한 말뚝머리 지름에 1,000mm를 더한 값 이상으로 한다.

16 강구조 H형단면 부재에서 플랜지에 수직이며 웨브에 대하여 대칭인 집중하중을 받는 경우, 플랜지와 웨브에 대하여 검토하는 항목이 아닌 것은? (단, 한쪽의 플랜지에 집중하중을 받는 경우이다)

① 웨브크리플링강도
② 웨브횡좌굴강도
③ 블록전단강도
④ 플랜지국부휨강도

ANSWER 15.③ 16.③

15 저부의 단면을 확대한 현장타설콘크리트말뚝의 측면경사가 수직면과 이루는 각은 30° 이하로 하고 전단력에 대해 검토하여야 한다.
  ※ 참고
  • 말뚝기초에 관한 구조세칙에 의하면 현장타설콘크리트말뚝은 특별한 경우를 제외하고 주근은 최소 4개 이상이어야 하며 철근량은 설계단면적의 0.25% 이상으로 하고 띠철근 또는 나선철근으로 보강하여야 한다. (이 경우 철근의 피복두께는 60mm 이상으로 한다.)
  • 그러나 말뚝기초의 시공 시 현장타설콘크리트 말뚝에 사용되는 주근은 겹침이음을 하는 경우가 많으며 이런 경우 설계단면적의 0.40% 이상의 철근량이 확보되어야 하며 원형을 유지하기 위해서 주근은 6개 이상 사용해야 한다.

16 한쪽의 플랜지에 집중하중을 받는 경우에는 플랜지국부휨, 웨브국부항복, 웨브크리플링 및 웨브횡좌굴에 대하여 설계한다.

17 기초구조 및 지반에 대한 설명으로 옳은 것은?

① 2개의 기둥으로부터의 응력을 하나의 기초판을 통해 지반 또는 지정에 전달하도록 하는 기초는 연속기초이다.
② 구조물을 지지할 수 있는 지반의 최대저항력은 지반의 허용 지지력이다.
③ 직접기초에 따른 기초판 또는 말뚝기초에서 선단과 지반 간에 작용하는 압력은 지내력이다.
④ 지지층에 근입된 말뚝의 주위 지반이 침하하는 경우 말뚝 주면에 하향으로 작용하는 마찰력은 부마찰력이다.

ANSWER 17.④

17 ① 2개의 기둥으로부터의 응력을 하나의 기초판을 통해 지반 또는 지정에 전달하도록 하는 기초는 복합기초이다. 줄기초, 연속기초는 벽 또는 일련의 기둥으로부터의 응력을 띠모양으로 하여 지반 또는 지정에 전달토록 하는 기초이다.
② 구조물을 지지할 수 있는 지반의 최대저항력은 지반의 극한지지력이다. 허용지지력은 구조물의 중요성, 설계지반정수의 정확도, 흙의 특성을 고려하여 지반의 극한 지지력을 적정의 안전율로 나눈 값이다.
③ 직접기초에 따른 기초판 또는 말뚝기초에서 선단과 지반 간에 작용하는 압력은 접지압이다.
• 허용지내력: 지반의 허용지지력 내에서 침하 또는 부등침하가 허용한도 내로 될 수 있게 하는 하중
• 말뚝의 허용지내력: 말뚝의 허용지지력 내에서 침하 또는 부등침하가 허용한도 내로 될 수 있게 하는 하중
• 말뚝의 허용지지력: 말뚝의 극한지지력을 안전율로 나눈 값

18 그림과 같은 철근콘크리트 보에서 인장을 받는 6가닥의 D25 주철근이 모두 한곳에서 정착된다고 가정할 때, 주철근의 직선 정착길이 산정을 위한 c값(철근간격 또는 피복두께에 관련된 치수)은? (단, D25 주철근은 최대 등간격으로 배치되어 있고, D10 스터럽의 굽힘부 내면반지름과 마디는 고려하지 않으며, D10, D25 철근 직경은 각각 10mm, 25mm로 계산한다)

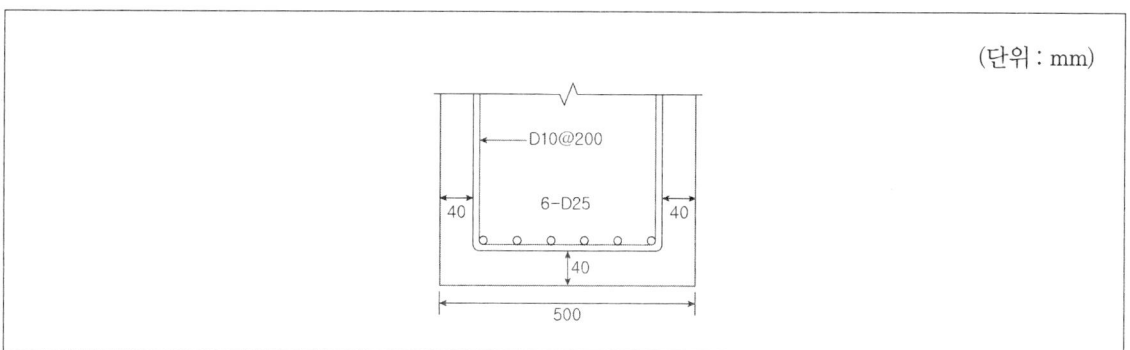

① 25.0mm
② 37.5mm
③ 50.0mm
④ 62.5mm

ANSWER 18.②

18 철근 또는 철선의 중심으로부터 콘크리트 표면까지의 최단거리는 40[mm]
정착되는 철근 또는 철선의 중심 간 거리의 1/2은 [(500 − 2×40 − 2×10 − 25)/5]의 1/2이므로 37.5[mm]
위의 값 중 작은 값을 택해야 하므로 37.5[mm]가 된다.
이 c값은 정착길이 산정식 중 정밀식에 사용되는 값이다.
주철근의 직선 정착길이 산정을 위한 c값: 철근간격 또는 피복두께에 관련된 치수로서 철근 또는 철선의 중심으로부터 콘크리트 표면까지의 최단거리 또는 정착되는 철근 또는 철선의 중심 간 거리의 1/2 중 작은 값

19 콘크리트구조에서 용접철망에 대한 설명으로 옳은 것은?

① 냉간신선 공정을 통하여 가공되므로 연신율이 감소되어 큰 연성이 필요한 부위에 사용할 경우 주의가 필요하다.
② 인장을 받는 용접이형철망은 정착길이 내에 교차철선이 없을 경우 철망계수를 1.5로 한다.
③ 겹침이음길이 사이에 교차철선이 없는 인장을 받는 용접이형 철망의 겹침이음은 이형철선 겹침이음길이의 1.3배로 한다.
④ 뚜렷한 항복점이 없는 경우 인장변형률 0.002일 때의 응력을 항복강도로 사용한다.

Answer 19.①

19 ② 정착길이 내에 교차철선이 없거나 위험단면에서 50mm 이내에 1개의 교차철선이 있는 용접이형철망의 철망계수는 1.0으로 한다.
③ 겹침이음길이 사이에 교차철선이 없는 인장을 받는 용접이형 철망의 겹침이음은 이형철선의 겹침이음 규정에 따라야 한다.
④ 철근, 철선 및 용접철망의 설계기준항복강도가 400MPa를 초과하여 뚜렷한 항복점이 없는 경우 설계기준항복강도는 변형률 0.0035에 상응하는 응력값으로 사용하여야 한다.

20 그림과 같이 양단고정보에 등분포하중(w)과 집중하중(P)이 작용할 때, 고정단 휨모멘트(M_A, M_B)와 중앙부 휨모멘트(M_C)의 절댓값 비는? (단, 부재의 휨강성은 EI로 동일하며, 자중을 포함한 기타 하중의 영향은 무시한다)

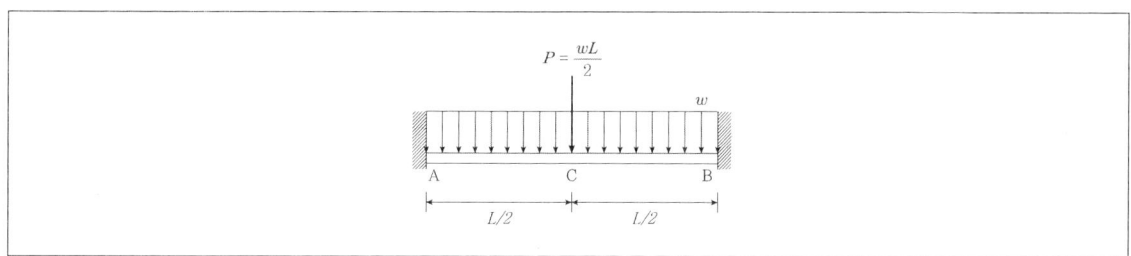

① $|M_A|:|M_C|:|M_B| = 1.2 : 1.0 : 1.2$
② $|M_A|:|M_C|:|M_B| = 1.4 : 1.0 : 1.4$
③ $|M_A|:|M_C|:|M_B| = 1.6 : 1.0 : 1.6$
④ $|M_A|:|M_C|:|M_B| = 2.0 : 1.0 : 2.0$

ANSWER 20.②

20 중첩의 원리를 적용하면 바로 풀 수 있는 문제이다.
등분포하중에 의해 발생되는 각 점의 휨모멘트는
$M_{Aw} = M_{Cw} = -\dfrac{wL^2}{12}$, $M_{Bw} = +\dfrac{wL^2}{24}$ 이다.
중앙에 작용하는 집중하중에 의해 발생되는 각 점의 휨모멘트는
$M_{Ap} = M_{Cp} = -\dfrac{PL}{8}$, $M_{Bp} = +\dfrac{PL}{8}$ 이다.
$|M_A| = |M_C| = \left|-\dfrac{wL^2}{12} - \dfrac{PL}{8}\right|$, $|M_{Bp}| = \left|+\dfrac{wL^2}{24} + \dfrac{PL}{8}\right|$
$P = \dfrac{wL}{2}$ 이므로 이를 대입하면
$|M_A| = |M_C| = \left|-\dfrac{wL^2}{12} - \dfrac{PL}{8}\right| = \left|-\dfrac{wL^2}{12} - \dfrac{wL^2}{16}\right| = \dfrac{7wL^2}{48}$
$|M_B| = \left|+\dfrac{wL^2}{24} + \dfrac{PL}{8}\right| = \left|+\dfrac{wL^2}{24} + \dfrac{wL^2}{16}\right| = \dfrac{5wL^2}{48}$
따라서 $|M_A|:|M_C|:|M_B| = 1.4 : 1.0 : 1.4$ 가 된다.

건축구조 / 2019. 6. 15 제1회 지방직 시행

1 지붕활하중을 제외한 등분포활하중의 저감에 대한 설명으로 옳지 않은 것은?

① 부재의 영향면적이 25m² 이상인 경우 기본등분포활하중에 활하중저감계수를 곱하여 저감할 수 있다.
② 1개 층을 지지하는 부재의 저감계수는 0.5 이상으로 한다.
③ 2개 층 이상을 지지하는 부재의 저감계수는 0.4 이상으로 한다.
④ 활하중 5kN/m² 이하의 공중집회 용도에 대해서는 활하중을 저감할 수 없다.

2 적설하중에 대한 설명으로 옳지 않은 것은?

① 기본지상적설하중은 재현기간 50년에 대한 수직 최심적설깊이를 기준으로 한다.
② 최소 지상적설하중은 0.5kN/m²로 한다.
③ 평지붕적설하중은 기본지상적설하중에 기본지붕적설하중 계수, 노출계수, 온도계수 및 중요도계수를 곱하여 산정한다.
④ 경사지붕적설하중은 평지붕적설하중에 지붕경사도계수를 곱하여 산정한다.

ANSWER 1.① 2.①

1 부재의 영향면적이 36m² 이상인 경우 기본등분포활하중에 활하중저감계수를 곱하여 저감할 수 있다.
2 기본지상적설하중은 재현기간 100년에 대한 수직 최심적설깊이를 기준으로 한다.

3 콘크리트구조의 사용성 설계기준에 대한 설명으로 옳지 않은 것은?

① 사용성 검토는 균열, 처짐, 피로의 영향 등을 고려하여 이루어져야 한다.
② 특별히 수밀성이 요구되는 구조는 적절한 방법으로 균열에 대한 검토를 하여야 하며, 이 경우 소요수밀성을 갖도록 하기 위한 허용균열폭을 설정하여 검토할 수 있다.
③ 미관이 중요한 구조는 미관상의 허용균열폭을 설정하여 균열을 검토할 수 있다.
④ 균열제어를 위한 철근은 필요로 하는 부재 단면의 주변에 분산시켜 배치하여야 하고, 이 경우 철근의 지름과 간격을 가능한 한 크게 하여야 한다.

4 철근콘크리트 공사에서 각 날짜에 친 각 등급의 콘크리트 강도시험용 시료 채취기준으로 옳지 않은 것은?

① 하루에 1회 이상
② 250m³당 1회 이상
③ 슬래브나 벽체의 표면적 500m²마다 1회 이상
④ 배합이 변경될 때마다 1회 이상

ANSWER 3.④ 4.②

3 균열제어를 위한 철근은 필요로 하는 부재 단면의 주변에 분산시켜 배치하여야 하고, 이 경우 철근의 지름과 간격을 가능한 한 작게 하여야 한다.

4 ② 120m³당 1회 이상이어야 한다.

5 그림과 같이 내민보에 등변분포하중이 작용하는 경우 B점에서 발생하는 휨모멘트는? (단, 보의 자중은 무시한다)

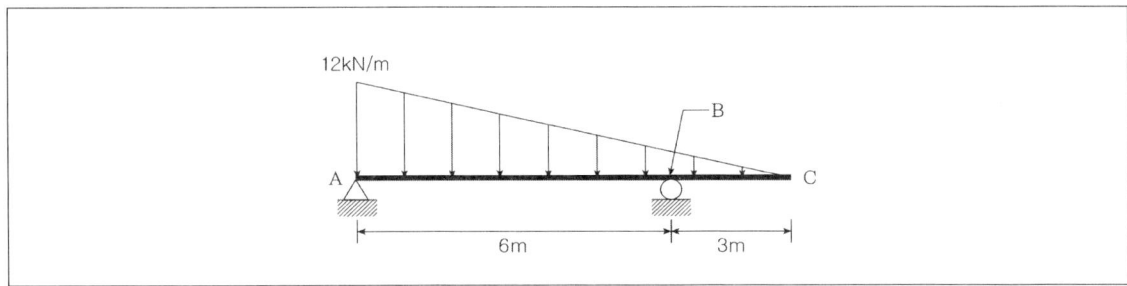

① $-3kN \cdot m$
② $-6kN \cdot m$
③ $-9kN \cdot m$
④ $-12kN \cdot m$

6 강구조의 인장재에 대한 설명으로 옳은 것은?

① 순단면적은 전단지연의 영향을 고려하여 산정한 것이다.
② 유효순단면의 파단한계상태에 대한 인장저항계수는 0.80이다.
③ 인장재의 설계인장강도는 총단면의 항복한계상태와 유효순단면의 파단한계상태에 대해 산정된 값 중 큰 값으로 한다.
④ 부재의 총단면적은 부재축의 직각방향으로 측정된 각 요소단면의 합이다.

Answer 5.② 6.④

5 BC구간을 캔틸레버로 볼 수 있으며, BC구간상의 등변분포하중의 합력은 6[kN]이 되며 이 합력의 작용위치는 B점으로부터 1m 떨어진 곳이고 부의 휨모멘트가 발생하므로 $-6[kN \cdot m]$이 B점에서 발생하게 된다.

6 ① 순단면적은 인장에 의한 파괴를 고려하여 산정한 것이다.
② 유효순단면의 파단한계상태에 대한 인장저항계수는 0.75이다.
③ 인장재의 설계인장강도는 총단면의 항복한계상태와 유효순단면의 파단한계상태에 대해 산정된 값 중 작은 값으로 한다.

7 그림과 같은 응력요소의 평면응력 상태에서 최대 전단응력의 크기는? (단, 양의 최대 전단응력이며, 면내 응력만 고려한다)

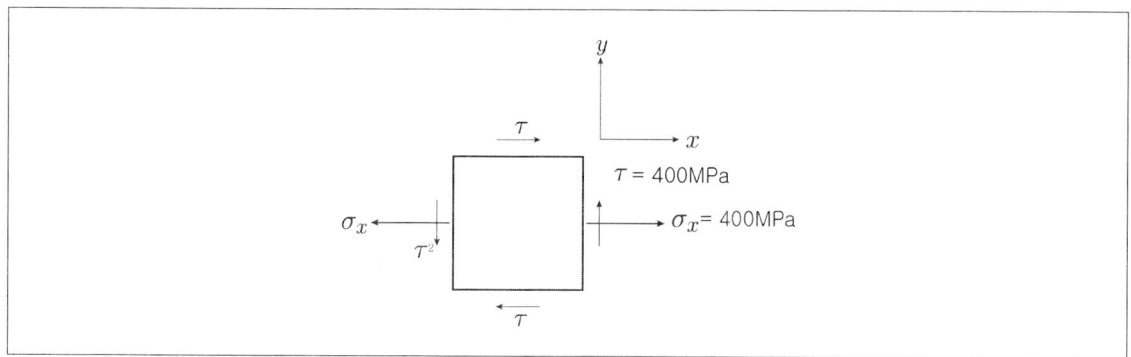

① $\sqrt{5} \times 10^2 MPa$
② $\sqrt{10} \times 10^2 MPa$
③ $\sqrt{15} \times 10^2 MPa$
④ $\sqrt{20} \times 10^2 MPa$

8 콘크리트 내진설계기준에서 중간모멘트골조의 보에 대한 요구사항으로 옳지 않은 것은?
① 접합면에서 정 휨강도는 부 휨강도의 1/3 이상이 되어야 한다.
② 부재의 어느 위치에서나 정 또는 부 휨강도는 양측 접합부의 접합면의 최대 휨강도의 1/6 이상이 되어야 한다.
③ 보부재의 양단에서 지지부재의 내측 면부터 경간 중앙으로 향하여 보 깊이의 2배 길이 구간에는 후프철근을 배치하여야 한다.
④ 스터럽의 간격은 부재 전 길이에 걸쳐서 d/2 이하이어야 한다. (단, d는 단면의 유효깊이이다.)

ANSWER 7.④ 8.②

7 $\tau_{\theta,\max} = \sqrt{\left(\dfrac{\sigma_x - \sigma_y}{2}\right)^2 + \tau^2} = \sqrt{\left(\dfrac{400}{2}\right)^2 + 400^2} = \sqrt{200,000} = 100\sqrt{20}\,[MPa]$

8 부재의 어느 위치에서나 정 또는 부 휨강도는 양측 접합부의 접합면의 최대 휨강도의 1/5 이상이 되어야 한다.

9 로드에 연결한 저항체를 지반 중에 삽입하여 관입, 회전 및 인발 등에 대한 저항으로부터 지반의 성상을 조사하는 방법은?

① 동재하시험　　　　　　　　　② 평판재하시험
③ 지반의 개량　　　　　　　　　④ 사운딩

10 기존 콘크리트구조물의 안전성 평가기준에 대한 설명으로 옳지 않은 것은?

① 조사 및 시험에서 구조 부재의 치수는 위험단면에서 확인하여야 한다.
② 철근, 용접철망 또는 긴장재의 위치 및 크기는 계측에 의해 위험단면에서 결정하여야 한다. 도면의 내용이 표본조사에 의해 확인된 경우에는 도면에 근거하여 철근의 위치를 결정할 수 있다.
③ 건물에서 부재의 안전성을 재하시험 결과에 근거하여 직접 평가할 경우에는 보, 슬래브 등과 같은 휨부재의 안전성 검토에만 적용할 수 있다.
④ 구조물의 평가를 위한 하중의 크기를 정밀 현장 조사에 의하여 확인하는 경우에는, 구조물의 소요강도를 구하기 위한 하중조합에서 고정하중과 활하중의 하중계수는 25%만큼 감소시킬 수 있다.

11 강관이나 파이프가 입체적으로 구성된 트러스로 중간에 기둥이 없는 대공간 연출이 가능한 구조는?

① 절판구조　　　　　　　　　　② 케이블구조
③ 막구조　　　　　　　　　　　④ 스페이스 프레임구조

ANSWER 9.④　10.④　11.④

9 사운딩: 로드에 연결한 저항체를 지반 중에 삽입하여 관입, 회전 및 인발 등에 대한 저항으로부터 지반의 성상을 조사하는 방법

10 구조물의 평가를 위한 하중의 크기를 정밀 현장 조사에 의하여 확인하는 경우에는, 구조물의 소요강도를 구하기 위한 하중조합에서 고정하중과 활하중의 하중계수는 5%만큼 감소시킬 수 있다.

11 스페이스 프레임구조는 강관이나 파이프가 입체적으로 구성된 트러스로 중간에 기둥이 없는 대공간 연출이 가능한 구조이다.

12 구조용강재의 명칭에 대한 설명으로 옳지 않은 것은?

① SN : 건축구조용 압연 강재
② SHN : 건축구조용 열간 압연 형강
③ HSA : 건축구조용 탄소강관
④ SMA : 용접구조용 내후성 열간 압연 강재

13 아치구조에서 아치의 추력을 보강하는 방법으로 옳지 않은 것은?

① 버트레스 설치
② 스테이 설치
③ 연속 아치 연결
④ 타이 바(tie bar)로 구속

14 조적식 구조의 용어에 대한 설명으로 옳지 않은 것은?

① 대린벽은 비내력벽 두께방향의 단위조적개체로 구성된 벽체이다.
② 속빈단위조적개체는 중심공간, 미세공간 또는 깊은 홈을 가진 공간에 평행한 평면의 순단면적이 같은 평면에서 측정한 전단면적의 75%보다 적은 조적단위이다.
③ 유효보강면적은 보강면적에 유효면적방향과 보강면과의 사이각의 코사인값을 곱한 값이다.
④ 환산단면적은 기준 물질과의 탄성비의 비례에 근거한 등가면적이다.

ANSWER 12.③ 13.② 14.①

12 HSA : 'KS D 5994 건축구조용 고성능 열간 압연강재'이며 영문명은 HSA(High-performance rolled Steel for Architecture)이다.

기호	강재의 종류	기호	강재의 종류
SS	일반구조용 압연강재	SPS	일반구조용 탄소강관
SM	용접구조용 압연강재	SPSR	일반구조용 각형강관
SMA	용접구조용 내후성 열간압연강재	STKN	건축구조용 원형강관
SN	건축구조용 압연강재	SPA	내후성강
FR	건축구조용 내화강재	SHN	건축구조용 H형강
HSA	건축구조용 고성능 열간 압연강재		

13 스테이 설치를 아치의 추력을 보강하는 방법으로 보기에는 무리가 있다.

14 대린벽은 서로 직각으로 교차되는 벽을 말한다.

15 경골목구조 바닥 및 기초에 대한 설명으로 옳지 않은 것은?

① 바닥의 총하중에 의한 최대처짐 허용한계는 경간(L)의 1/240로 한다.
② 바닥장선 상호 간의 간격은 650mm 이하로 한다.
③ 줄기초 기초벽의 두께는 최하층벽 두께의 1.5배 이상으로서 150mm 이상이어야 한다.
④ 바닥덮개에는 두께 15mm 이상의 구조용 합판을 사용한다.

16 그림과 같이 균질한 재료로 이루어진 강봉에 중심 축하중 P가 작용하는 경우 강봉이 늘어난 길이는? (단, 강봉은 선형탄성적으로 거동하는 단일 부재이며, 강봉의 탄성계수는 E이다)

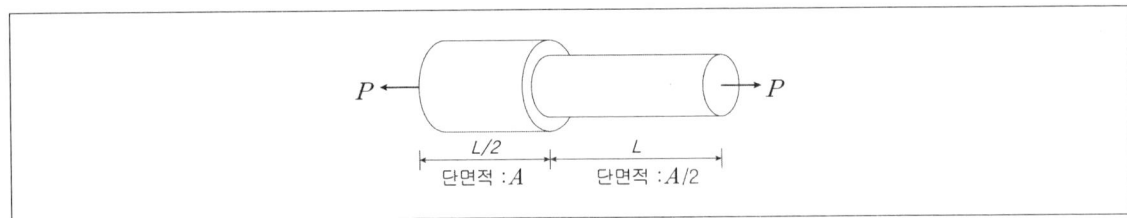

① $\dfrac{PL}{2AE}$ ② $\dfrac{3PL}{2AE}$

③ $\dfrac{5PL}{2AE}$ ④ $\dfrac{7PL}{2AE}$

ANSWER 15.④ 16.③

15 바닥덮개에는 두께 18mm 이상의 구조용합판, OSB, 파티클보드 또는 이와 동등 이상의 구조용판재를 사용한다.

16
길이가 L/2인 부분의 신장량 : $\delta_{L/2} = \dfrac{P \cdot \dfrac{L}{2}}{EA} = \dfrac{PL}{2EA}$

길이가 L인 부분의 신장량 : $\delta_L = \dfrac{PL}{E(0.5A)} = \dfrac{2PL}{EA}$

따라서 강봉 전체가 늘어난 길이는 $\dfrac{5PL}{2EA}$ 가 된다.

17 강축휨을 받는 2축대칭 H형강 콤팩트부재의 설계에 대한 설명으로 옳은 것은?

① 설계 휨강도 산정 시 휨저항계수는 0.85이다.
② 소성휨모멘트는 강재의 인장강도에 소성단면계수를 곱하여 산정할 수 있다.
③ 보의 비지지길이가 소성한계 비지지길이보다 큰 경우에는 횡좌굴강도를 고려하여야 한다.
④ 자유단이 지지되지 않은 캔틸레버와 내민 부분의 횡좌굴모멘트 수정계수 C_b는 2이다.

18 유효좌굴길이가 4m이고 직경이 100mm인 원형단면 압축재의 세장비는?

① 100
② 160
③ 250
④ 400

ANSWER 17.③ 18.②

17 ① 설계 휨강도 산정 시 휨저항계수는 0.90이다.
② 소성휨모멘트는 항복강도와 소성단면계수를 곱하여 산정한다. ($M_n = M_p = F_y Z_x$ 에서 F_y : 강재의 항복강도, MPa, Z_x : x축에 대한 소성단면계수)
④ 자유단이 지지되지 않은 캔틸레버와 내민 부분의 횡좌굴모멘트 수정계수 C_b는 1이다.

18 $\lambda = \dfrac{L}{r} = \dfrac{4[\mathrm{m}]}{0.25d} = \dfrac{4[\mathrm{m}]}{0.25 \cdot 0.1[\mathrm{m}]} = 160$

19 그림과 같은 철근콘크리트 보 단면에서 극한상태에서의 중립축 위치 c(압축연단으로부터 중립축까지의 거리)에 가장 가까운 값은? (단, 콘크리트의 설계기준압축강도는 20MPa, 철근의 설계기준 항복강도는 400MPa로 가정하며, A_s는 인장철근량이다)

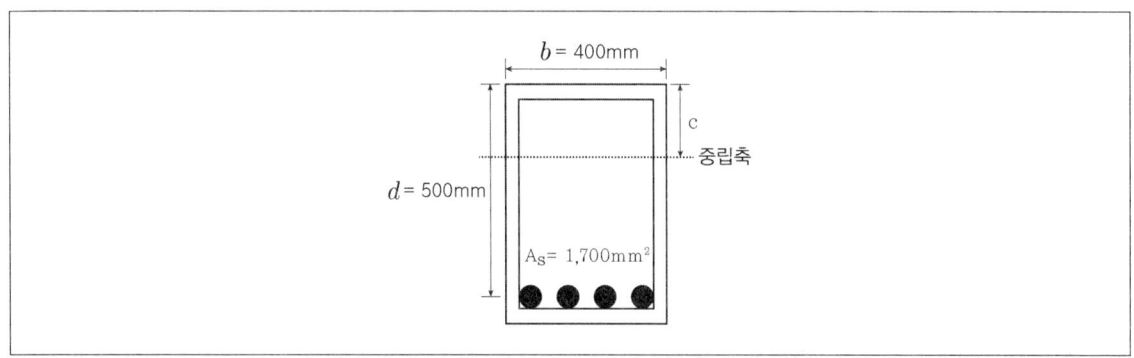

① 109.7mm
② 113.4mm
③ 117.6mm
④ 120.3mm

20 기초지반의 지지력 및 침하에 대한 설명으로 옳지 않은 것은?

① 즉시침하량은 지반을 탄성체로 보고 탄성이론에 기초한 지반의 탄성계수와 간극비를 적절히 설정하여 산정할 수 있다.
② 과대한 침하를 피할 수 없을 때에는 적당한 개소에 신축조인트를 두거나 상부구조의 강성을 크게 하여 유해한 부등침하가 생기지 않도록 하여야 한다.
③ 기초는 접지압이 지반의 허용지지력을 초과하지 않아야 한다.
④ 허용침하량은 지반조건, 기초형식, 상부구조 특성, 주위상황들을 고려하여 유해한 부등침하가 생기지 않도록 정하여야 한다.

ANSWER 19.③ 20.①

19 콘크리트의 설계기준강도가 28[MPa]보다 작으므로 등가압축영역계수 $\beta_1=0.85$가 된다.
콘크리트가 받는 압축력과 철근이 받는 인장력의 크기가 같아야 하므로
$C = 0.85\, f_{ck}ab = T = A_s f_y$ 가 성립되어야 한다.
$a = \beta_1 c$이므로 중립축의 길이(c)에 등가압축영역계수를 곱한 값이 등가응력블록의 깊이가 된다.
$C = 0.85 \cdot 20[\text{MPa}] \cdot (0.85c) \cdot 400 = T = 1,700[\text{mm}^2] \cdot 400[\text{MPa}]$
이를 만족하는 중립축의 길이(c)는 117.64[mm]가 된다.

20 즉시침하량은 지반을 탄성체로 보고 탄성이론에 기초한 지반의 탄성계수와 포아송비를 적절히 설정하여 탄성이론에 따른 계산식으로 산정할 수 있다.

건축구조 — 2019. 6. 15 제2회 서울특별시 시행

1 콘크리트 쉘과 절판구조물의 설계 방법으로 가장 옳지 않은 것은? (단, f_{ck}는 콘크리트의 설계기준압축강도이다.)

① 얇은 쉘의 내력을 결정할 때, 탄성거동으로 가정할 수 있다.
② 쉘 재료인 콘크리트 포아송비의 효과는 무시할 수 있다.
③ 수치해석 방법을 사용하기 전, 설계의 안전성 확보를 확인하여야 한다.
④ 막균열이 예상되는 영역에서 균열과 같은 방향에 대한 콘크리트의 공칭압축강도는 $0.5 f_{ck}$이어야 한다.

2 그림과 같이 높이 h인 옹벽 저면에서의 주동토압 P_A 및 옹벽 전체에 작용하는 주동토압의 합력 H_A의 값은? (단, γ는 흙의 단위중량, K_A는 흙의 주동토압계수이다.)

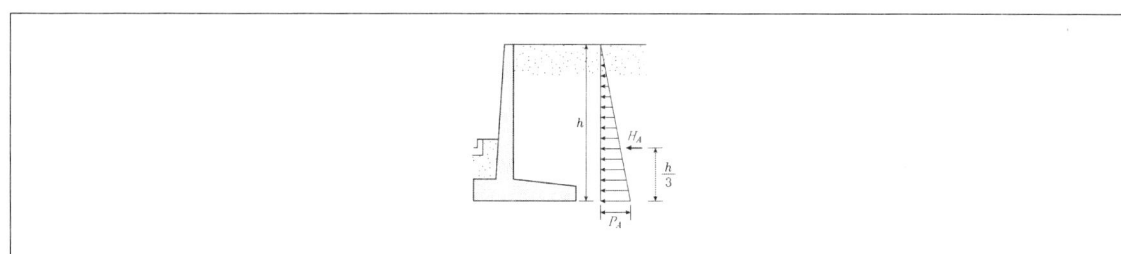

① $P_A = K_A \gamma h^2$, $H_A = \dfrac{1}{3} K_A \gamma h^3$
② $P_A = K_A \gamma h$, $H_A = \dfrac{1}{3} K_A \gamma h^2$
③ $P_A = K_A \gamma h^2$, $H_A = \dfrac{1}{2} K_A \gamma h^3$
④ $P_A = K_A \gamma h$, $H_A = \dfrac{1}{2} K_A \gamma h^2$

ANSWER 1.④ 2.④

1 막균열이 예상되는 영역에서 균열과 같은 방향에 대한 콘크리트의 공칭압축강도는 $0.4 f_{ck}$이어야 한다.

2 옹벽 저면에서의 주동토압 $P_A = K_A \gamma h$

옹벽 전체에 작용하는 주동토압의 합력 $H_A = \dfrac{1}{2} K_A \gamma h^2$

3 건축물 기초구조에서 현장타설콘크리트말뚝에 대한 설명으로 가장 옳지 않은 것은?

① 현장타설콘크리트말뚝의 단면적은 전 길이에 걸쳐 각 부분의 설계단면적 이하여서는 안 된다.
② 현장타설콘크리트말뚝의 선단부는 지지층에 확실히 도달시켜야 한다.
③ 현장타설콘크리트말뚝은 특별한 경우를 제외하고 주근은 4개 이상 또는 설계단면적의 0.15% 이상으로 하고 띠철근 또는 나선철근으로 보강하여야 한다.
④ 현장타설콘크리트말뚝을 배치할 때 그 중심 간격은 말뚝머리 지름의 2.0배 이상 또는 말뚝머리 지름에 1,000mm를 더한 값 이상으로 한다.

4 3층 규모의 경골목조건축물의 내력벽 설계에 대한 설명으로 가장 옳지 않은 것은?

① 내력벽 사이의 거리를 10m로 설계한다.
② 내력벽의 모서리 및 교차부에 각각 2개의 스터드를 사용하도록 설계한다.
③ 3층은 전체 벽면적에 대한 내력벽면적의 비율을 25%로 설계한다.
④ 지하층 벽을 조적조로 설계한다.

ANSWER 3.③ 4.②

3 현장타설콘크리트말뚝은 특별한 경우를 제외하고 주근은 4개 이상 또는 설계단면적의 0.25% 이상으로 하고 띠철근 또는 나선철근으로 보강하여야 한다.
4 내력벽의 모서리 및 교차부에 각각 3개 이상의 스터드를 사용하도록 설계한다.

5 그림과 같은 캔틸레버보 (가)에서 집중하중에 의해 자유단에 처짐이 발생하였다. 캔틸레버보 (나)에서 보 (가)와 동일한 처짐을 발생시키기 위한 등분포하중(w)은? (단, 캔틸레버보 (가)와 (나)의 재료와 단면은 동일하다.)

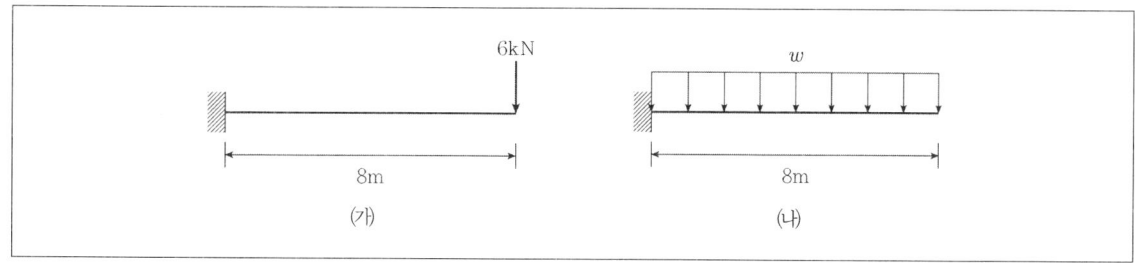

① 2kN/m
② 4kN/m
③ 8kN/m
④ 16kN/m

ANSWER 5.①

5
(가)의 처짐 : $\delta = \dfrac{PL^3}{3EI} = \dfrac{6kN \cdot 8^3 [m^3]}{3EI} = 1,024 [kNm^3/EI]$

(나)의 처짐 : $\delta = \dfrac{wL^4}{8EI}$

(가)의 처짐과 (나)의 처짐이 같아야 하므로,

$\dfrac{PL^3}{3EI} = \dfrac{wL^4}{8EI}$ 에 따라 $\delta = \dfrac{wL^4}{8EI} = \dfrac{w \cdot 8^4}{8EI} = 1,024$를 만족하는 w의 값은 2[kN/m] 된다.

하중조건	처짐각	처짐
A ▨▨▨▨▨▨▨▨▨▨ B, P, L	$\theta_B = \dfrac{PL^2}{2EI}$	$\delta_B = \dfrac{PL^3}{3EI}$
A ▨▨▨▨▨▨▨▨▨▨ B, w, L	$\theta_B = \dfrac{wL^3}{6EI}$	$\delta_B = \dfrac{wL^4}{8EI}$

6 활하중의 저감에 대한 설명으로 가장 옳지 않은 것은?

① 지붕활하중을 제외한 등분포활하중은 부재의 영향 면적이 36m² 이상인 경우 기본등분포활하중에 활하중저감계수(C)를 곱하여 저감할 수 있다.
② 활하중 12kN/m² 이하의 공중집회 용도에 대해서는 활하중을 저감할 수 없다.
③ 영향면적은 기둥 및 기초에서는 부하면적의 4배, 보 또는 벽체에서는 부하면적의 2배, 슬래브에서는 부하 면적을 적용한다.
④ 1방향 슬래브의 영향면적은 슬래브 경간에 슬래브 폭을 곱하여 산정한다. 이때 슬래브 폭은 슬래브 경간의 1.5배 이하로 한다.

7 내진설계범주 및 중요도에 따른 건축물의 내진설계에 대한 설명으로 가장 옳지 않은 것은?

① 산정된 설계스펙트럼가속도 값에 의하여 내진설계 범주를 결정한다.
② 종합병원의 중요도계수(I_E)는 1.5를 사용한다.
③ 소규모 창고의 허용층간변위(Δ_a)는 해당 층고의 2.0%이다.
④ 내진설계범주 'C'에 해당하는 25층의 정형 구조물은 등가정적해석법을 사용하여야 한다.

ANSWER 6.② 7.④

6 활하중 5kN/m² 이하의 공중집회 용도에 대해서는 활하중을 저감할 수 없다.

7 내진설계범주 'C'에 해당하는 25층의 정형 구조물은 동적해석법을 적용해야 한다. (등가정적해석법을 적용할 수 없다.)
정형구조물은 높이 70m 이상 또는 21층 이상인 경우, 비정형구조물은 높이 20m 이상 또는 6층 이상인 경우 동적해석법을 적용해야 한다. 동적해석법을 수행하는 경우에는 응답스펙트럼해석법, 선형시간이력해석법, 비선형시간이력해석법 중 1가지 방법을 선택할 수 있다. 동적해석의 경우에는 시간이력해석이 보다 정확한 방법이나 실제로 기록된 지진이력관련 자료가 충분하지 않고 상당한 시간이 소요되므로 모드해석을 사용하는 응답스펙트럼법이 주로 사용된다.

※ 내진설계 해석법의 종류
㉠ 등가정적해석법 : 기본진동모드 반응특성에 바탕을 두고 구조물의 동적 특성을 무시한 해석법
㉡ 동적해석법(모드해석법) : 고차 진동모드의 영향을 적절히 고려할 수 있는 해석법
㉢ 탄성시간이력해석법 : 지진의 시간이력에 대한 구조물의 탄성응답을 실시간으로 구하는 해석법
㉣ 비탄성정적해석법(Pushover해석법) : 정적지진하중분포에 대한 구조물의 비선형해석법
㉤ 비탄성시간이력해석법 : 실제의 지진시간이력을 사용한 해석법
참고) 비탄성정적해석을 사용하는 경우 건축구조기준에서 정하는 반응수정계수를 적용할 수 없으며 구조물의 비탄성 변형능력 및 에너지소산능력에 근거하여 지진하중의 크기를 결정해야 한다.

8 현장재하실험 중 콘크리트구조의 재하실험에 대한 설명으로 가장 옳지 않은 것은?

① 하나의 하중배열로 구조물의 적합성을 나타내는 데 필요한 효과(처짐, 비틀림, 응력 등)들의 최댓값을 나타내지 못한다면 2종류 이상의 실험하중의 배열을 사용하여야 한다.
② 재하할 실험하중은 해당 구조부분에 작용하고 있는 고정하중을 포함하여 설계하중의 85%, 즉 $0.85(1.2D+1.6L)$ 이상이어야 한다.
③ 처짐, 회전각, 변형률, 미끄러짐, 균열폭 등 측정값의 기준이 되는 영점 확인은 실험하중의 재하 직전 2시간 이내에 최초 읽기를 시행하여야 한다.
④ 전체 실험하중은 최종 단계의 모든 측정값을 얻은 직후에 제거하며 최종 잔류측정값은 실험하중이 제거된 후 24시간이 경과하였을 때 읽어야 한다.

9 그림과 같이 경간 사이에 두 개의 힌지가 있으며, 8kN의 집중하중을 받는 양단 고정보가 있다. 이 보의 A, D지점에 발생하는 휨모멘트는?

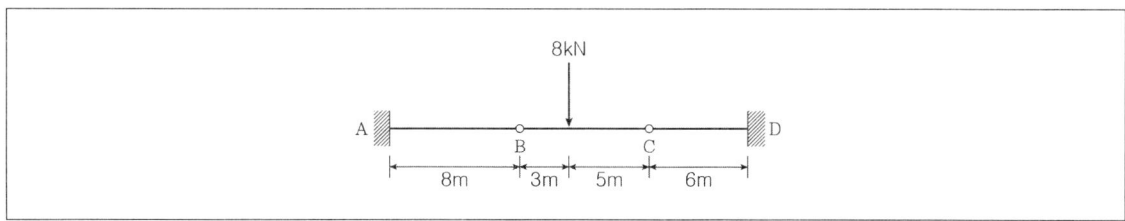

	A	D
①	24kN·m	30kN·m
②	30kN·m	24kN·m
③	18kN·m	40kN·m
④	40kN·m	18kN·m

Answer 8.③ 9.④

8 처짐, 회전각, 변형률, 미끄러짐, 균열폭 등 측정값의 기준이 되는 영점 확인은 실험하중의 재하 직전 1시간 이내에 최초 읽기를 시행해야 한다.

9 $R_B = 5[kN]$, $R_C = 3[kN]$이며 따라서 A점에 발생되는 휨모멘트는 $M_A = R_B \cdot 8[m] = 40[kN \cdot m]$
D점에 발생하는 휨모멘트는 $M_D = R_C \cdot 6[m] = 18[kN \cdot m]$

10 그림과 같이 직사각형 변단면을 갖는 보에서, A지점의 단면에 발생하는 최대 휨응력은? (단, 보의 폭은 20mm로 일정하다.)

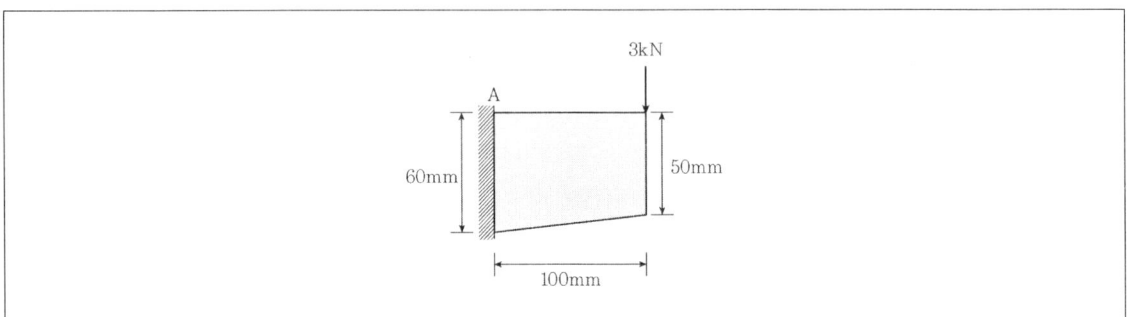

① $25N/mm^2$
② $36N/mm^2$
③ $48N/mm^2$
④ $50N/mm^2$

ANSWER 10.①

10 $M_A = P \cdot L = 3[kN] \cdot 100[mm]$

$\sigma_{max} = \dfrac{M}{Z} = \dfrac{300[kN \cdot mm]}{\dfrac{bh^2}{6}}$

$= \dfrac{300[kN \cdot mm]}{\dfrac{20 \cdot 60^2}{6}[mm^3]} = 25[N/mm^2]$

11 지진력에 저항하는 철근콘크리트 구조물의 재료에 대한 설명으로 가장 옳지 않은 것은?

① 콘크리트의 설계기준압축강도는 21MPa 이상이어야 한다.
② 지진력에 의한 휨모멘트 및 축력을 받는 특수모멘트 골조에 사용하는 주철근의 설계기준항복강도는 600MPa까지 허용된다.
③ 강재를 제작한 공장에서 계측한 실제 항복강도가 공칭항복강도를 120MPa 이상 초과해야 한다.
④ 실제 항복강도에 대한 실제 극한인장강도의 비가 1.25 이상이어야 한다.

12 콘크리트구조에서 사용하는 강재에 대한 설명으로 가장 옳지 않은 것은? (단, d_b는 철근, 철선 또는 프리스트레싱 강연선의 공칭지름이다.)

① 확대머리 전단스터드에서 확대머리의 지름은 전단 스터드 지름의 $\sqrt{10}$ 배 이상이어야 한다.
② 철근, 철선 및 용접철망의 설계기준항복강도(f_y)가 400MPa를 초과하여 뚜렷한 항복점이 없는 경우 f_y값을 변형률 0.002에 상응하는 응력값으로 사용하여야 한다.
③ 확대머리철근에서 철근 마디와 리브의 손상은 확대 머리의 지압면부터 $2d_b$를 초과할 수 없다.
④ 철근은 아연도금 또는 에폭시수지 피복이 가능하다.

ANSWER 11.③ 12.②

11 강재를 제작한 공장에서 계측한 실제 항복강도가 공칭항복강도를 120MPa 이상 초과해서는 안 된다.
12 철근, 철선 및 용접철망의 설계기준항복강도(f_y)가 400MPa를 초과하여 뚜렷한 항복점이 없는 경우 f_y값을 변형률 0.0035에 상응하는 응력값으로 사용하여야 한다.

13 그림은 3경간 구조물의 단면을 나타낸 것이다. 1방향 슬래브 ㈎~㈑ 중 처짐 계산이 필요한 것을 모두 고른 것은? (단, 리브가 없는 슬래브이며, 두께는 150mm이고, 콘크리트의 설계기준압축강도는 21MPa 이며, 철근의 설계기준항복강도는 400MPa이다.)

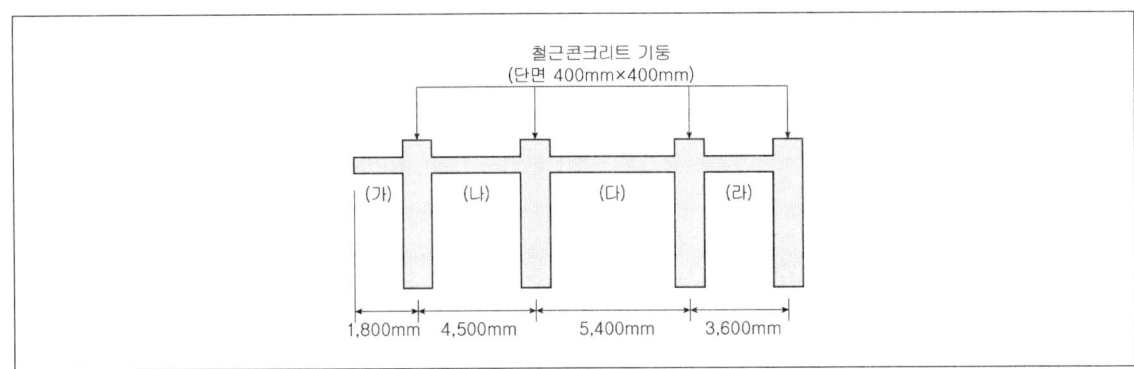

① ㈎
② ㈎, ㈏
③ ㈎, ㈐
④ ㈏, ㈑

ANSWER 13.③

13 ㈎는 캔틸레버, ㈏는 양단연속, ㈐는 양단연속, ㈑는 일단연속이다. 따라서 각 부재별 처짐계산이 필요하지 않은 경우는 부재의 두께가 다음에 제시된 값보다 큰 경우이다.(슬래브의 두께 계산 시에는 순경간(안목치수)를 기준으로 한다.)
㈎부재 : 순경간이 1,600이므로 1,600/10 = 160[mm]
㈏부재 : 순경간이 4,100이므로 4,100/28 = 146.4[mm]
㈐부재 : 순경간이 5,000이므로 5,000/28 = 178.6[mm]
㈑부재 : 순경간이 3,200이므로 3,200/24 = 133.3[mm]
위의 계산결과에 의하면 ㈎, ㈐부재가 150[mm]를 초과하므로 처짐계산이 필요하다.

※ 처짐의 제한
부재의 처짐과 최소두께… 처짐을 계산하지 않는 경우의 보 또는 1방향 슬래브의 최소두께는 다음과 같다. (L_n은 경간의 길이)

부 재	최소 두께 또는 높이			
	단순지지	일단연속	양단연속	캔틸레버
1방향 슬래브	$L_n/20$	$L_n/24$	$L_n/28$	$L_n/10$
보 및 리브가 있는 슬래브	$L_n/16$	$L_n/18.5$	$L_n/21$	$L_n/8$

• 위의 표의 값은 보통콘크리트($m_c = 2,300 kg/m^3$)와 설계기준항복강도 400MPa 철근을 사용한 부재에 대한 값이며 다른 조건에 대해서는 그 값을 다음과 같이 수정해야 한다.
• 1,500~2,000kg/m³ 범위의 단위질량을 갖는 구조용 경량콘크리트에 대해서는 계산된 h_{min}값에 $(1.65 - 0.00031 \cdot m_c)$를 곱해야 하나 1.09보다 작지 않아야 한다.
• f_y가 400MPa 이외인 경우에는 계산된 h_{min}값에 $(0.43 + \frac{f_y}{700})$를 곱해야 한다.

14 특수철근콘크리트 구조벽체를 연결하는 연결보의 설계에 대한 설명으로 가장 옳지 않은 것은?

① 세장비(l_n/h)가 3인 연결보는 경간 중앙에 대칭인 대각선 다발철근으로 보강할 수 있다.
② 대각선 다발철근은 최소한 4개의 철근으로 이루어져야 한다.
③ 대각선 철근을 감싸주는 횡철근 간격은 철근 지름의 8배를 초과할 수 없다.
④ 대각선 다발철근이 연결보의 공칭휨강도에 기여하는 것으로 볼 수 있다.

15 〈보기〉는 건축물의 각 구조 부재별 피복두께를 나타낸 것이다. ㉠~㉢ 중 올바르게 제시된 값들을 모두 고른 것은? (단, 프리스트레스하지 않는 부재의 현장치기 콘크리트이며, 콘크리트의 설계기준압축강도(f_{ck})는 40MPa이다.)

〈보기〉
- D16 철근이 배근된 외벽 : ㉠ 40mm
- D22 철근이 배근된 내부 슬래브 : ㉡ 20mm
- D25 철근이 배근된 내부 기둥 : ㉢ 30mm

① ㉠, ㉡
② ㉠, ㉢
③ ㉡, ㉢
④ ㉠, ㉡, ㉢

ANSWER 14.③ 15.④

14 대각선 철근을 감싸주는 횡철근 간격은 철근 지름의 6배를 초과할 수 없다.

15 프리스트레스하지 않는 부재의 현장치기 콘크리트의 최소 피복두께는 다음의 표를 따른다.

종류			피복두께
수중에서 타설하는 콘크리트			100mm
흙에 접하여 콘크리트를 친 후 영구히 흙에 묻혀 있는 콘크리트			80mm
흙에 접하거나 옥외의 공기에 직접 노출되는 콘크리트	D29 이상의 철근		60mm
	D25 이하의 철근		50mm
	D16 이하의 철근		40mm
옥외의 공기나 흙에 직접 접하지 않는 콘크리트	슬래브, 벽체, 장선	D35 초과 철근	40mm
		D35 이하 철근	20mm
	보, 기둥		40mm
	쉘, 절판부재		20mm

(단, 보와 기둥의 경우 $f_{ck} \geq 40MPa$일 때 피복두께를 10mm까지 저감시킬 수 있다.)

16 보통중량콘크리트 파괴계수를 고려할 때, 단면 폭 b 및 단면 높이 h인 직사각형 콘크리트 단면의 휨균열모멘트 M_{cr}의 값은? (단, f_{ck}는 콘크리트의 설계기준압축강도이며, 처짐은 단면 높이 방향으로 발생하는 것으로 가정한다.)

① $M_{cr} = 0.105bh^2\sqrt{f_{ck}}$
② $M_{cr} = 0.205bh^3\sqrt{f_{ck}}$
③ $M_{cr} = 0.305bh^2\sqrt{f_{ck}}$
④ $M_{cr} = 0.405bh^3\sqrt{f_{ck}}$

17 강구조의 인장재 설계에 대한 설명으로 가장 옳지 않은 것은?

① 총단면의 항복한계상태를 계산할 때의 인장저항계수(ϕ_t)는 0.9이다.
② 인장재의 설계인장강도는 총단면의 항복한계상태와 유효순단면의 파단한계상태에 대해 산정된 값 중 큰 값으로 한다.
③ 유효순단면의 파단한계상태를 계산할 때의 인장저항계수(ϕ_t)는 0.75이다.
④ 유효순단면적을 계산할 때 단일ㄱ형강, 쌍ㄱ형강, T형강 부재의 접합부는 전단지연계수가 0.6 이상이어야 한다. 다만, 편심효과를 고려하여 설계하는 경우 0.6보다 작은 값을 사용할 수 있다.

Answer 16.① 17.②

16 보통중량콘크리트 파괴계수를 고려할 때, 단면 폭 b 및 단면 높이 h인 직사각형 콘크리트 단면의 휨균열모멘트 M_{cr}의 값은 $0.105bh^2\sqrt{f_{ck}}$이다.

17 인장재의 설계인장강도는 총단면의 항복한계상태와 유효순단면의 파단한계상태에 대해 산정된 값 중 작은 값으로 한다.

18 강구조 접합부 설계에 대한 설명으로 가장 옳지 않은 것은?

① 접합부의 설계강도를 35kN으로 한다.
② 높이 50m인 다층구조물의 기둥이음부에 마찰접합을 사용한다.
③ 응력 전달 부위의 겹침이음 시 2열로 필릿용접한다.
④ 고장력볼트(M22)의 구멍중심 간 거리를 60mm로 한다.

19 강구조 매입형 합성부재의 구조제한에 대한 설명으로 가장 옳지 않은 것은?

① 강재코어의 단면적은 합성기둥 총단면적의 1% 이상으로 한다.
② 횡방향철근의 중심 간 간격은 직경 D10의 철근을 사용할 경우에는 300mm 이하, 직경 D13 이상의 철근을 사용할 경우에는 400mm 이하로 한다.
③ 횡방향 철근의 최대 간격은 강재코어의 설계기준 공칭항복강도가 450MPa 이하인 경우에는 부재단면에서 최소크기의 0.25배를 초과할 수 없다.
④ 연속된 길이방향철근의 최소철근비(ρ_{sr})는 0.004로 한다.

ANSWER 18.① 19.③

18 접합부의 설계강도는 45kN 이상이어야 한다. (다만 연결재, 새그로드 또는 띠장은 제외한다.)
   ※ 볼트와 용접접합의 제한 … 다음의 접합에 대해서는 용접접합, 마찰접합 또는 전인장조임을 적용해야 한다.
   ㉠ 높이가 38m 이상되는 다층구조물의 기둥이음부
   ㉡ 높이가 38m 이상되는 구조물에서, 모든 보와 기둥의 접합부 그리고 기둥에 횡지지를 제공하는 기타의 모든 보의 접합부
   ㉢ 용량 50kN 이상의 크레인구조물 중 지붕트러스이음, 기둥과 트러스접합, 기둥이음, 기둥횡지지가새, 크레인지지부
   ㉣ 기계류 지지부 접합부 또는 충격이나 하중의 반전을 일으키는 활하중을 지지하는 접합부

19 횡방향 철근의 최대 간격은 강재코어의 설계기준공칭항복강도가 450MPa 이하인 경우에는 부재단면에서 최소크기의 0.50배를 초과할 수 없으며 강재코어의 설계기준공칭항복강도가 450MPa를 초과하는 경우 부재단면에서 최소크기의 0.25배를 초과할 수 없다.

20 그림과 같은 정정트러스에 집중하중이 작용할 때 A부재와 B부재에 발생하는 부재력은? (단, 모든 부재의 단면적은 동일하며, 좌측 상단부 지점은 회전단이고, 좌측 하단부 지점은 이동단이다.)

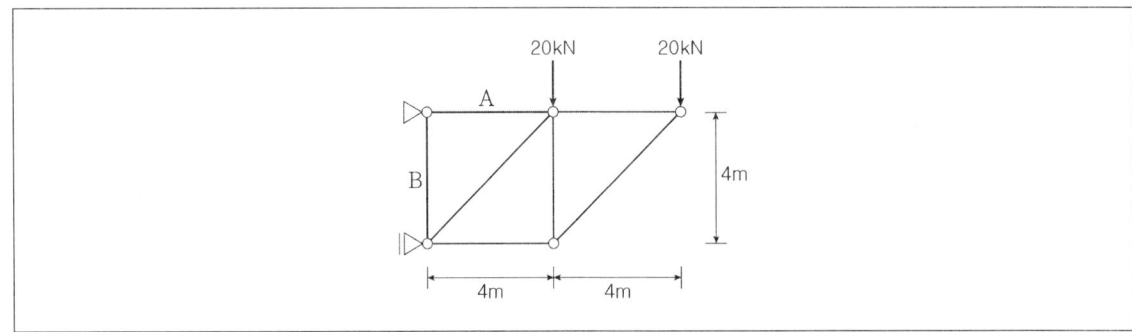

	A부재	B부재
①	20.0kN	40.0kN
②	40.0kN	20.0kN
③	40.0kN	60.0kN
④	60.0kN	40.0kN

ANSWER 20.④

20

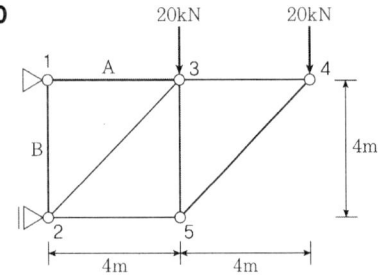

절점3, 절점4에 작용하는 힘의 합력은 3, 4의 중앙에 작용을 한다.
지점1이 핀지점, 지점2가 롤러지점이므로 지점 1에 연직반력이 발생하게 되며 연직력의 합이 0이 되어야 하므로 A에 작용하는 부재는 60kN이 된다.
지점2에 대한 모멘트 평형을 이루고 있으므로 B점에 발생하는 부재력은 40kN이 된다.

건축구조

2020. 6. 13 제1회 지방직 시행

1 철근콘크리트 구조에서 철근의 피복두께에 대한 설명으로 옳지 않은 것은? (단, 특수환경에 노출되지 않은 콘크리트로 한다)

① 옥외의 공기나 흙에 직접 접하지 않는 프리캐스트콘크리트 기둥의 띠철근에 대한 최소피복두께는 10 mm 이다.
② 피복두께는 철근을 화재로부터 보호하고, 공기와의 접촉으로 부식되는 것을 방지하는 역할을 한다.
③ 프리스트레스하지 않는 수중타설 현장치기콘크리트 부재의 최소피복두께는 100mm이다.
④ 피복두께는 콘크리트 표면과 그에 가장 가까이 배치된 철근 중심까지의 거리이다.

2 다음 중 기초구조의 흙막이벽 안전을 저해하는 현상과 가장 연관성이 없는 것은?

① 히빙(heaving)
② 보일링(boiling)
③ 파이핑(piping)
④ 버펫팅(buffeting)

ANSWER 1.④ 2.④

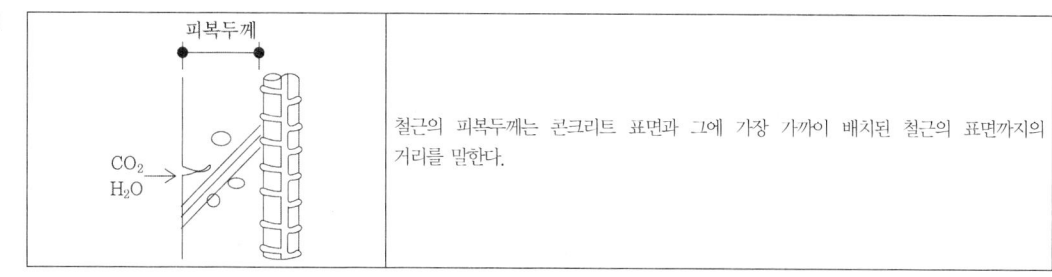

1 철근의 피복두께는 콘크리트 표면과 그에 가장 가까이 배치된 철근의 표면까지의 거리를 말한다.

2 버펫팅(buffeting)이란 시시각각 변하는 바람의 난류성분이 물체에 닿아 물체를 풍방향으로 불규칙하게 진동시키는 현상으로서 풍하중과 관련이 있는 개념이다.

3 벽돌 구조에서 창문 등의 개구부 상부를 지지하며 상부에서 오는 하중을 좌우벽으로 전달하는 부재로 옳은 것은?

① 창대
② 코벨
③ 인방보
④ 테두리보

4 건축물의 내진구조 계획에서 고려해야 할 사항으로 옳지 않은 것은?

① 한 층의 유효질량이 인접층의 유효질량과 차이가 클수록 내진에 유리하다.
② 가능하면 대칭적 구조형태를 갖는 것이 내진에 유리하다.
③ 보-기둥 연결부에서 가능한 한 강기둥-약보가 되도록 설계한다.
④ 구조물의 무게는 줄이고, 구조재료는 연성이 좋은 것을 선택한다.

5 다음 중 강재의 성질에 관련한 설명으로 옳은 것은?

① 림드강은 킬드강에 비해 재료의 균질성이 우수하다.
② 용접구조용 압연강재 SM275C는 SM275A보다 충격흡수에너지 측면에서 품질이 우수하다.
③ 일반구조용 압연강재 SS275의 인장강도는 275MPa이다.
④ 강재의 탄소량이 증가하면 강도는 감소하나 연성 및 용접성이 증가한다.

Answer 3.③ 4.① 5.②

3 ① 창대: 창호의 밑틀을 받는 수평재이다.
② 코벨: 브라켓의 일종으로, 건축에서 위로부터의 압력을 지탱하기 위해 돌, 나무, 쇠 등으로 만든 구조적 장식물을 말한다.
③ 인방보: 조적벽체의 출입구, 창문 등 개구부 상부에 설치하여 상부의 하중을 지지하며 상부에서 오는 하중을 좌우벽으로 전달하는 부재
④ 테두리보: 조적조의 철근콘크리트 슬래브와 조적벽체를 일체화시켜 조적벽체 상부에 작용하는 수평력에 의한 균열을 방지하고 하중을 벽체에 고르게 분포시켜 조적벽체 전체의 강성을 증가시키는 철근콘크리트부재이다.

4 한 층의 유효질량이 인접층의 유효질량과 차이가 클수록 큰 전단력이 발생하게 되어 내진에 취약해진다.

5 ① 림드강은 킬드강에 비해 재료의 균질성이 좋지 않다.
 • 킬드강(Killed steel): 탈산제(Si, Al, Mn)를 충분히 사용하여 기포발생을 방지한 강재
 • 림드강(rimmed steel): 탈산이 충분하지 못하여 생긴 기포에 의해 강재의 질이 떨어지는 강
③ 일반구조용 압연강재 SS275의 항복강도는 275MPa이다.
④ 강재의 탄소량이 증가하면 강도는 증가하나 연성 및 용접성이 저하된다.

6 강구조 구조설계에 대한 설명으로 옳지 않은 것은?

① 휨재 설계에서 보에 작용하는 모멘트의 분포형태를 반영하기 위해 횡좌굴모멘트수정계수(C_b)를 적용한다.
② 접합부 설계에서 블록전단파단의 경우 한계상태에 대한 설계강도는 전단저항과 압축저항의 합으로 산정한다.
③ 압축재 설계에서 탄성좌굴영역과 비탄성좌굴영역으로 구분하여 휨좌굴에 대한 압축강도를 산정한다.
④ 용접부 설계강도는 모재강도와 용접재강도 중 작은 값으로 한다.

7 건축물 내진설계의 설명으로 옳지 않은 것은?

① 층지진하중은 밑면전단력을 건축물의 각 층별로 분포시킨 하중이다.
② 이중골조방식은 지진력의 25% 이상을 부담하는 보통모멘트골조가 가새골조와 조합되어 있는 구조방식이다.
③ 밑면전단력은 구조물의 밑면에 작용하는 설계용 총 전단력이다.
④ 등가정적해석법에서 지진응답계수 산정 시 단주기와 주기 1초에서의 설계스펙트럼가속도가 사용된다.

8 합성기둥에 대한 설명으로 옳지 않은 것은?

① 매입형 합성기둥에서 강재코어의 단면적은 합성기둥 총단면적의 1% 이상으로 한다.
② 매입형 합성기둥에서 강재코어를 매입한 콘크리트는 연속된 길이방향철근과 띠철근 또는 나선철근으로 보강되어야 한다.
③ 충전형 합성기둥의 설계전단강도는 강재단면만의 설계전단강도로 산정할 수 있다.
④ 매입형 합성기둥의 설계전단강도는 강재단면의 설계전단강도와 콘크리트의 설계전단강도의 합으로 산정할 수 있다.

ANSWER 6.② 7.② 8.④

6 접합부 설계에서 블록전단파단의 경우 한계상태에 대한 설계강도는 전단저항과 인장저항의 합으로 산정한다.
블록전단파단(block shear rupture)이란 인장재의 접합부에서 인장력이 작용하는 축 상으로는 전단 파괴가, 인장력 축과 수직인 선이 가장 안쪽 구멍을 지나는 선상으로는 인장 파괴가 일어나 접합부의 일부분이 찢어지는 형태의 파단을 말한다.

7 이중골조방식은 지진력의 25% 이상을 부담하는 연성모멘트골조가 전단벽이나 가새골조와 조합되어 있는 구조방식이다.

8 충전형 및 매입형 합성부재의 설계전단강도는 강재단면만의 설계전단강도를 고려한다.

9 철근콘크리트 기초판을 설계할 때 주의해야 할 사항으로 옳지 않은 것은?

① 말뚝기초의 기초판 설계에서 말뚝의 반력은 각 말뚝의 중심에 집중된다고 가정하여 휨모멘트와 전단력을 계산할 수 있다.
② 독립기초의 기초판 밑면적 크기는 허용지내력에 반비례한다.
③ 독립기초의 기초판 전단설계 시 1방향 전단과 2방향 전단을 검토한다.
④ 기초판 밑면적, 말뚝의 개수와 배열 산정에는 1.0을 초과하는 하중계수를 곱한 계수하중이 적용된다.

10 그림과 같이 등분포하중(w)을 받는 철근콘크리트 캔틸레버 보의 설계에서 고려해야 할 사항으로 옳지 않은 것은? (단, EI는 일정하다)

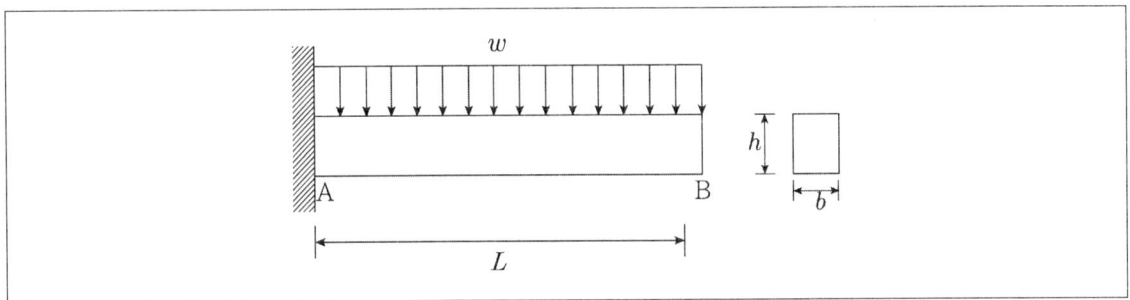

① 등분포하중에 의한 보의 휨 균열은 고정단(A) 위치의 보 상부보다는 하부에서 주로 발생한다.
② 등분포하중에 의한 보의 전단응력은 자유단(B)보다는 고정단(A) 위치에서 더 크게 발생한다.
③ 보의 처짐을 감소시키기 위해서는 단면의 폭(b)보다는 단면의 깊이(h)를 크게 하는 것이 바람직하다.
④ 휨에 저항하기 위한 주인장철근은 보 하부보다는 상부에 배근되어야 한다.

ANSWER 9.④ 10.①

9 • 기초판 밑면적, 말뚝의 개수와 배열 산정에는 하중계수를 곱하지 않은 사용하중을 적용하여야 한다.
• 기초판의 밑면적, 말뚝의 개수와 배열은 기초판에 의해 지반 또는 말뚝에 전달되는 힘과 휨모멘트, 그리고 토질역학의 원리에 의하여 계산된 지반 또는 말뚝의 허용지지력을 사용하여 산정하여야 한다. 이때 힘과 휨모멘트는 하중계수를 곱하지 않은 사용하중을 적용하여야 한다.
• 말뚝기초의 기초판 설계에서 말뚝의 반력은 각 말뚝의 중심에 집중된다고 가정하여 휨모멘트와 전단력을 계산할 수 있다.
• 기초판에서 휨모멘트, 전단력 그리고 철근정착에 대한 위험단면의 위치를 정할 경우, 원형 또는 정다각형인 콘크리트 기둥이나 주각은 같은 면적의 정사각형 부재로 취급할 수 있다.
• 기초판 윗면부터 하부철근까지 깊이는 직접기초의 경우는 150mm 이상, 말뚝기초의 경우는 30mm 이상으로 하여야 한다.

10 보의 상부에 인장응력이 가해지게 되므로 등분포하중에 의한 보의 휨 균열은 고정단(A) 위치의 보 하부보다는 인장응력이 크게 작용하는 상부에서 주로 발생한다.

11 그림과 같이 캔틸레버 보의 자유단에 집중하중(P)과 집중모멘트(M = P·L)가 작용할 때 보 자유단에서의 처짐비 $\Delta_A : \Delta_B$는? (단, EI는 동일하며, 자중의 영향은 고려하지 않는다)

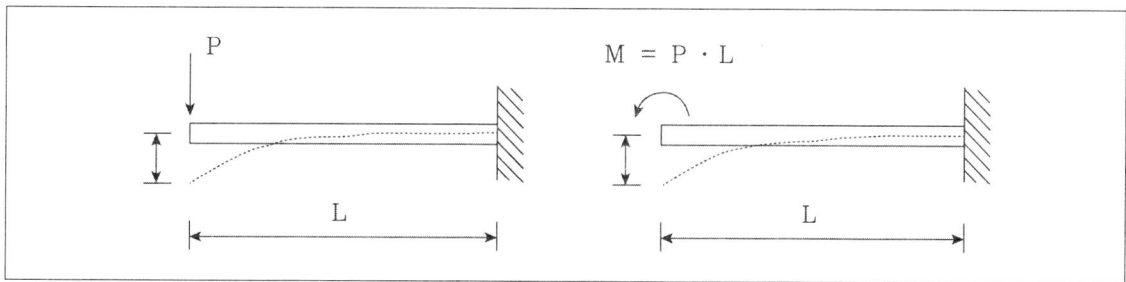

① 1 : 0.5
② 1 : 1
③ 1 : 1.5
④ 1 : 2

ANSWER 11.③

11

$$\Delta_A = \frac{PL^3}{3EI}$$

$$\Delta_B = \frac{ML^2}{2EI} = \frac{PL^3}{2EI}$$

하중조건	처짐각	처짐
A, B, L, P	$\theta_B = \dfrac{PL^2}{2EI}$	$\delta_B = \dfrac{PL^3}{3EI}$
A, B, L, M	$\theta_B = \dfrac{ML}{EI}$	$\delta_B = \dfrac{ML^2}{2EI}$

12 건축구조기준에 의해 구조물을 강도설계법으로 설계할 경우 소요강도 산정을 위한 하중조합으로 옳지 않은 것은? (여기서 D는 고정하중, L은 활하중, F는 유체압 및 용기내용물하중, E는 지진하중, S는 적설하중, W는 풍하중이다. 단, L에 대한 하중계수 저감은 고려하지 않는다)

① 1.4(D + F)

② 1.2 D + 1.0 E + 1.0 L + 0.2 S

③ 0.9 D + 1.2 W

④ 0.9 D + 1.0 E

13 단면계수의 특성에 대한 설명으로 옳지 않은 것은?

① 단면계수가 큰 단면이 휨에 대한 저항이 크다.

② 단위는 cm^4, mm^4 등이며, 부호는 항상 정(+)이다.

③ 동일 단면적일 경우 원형 단면의 강봉에 비하여 중공이 있는 원형강관의 단면계수가 더 크다.

④ 휨 부재 단면의 최대 휨응력 산정에 사용한다.

Answer 12.③ 13.②

12 0.9 D + 1.3 W이다.
  ※ 하중조합에 의한 콘크리트구조기준 소요강도(U)
  $U = 1.4(D+F)$
  $U = 1.2(D+F+T) + 1.6(L+a_H \cdot H_v + H_h) + 0.5(L_r \text{ or } S \text{ or } R)$
  $U = 1.2D + 1.6(L_r \text{ or } S \text{ or } R) + (1.0L \text{ or } 0.65W)$
  $U = 1.2D + 1.3W + 1.0L + 0.5(L_r \text{ or } S \text{ or } R)$
  $U = 1.2(D+H_v) + 1.0E + 1.0L + 0.2S + (1.0H_h \text{ or } 0.5H_h)$
  $U = 1.2(D+F+T) + 1.6(L+a_H \cdot H_v) + 0.8H_h + 0.5(L_r \text{ or } S \text{ or } R)$
  $U = 0.9(D+H_v) + 1.3W + (1.6H_h \text{ or } 0.8H_h)$
  $U = 0.9(D+H_v) + 1.0E + (1.0H_h \text{ or } 0.5H_h)$

  (단, D는 고정하중, L은 활하중, W는 풍하중, E는 지진하중, S는 적설하중, H_v는 흙의 자중에 의한 연직방향 하중, H_h는 흙의 횡압력에 의한 수평방향 하중, α는 토피 두께에 따른 보정계수를 나타내며 F는 유체의 밀도를 알 수 있고, 저장 유체의 높이를 조절할 수 있는 유체의 중량 및 압력에 의한 하중 또는 이에 의해서 생기는 단면력이다.)

13 단면계수는 도심축에 대한 단면2차 모멘트를 도심에서 단면의 상단 또는 하단까지의 거리로 나눈 값으로서 단위는 m^3, mm^3 이다.

14 막구조에 대한 설명으로 옳은 것은?

① 막구조의 막재는 인장과 휨에 대한 저항성이 우수하다.
② 습식 구조에 비해 시공 기간이 길지만 내구성이 뛰어나다.
③ 공기막 구조는 내외부의 압력 차에 따라 막면에 강성을 주어 형태를 안정시켜 구성되는 구조물이다.
④ 스페이스 프레임 등으로 구조물의 형태를 만든 뒤 지붕 마감으로 막재를 이용하는 것을 현수막 구조라 한다.

15 철근콘크리트 구조에서 공칭직경이 d_b인 D16 철근의 표준갈고리 가공에 대한 설명으로 옳지 않은 것은?

① 주철근에 대한 180° 표준갈고리는 구부린 반원 끝에서 $4d_b$ 이상 더 연장하여야 한다.
② 주철근에 대한 90° 표준갈고리의 구부림 내면 반지름은 $2d_b$ 이상으로 하여야 한다.
③ 스터럽과 띠철근에 대한 90° 표준갈고리는 구부린 끝에서 $6d_b$ 이상 더 연장하여야 한다.
④ 스터럽에 대한 90° 표준갈고리의 구부림 내면 반지름은 $2d_b$ 이상으로 하여야 한다.

ANSWER 14.③ 15.②

14 ① 막구조의 막재는 휨에 대한 저항성이 매우 약하다.
② 습식 구조에 비해 시공 기간이 짧으나 내구성이 약하다.
④ 현수막구조는 하중을 막면에 부담하고 막면을 지주, 아치, 케이블 등이 지지하는 방식으로서 막재를 주체로 하여 기본형태를 현수구조로 한 구조이다. 스페이스 프레임 등으로 구조물의 형태를 만든 뒤 지붕 마감으로 막재를 이용하는 것은 골조막 구조라 한다. 골조막 구조는 하중을 골조가 부담하고 막은 2차 구조재 혹은 마감재로서 사용한다.

15 D16인 주철근에 대한 90° 표준갈고리의 구부림 내면 반지름은 $3d_b$ 이상으로 하여야 한다.
철근을 구부릴 때, 구부리는 부분에 손상을 주지 않기 위해 구부림의 최소 내면 반지름을 정해두고 있다.
180도 표준갈고리와 90도 표준갈고리는 구부리는 내면 반지름을 아래의 표에 있는 값 이상으로 해야 한다.
스터럽이나 띠철근에서 구부리는 내면 반지름은 D16이하일 때 철근직경의 2배 이상이고 D19이상일 때는 아래의 표를 따라야 한다.
표준갈고리 외의 모든 철근의 구부림 내면 반지름은 아래에 있는 표의 값 이상이어야 한다.

철근의 크기	최소내면반지름
D10~D25	철근직경의 3배
D29~D35	철근직경의 4배
D38	철근직경의 5배

16 목구조 절충식 지붕틀의 지붕귀에서 동자기둥이나 대공을 세울 수 있도록 지붕보에서 도리 방향으로 짧게 댄 부재는?

① 서까래
② 우미량
③ 중도리
④ 추녀

17 기초저면의 형상이 장방형인 기초구조 설계 시 탄성이론에 따른 즉시침하량 산정에 필요한 요소로 옳지 않은 것은?

① 기초의 재료강도
② 기초의 장변길이
③ 지반의 탄성계수
④ 지반의 포아송비

18 강구조 건축물의 사용성 설계 시 고려해야 하는 항목과 연관성이 가장 적은 것은?

① 바람에 의한 수평진동
② 접합부 미끄럼
③ 팽창과 수축
④ 내화성능

ANSWER 16.② 17.① 18.④

16 우미량은 목구조 절충식 지붕틀의 지붕귀에서 동자기둥이나 대공을 세울 수 있도록 지붕보에서 도리 방향으로 짧게 댄 부재로, 수덕사 대웅전에서 그 예를 찾아볼 수 있다.

17 탄성이론에 의한 즉시침하량 추정에 사용되는 계수: 지반의 탄성계수, 지반의 포아송비, 기초의 폭과 장변길이, 등분포 하중, 영향계수, 변형계수 (재료의 강도는 관련이 없다.)

즉시침하량 산정식은 $S_t = qB \dfrac{1-\mu^2}{E} I_w$

q : 기초의 하중강도(t/m²)
B : 기초의 폭(m)
μ : 지반의 포아송비
E : 흙의 탄성계수(변형계수)
I_w : 침하에 의한 영향값(영향계수)

18 내화성능은 강구조건축물의 구조적 사용성과는 거리가 먼 사항이다.

19 폭 400mm와 전체 깊이 700mm를 가지는 직사각형 철근콘크리트 보에서 인장철근이 2단으로 배근될 때, 최대 유효깊이에 가장 가까운 값은? (단, 피복두께는 40mm, 스터럽 직경은 10mm, 인장철근 직경은 25mm로 1단과 2단에 배근되는 인장철근량은 동일하며, 모두 항복하는 것으로 한다)

① 650.0mm
② 637.5mm
③ 612.5mm
④ 587.5mm

20 그림과 같이 등분포하중(ω)을 받는 정정보에서 최대 정휨모멘트가 발생하는 위치 x는?

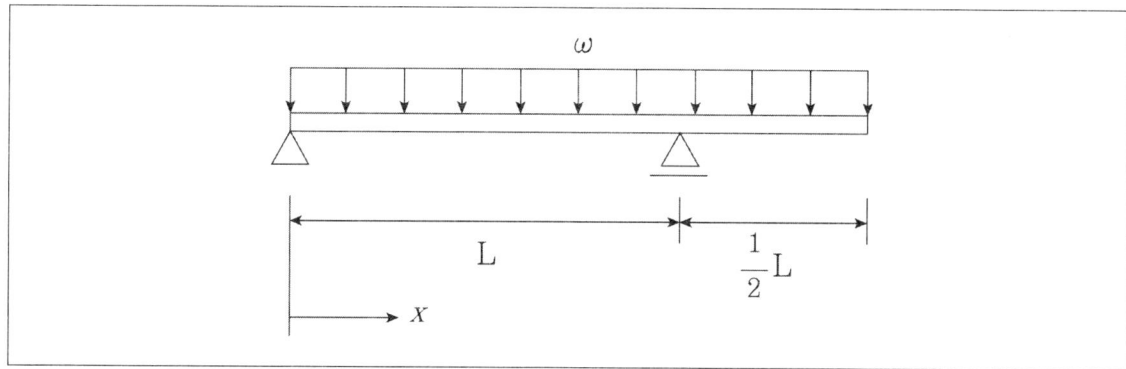

① $\frac{1}{4}L$
② $\frac{1}{3}L$
③ $\frac{3}{8}L$
④ $\frac{1}{2}L$

Answer 19.③ 20.③

19 유효깊이는 콘크리트 압축연단부터 모든 인장철근군의 도심까지의 거리를 말한다. 피복두께 40mm에 스터럽의 직경 10mm이며 철근의 반경이 12.5mm이므로 압축연단으로부터 가장 끝의 인장철근의 중심까지의 거리는 700-(40+10+12.5)=637.5mm가 된다. 그러나 인장철근이 2단으로 배근되어 있으며 직경이 25mm이므로 여기에 25mm를 뺀 값인 612.5mm가 답이 된다.

20 휨모멘트가 최대인 점에서는 전단력이 0이 되는 특성을 통하여 최대휨모멘트가 발생하는 점을 찾을 수 있다.
우선 각 지점의 반력을 구하기 위해 등분포하중을 1개의 집중하중으로 변환시키면 이동지점의 반력을 구할 수 있다.
$\sum M_A = 1.5wL \cdot \frac{1.5L}{2} - R_B \cdot L = 0$이어야 하므로 $R_B = \frac{9}{8}wL$이 되며 힘의 평형원리에 따라 연직력의 합이 0이 되어야 하므로 $\sum V = 1.5wL - \frac{9}{8}wL - R_A = 0$을 만족하는 R_A 값은 $\frac{3}{8}wL$이 된다.

전단력이 0이 되는 지점은 $V_x = \frac{3}{8}wL - wx = 0$를 만족하는 곳이므로 $x = \frac{3}{8}L$이 된다.

건축구조

2020. 7. 11 인사혁신처 시행

1 건축구조물의 구조설계 원칙으로 규정되어 있지 않은 것은?

① 친환경성
② 경제성
③ 사용성
④ 내구성

2 기초구조 설계 시 고려해야 할 사항으로 옳지 않은 것은?

① 기초의 침하가 허용침하량 이내이고, 가능하면 균등해야 한다.
② 장래 인접대지에 건설되는 구조물과 그 시공에 따른 영향까지도 함께 고려하는 것이 바람직하다.
③ 동일 구조물의 기초에서는 가능한 한 이종형식기초의 병용을 피해야 한다.
④ 기초형식은 지반조사 전에 확정되어야 한다.

ANSWER 1.② 2.④

1 건축구조물의 구조설계 원칙
  • 안전성: 건축구조물은 유효적절한 구조계획을 통하여 건축구조물 전체가 각종 하중에 대해 구조적으로 안전하도록 한다.
  • 사용성: 건축구조물은 사용에 지장이 되는 변형이나 진동이 생기지 아니하도록 충분한 강성과 인성의 확보를 고려한다.
  • 내구성: 구조부재로서 특히 부식이나 마모훼손의 우려가 있는 것에 대해서는 모재나 마감재에 이를 방지할 수 있는 재료를 사용하는 등 필요한 조치를 취한다.
  • 친환경성: 건축구조물은 저탄소 및 자원순환 구조부재를 사용하고 피로저항성능, 내화성, 복원가능성 등 친환경성의 확보를 고려한다.

2 기초형식은 지반조사 이후에 여러 가지를 검토하여 확정되어야 한다.

3 철근콘크리트 기둥의 배근 방법에 대한 설명으로 옳지 않은 것은?

① 주철근의 위치를 확보하고 전단력에 저항하도록 띠철근을 배치한다.
② 사각형띠철근 기둥은 4개 이상, 나선철근 기둥은 6개 이상의 주철근을 배근한다.
③ 전체 단면적에 대한 주철근 단면적의 비율은 0.4% 이상 8% 이하로 한다.
④ 하중에 의해 요구되는 단면보다 큰 단면으로 설계된 기둥의 경우, 감소된 유효단면적을 사용하여 최소 철근량을 결정할 수 있다.

4 목구조의 설계허용응력 산정 시 적용하는 하중기간계수(C_D) 값이 큰 설계하중부터 순서대로 바르게 나열한 것은?

① 지진하중 > 적설하중 > 활하중 > 고정하중
② 지진하중 > 활하중 > 고정하중 > 적설하중
③ 활하중 > 지진하중 > 적설하중 > 고정하중
④ 활하중 > 고정하중 > 지진하중 > 적설하중

ANSWER 3.③ 4.①

3 전체 단면적에 대한 주철근 단면적의 비율은 1% 이상 8% 이하로 한다.

4 목구조의 설계허용응력 산정 시 적용하는 하중기간계수(C_D)는 지진하중 > 적설하중 > 활하중 > 고정하중 순이다.

설계하중	하중기간계수	하중기간
고정하중	0.9	영구
활하중	1.0	10년
적설하중	1.15	2개월
시공하중	1.25	7일
풍하중, 지진하중	1.6	10분
충격하중	2.0	충격

1) 하중기간계수는 변형한계에 근거한 탄성계수 및 섬유직각방향기준 허용압축응력에는 적용하지 아니한다. 가설구조물에서의 하중기간계수는 3개월 이내인 경우 1.20을 적용할 수 있다.
2) 충격하중의 경우, 수용성 방부제 또는 내화제로 가압처리된 구조부재에 대하여는 하중기간계수를 1.6 이하로 적용한다. 또한 접합부에는 충격에 대한 하중기간계수를 적용하지 아니한다.

5 그림은 휨모멘트와 축력을 동시에 받는 철근콘크리트 기둥의 공칭강도 상호작용곡선이다. 이에 대한 설명으로 옳지 않은 것은?

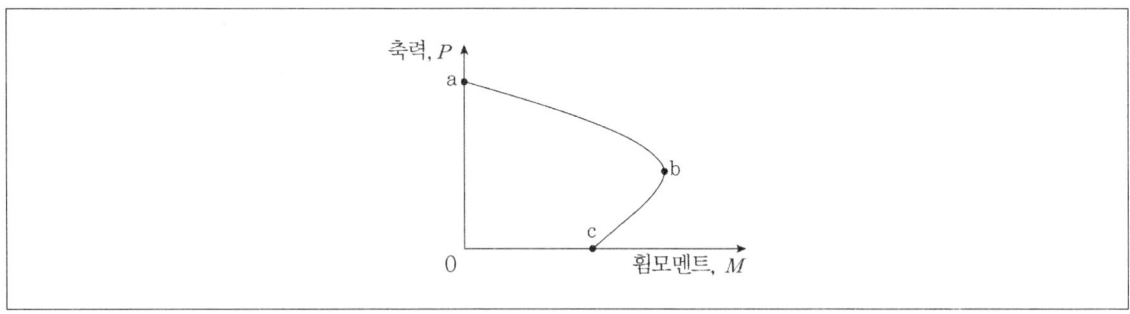

① 휨성능은 압축력의 크기에 따라서 달라진다.
② 구간 a-b에서 최외단 인장철근의 순인장변형률은 설계기준항복강도에 대응하는 변형률 이하이다.
③ 구간 b-c에서 압축연단 콘크리트는 극한변형률에 도달하지 않는다.
④ 점 b는 균형변형률 상태에 있다.

6 건축물의 지진력저항시스템에 대한 설명으로 옳지 않은 것은?
① 이중골조방식은 지진력의 25% 이상을 부담하는 연성모멘트골조가 전단벽이나 가새골조와 조합되어 있는 구조방식이다.
② 연성모멘트골조방식은 횡력에 대한 저항능력을 증가시키기 위하여 부재와 접합부의 연성을 증가시킨 모멘트골조방식이다.
③ 내력벽방식은 수직하중과 횡력을 모두 전단벽이 부담하는 구조방식이다.
④ 모멘트골조방식은 보와 기둥이 각각 횡력과 수직하중에 독립적으로 저항하는 구조방식이다.

ANSWER 5.③ 6.④

5 구간 b-c는 인장지배구역으로서 압축연단콘크리트는 극한변형률 0.003을 초과하는 경우가 발생할 수 있다.
6 모멘트골조방식은 수직하중과 횡력을 보와 기둥으로 구성된 라멘골조가 일체가 되어 저항하는 구조방식이다.

7 그림 (가)와 (나)의 캔틸레버 보 자유단 처짐이 각각 $\delta_{(가)} = \dfrac{wL^4}{8EI}$ 과 $\delta_{(나)} = \dfrac{PL^3}{3EI}$ 일 때, 그림 (다) 보의 B 지점 수직반력의 크기[kN]는? (단, 그림의 모든 보의 길이 $L = 1\,\text{m}$이고, 전 길이에 걸쳐 탄성계수는 E, 단면2차모멘트는 I이며, 보의 자중은 무시한다)

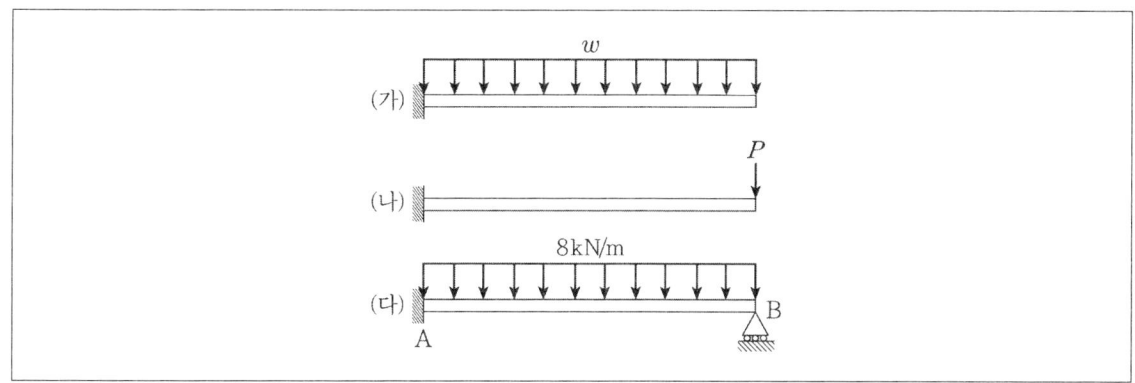

① 1
② 3
③ 4
④ 5

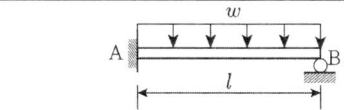 7.②

7 $R_B = \dfrac{3}{8}wL = \dfrac{3}{8} \cdot 8 \cdot 1 = 3$

문제에서 주어진 조건은 변위일치법을 통해서 지점의 반력을 구하는 것이지만 (다)와 같은 상태의 각 지점의 반력을 구하는 공식은 필히 암기해 놓아야 한다.

(그림: 좌측 고정단 A, 우측 롤러 B, 길이 l, 등분포하중 w)	$M_B = -\dfrac{wl^2}{8}$, $R_{By} = \dfrac{3wl}{8}$

8 기둥 (가)와 (나)의 탄성좌굴하중을 각각 $P_{(가)}$와 $P_{(나)}$라 할 때, 두 탄성좌굴하중의 비($\frac{P_{(가)}}{P_{(나)}}$)는? (단, 기둥의 길이는 모두 같고, 휨강성은 각각의 기둥 옆에 표시한 값이며, 자중의 효과는 무시한다)

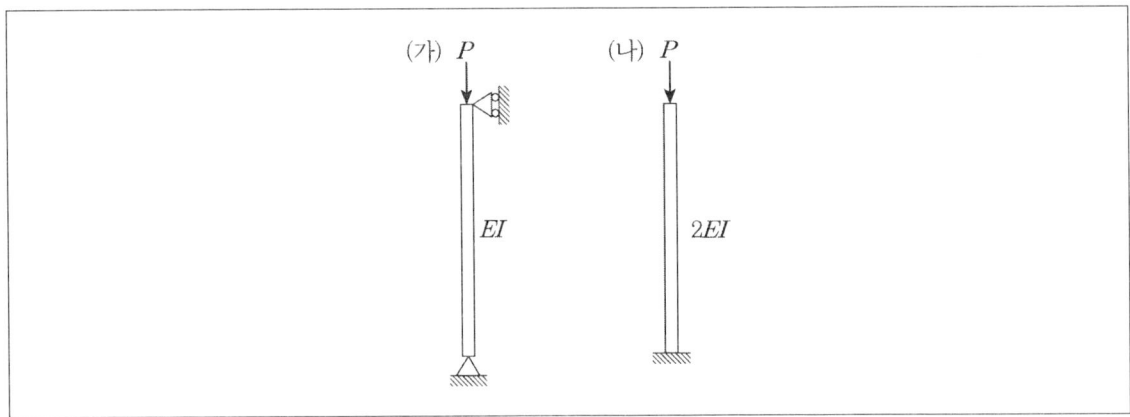

① 0.5
② 1
③ 2
④ 4

Answer 8.③

8 좌굴유효길이계수(k)의 값이 (가)는 양단이 핀으로 지지되어 있으므로 1.0이며 (나)는 캔틸레버이므로 2.0이 된다. 따라서

$$P_{cr(가)} = \frac{\pi^2 EI}{(kl)^2} = \frac{\pi^2 EI}{(1.0 \cdot l)^2} = \frac{\pi^2 EI}{l^2}$$

$$P_{cr(나)} = \frac{\pi^2 (2EI)}{(kl)^2} = \frac{\pi^2 (2EI)}{(2.0 \cdot l)^2} = \frac{\pi^2 EI}{2l^2}$$

따라서 $(\frac{P_{cr(가)}}{P_{cr(나)}}) = 2$가 된다.

※ 좌굴하중의 기본식(오일러의 장주공식)

$$P_{cr} = \frac{\pi^2 EI}{(kl)^2} = \frac{n\pi^2 EI}{l^2}$$

EI : 기둥의 휨강성
l : 기둥의 길이
k : 기둥의 유효길이 계수
kl : (l_k로도 표시함) 기둥의 유효길이(장주의 처짐곡선에서 변곡점과 변곡점 사이의 거리)
n : 좌굴계수(강도계수, 구속계수)

9 길이가 2m이고 단면이 50mm × 50mm인 단순보에 10kN/m의 등분포하중이 부재 전 길이에 작용할 때, 탄성상태에서 보 단면에 발생하는 최대 휨응력의 크기[MPa]는? (단, 등분포하중은 보의 자중을 포함한다)

① 240
② 270
③ 300
④ 320

10 그림과 같은 필릿용접부의 공칭강도[kN]는? (단, 용접재의 인장강도 F_w는 400 MPa이며, 모재의 파단은 없다)

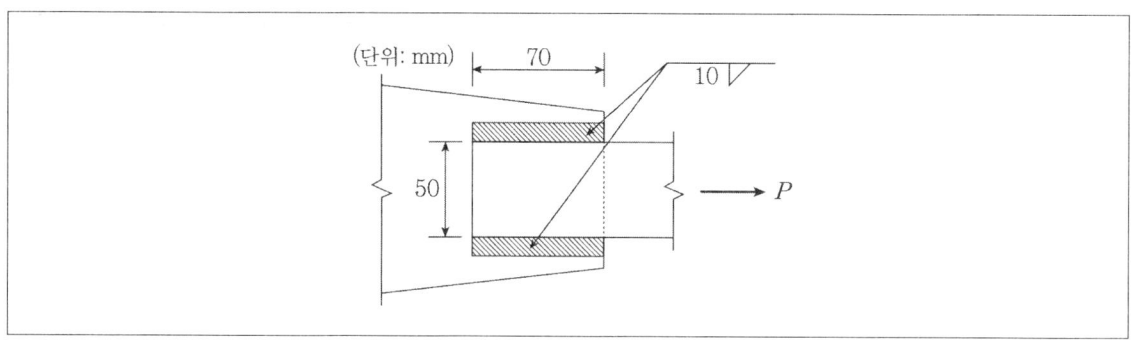

① 168
② 210
③ 240
④ 280

11 조적식구조에 대한 설명으로 옳지 않은 것은?

① 전단면적에서 채워지지 않은 빈 공간을 뺀 면적을 순단면적이라 한다.
② 한 내력벽에 직각으로 교차하는 벽을 대린벽이라 한다.
③ 가로줄눈에서 모르타르와 접한 조적단위의 표면적을 가로줄눈면적이라 한다.
④ 기준 물질과의 탄성비의 비례에 근거한 등가면적을 전단면적이라 한다.

ANSWER 9.① 10.① 11.④

9 $\sigma_{max} = \dfrac{M}{Z} = \dfrac{\dfrac{wL^2}{8}}{\dfrac{bh^2}{6}} = \dfrac{\dfrac{10[\text{kN/m}] \cdot (2\text{m})^2}{8}}{\dfrac{50 \cdot 50^2}{6}[\text{mm}^3]} \equiv 240[\text{MPa}]$

10 $0.6 F_w \cdot A_w = 0.6 \cdot 400 \cdot [2 \cdot 0.7 \cdot 10(70 - 2 \cdot 10)] = 168[\text{kN}]$
($A_w = 2 \times 0.7s(L-2s)$이며 $s = 0.7 \times$ 다리길이)

11 기준 물질과의 탄성비의 비례에 근거한 등가면적을 환산단면적이라 한다.

12 프리스트레스하지 않는 부재의 현장치기콘크리트에서, 흙에 접하여 콘크리트를 친 후 영구히 흙에 묻혀 있는 콘크리트의 최소 피복 두께[mm]는?

① 100
② 80
③ 60
④ 40

13 스터럽으로 보강된 철근콘크리트 보를 설계기준항복강도 400MPa인 인장철근을 사용하여 설계하고자 한다. 공칭강도 상태에서 최외단 인장철근의 순인장변형률이 휨부재의 최소허용변형률과 같을 때, 휨모멘트에 대한 강도감소계수에 가장 가까운 값은?

① 0.73
② 0.75
③ 0.78
④ 0.85

ANSWER 12.② 13.③

12 프리스트레스하지 않는 부재의 현장치기콘크리트에서, 흙에 접하여 콘크리트를 친 후 영구히 흙에 묻혀 있는 콘크리트의 최소 피복 두께[mm]는 80[mm]이다.

종류			피복두께
수중에서 타설하는 콘크리트			100mm
흙에 접하여 콘크리트를 친 후 영구히 흙에 묻혀있는 콘크리트			80mm
흙에 접하거나 옥외의 공기에 직접 노출되는 콘크리트	D29이상의 철근		60mm
	D25이하의 철근		50mm
	D16이하의 철근		40mm
옥외의 공기나 흙에 직접 접하지 않는 콘크리트	슬래브, 벽체, 장선	D35초과철근	40mm
		D35이하철근	20mm
	보, 기둥		40mm
	쉘, 절판부재		20mm

13 $\phi = 0.65 + (\varepsilon_t - 0.002)\dfrac{200}{3} = 0.65 + (0.004 - 0.002)\dfrac{200}{3} = 0.783$

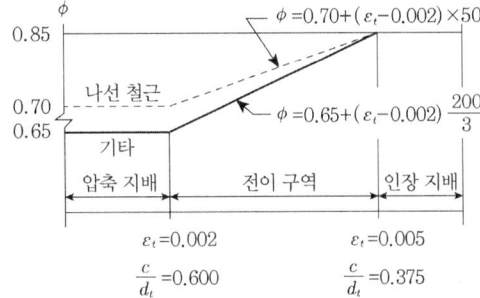

14 기초구조에 대한 설명으로 옳지 않은 것은?

① 독립기초는 기둥으로부터 축력을 독립으로 지반 또는 지정에 전달하도록 하는 기초이다.
② 부마찰력은 지지층에 근입된 말뚝의 주위 지반이 침하하는 경우 말뚝 주면에 하향으로 작용하는 마찰력이다.
③ 온통기초는 상부구조의 광범위한 면적 내의 응력을 단일 기초판으로 연결하여 지반 또는 지정에 전달하도록 하는 기초이다.
④ 지반의 허용지지력은 구조물을 지지할 수 있는 지반의 최대저항력이다.

15 건축물의 중요도 분류에 대한 설명으로 옳지 않은 것은?

① 15층 아파트는 연면적에 관계없이 중요도(1)에 해당한다.
② 아동관련시설은 연면적에 관계없이 중요도(1)에 해당한다.
③ 응급시설이 있는 병원은 연면적에 관계없이 중요도(1)에 해당한다.
④ 가설구조물은 연면적에 관계없이 중요도(3)에 해당한다.

16 다음은 지진하중 산정 시 성능기반설계법의 최소강도규정이다. 괄호 안에 들어갈 내용은?

> 구조체의 설계에 사용되는 밑면전단력의 크기는 등가정적해석법에 의한 밑면전단력의 (　　) 이상이어야 한다.

① 70%　　② 75%
③ 80%　　④ 85%

ANSWER 14.④　15.③　16.②

14 구조물을 지지할 수 있는 지반의 최대저항력은 지반의 극한지지력이라 한다.
15 종합병원, 또는 수술시설이나 응급시설이 있는 병원은 중요도(특)에 해당된다.
16 지진하중 산정 시 성능기반설계법에 따르면 구조체의 설계에 사용되는 밑면전단력의 크기는 등가정적해석법에 의한 밑면전단력의 75% 이상이어야 한다.

17 그림과 같은 2축대칭 H형강 단면의 x축에 대한 단면2차모멘트[mm^4]는?

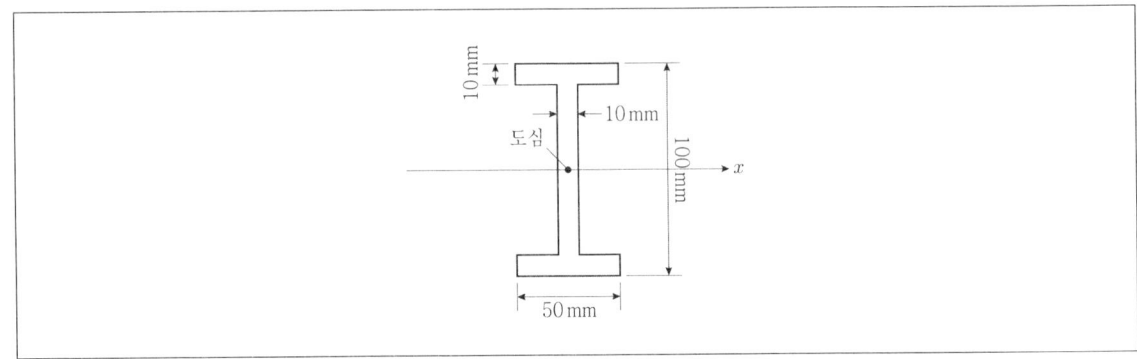

① 3.75×10^8
② 5.75×10^6
③ 3.75×10^6
④ 2.46×10^6

18 다음과 같은 전단력과 휨모멘트만을 받는 철근콘크리트 보에서 콘크리트에 의한 공칭전단강도[kN]는? (단, 계수전단력과 계수휨모멘트는 고려하지 않는다)

- 보통중량콘크리트
- 콘크리트의 설계기준압축강도 : 25MPa
- 보의 복부 폭 : 300mm
- 인장철근의 중심에서 압축콘크리트 연단까지의 거리 : 500mm

① 100
② 125
③ 150
④ 175

ANSWER 17.④ 18.②

17 $\dfrac{B \cdot H^3}{12} - 2\left(\dfrac{b \cdot h^3}{12}\right) = \dfrac{50 \cdot 100^3}{12} - 2\left(\dfrac{20 \cdot 80^3}{12}\right) = 2.46 \times 10^6$

18 $V_c = \dfrac{1}{6}\sqrt{f_{ck}}\,b_w d = \dfrac{1}{6}\sqrt{25} \cdot 300[mm] \cdot 500[mm] = 125[kN]$

19 그림과 같은 강구조 휨재의 횡비틀림좌굴거동에 대한 설명으로 옳은 것은?

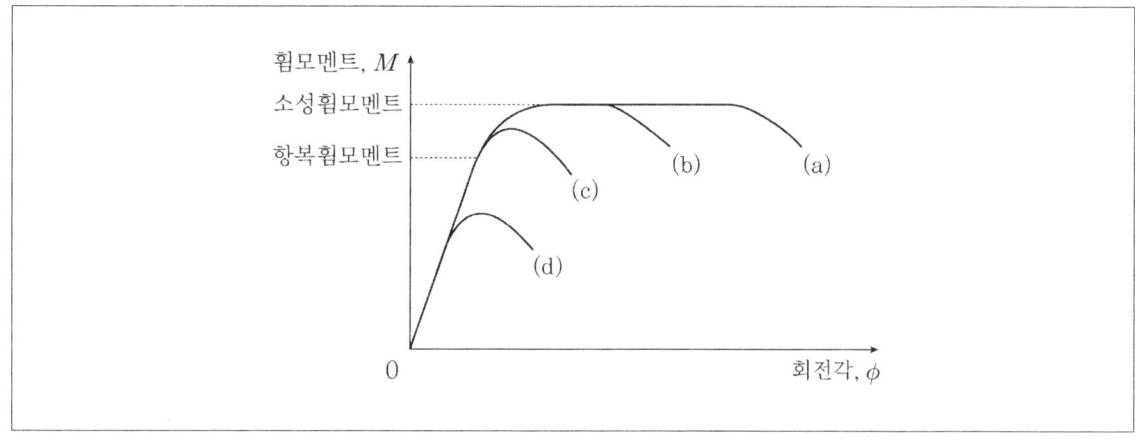

① 곡선 (a)는 보의 횡지지가 충분하고 단면도 콤팩트하여 보의 전소성모멘트를 발휘함은 물론 뛰어난 소성회전능력을 보이는 경우이다.
② 곡선 (b)는 (a)의 경우보다 보의 횡지지 길이가 작은 경우로서 보가 항복휨모멘트보다는 크지만 소성휨모멘트보다는 작은 휨강도를 보이는 경우이다.
③ 곡선 (c)는 탄성횡좌굴이 발생하여 항복휨모멘트보다 작은 휨강도를 보이는 경우이다.
④ 곡선 (d)는 보의 비탄성횡좌굴에 의해 한계상태에 도달하는 경우이다.

ANSWER 19.①

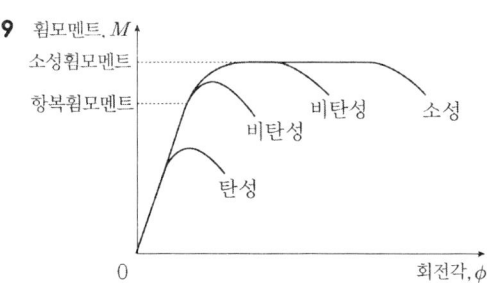

② 곡선 (b)는 (a)의 경우보다 보의 횡지지 길이가 큰 경우로서 보가 항복휨모멘트보다는 크지만 소성휨모멘트보다는 작은 휨강도를 보이는 경우이다.
③ 곡선 (c)는 비탄성횡좌굴이 발생하여 항복휨모멘트보다 큰 휨강도를 보이는 경우이다.
④ 곡선 (d)는 보의 탄성횡좌굴에 의해 한계상태에 도달하는 경우이다.

20 길이 1m, 지름 60mm(단면적 2,827mm²)인 봉에 200kN의 순인장력이 작용하여 탄성상태에서 길이방향으로 0.5mm 늘어나고, 지름방향으로 0.015mm 줄어들었다. 이때, 봉 재료의 푸아송비 ν와 탄성계수 E에 가장 가까운 값은?

	ν	E[MPa]
①	0.03	1.4×10^2
②	0.5	1.4×10^2
③	0.03	1.4×10^5
④	0.5	1.4×10^5

ANSWER 20.④

20 푸아송비

$$v = \frac{\text{가로 변형률}}{\text{세로 변형률}} = \frac{\text{축에 직각방향 변형률}}{\text{축방향 변형률}} = \frac{\frac{\Delta l}{l}}{\frac{\Delta d}{d}} = \frac{\frac{0.015}{60}}{\frac{0.5}{1000}} = 0.5$$

$$E = \frac{\sigma}{\varepsilon} = \frac{\frac{P}{A}}{\frac{\Delta L}{L}} = \frac{\frac{2 \cdot 10^5}{2827}}{\frac{0.5}{1000}} \fallingdotseq 141492 \fallingdotseq 1.4 \times 10^5$$

푸아송비와 푸아송수

① 푸아송비(v)는 축방향 변형률에 대한 축의 직각방향 변형률의 비이다.

$$v = \frac{\text{가로 변형률}}{\text{세로 변형률}} = \frac{\text{축에 직각방향 변형률}}{\text{축방향 변형률}}$$

② 푸아송수는 푸아송비의 역수이다. (코르크의 푸아송수는 0이다.)

$$v = -\frac{\epsilon_d}{\epsilon_l} = -\frac{l \cdot \Delta d}{d \cdot \Delta l} = \frac{1}{m} \quad (v : \text{푸아송비, m : 푸아송수})$$

③ 푸아송비의 식은 단일방향으로만 축하중이 작용하는 부재에 적용된다.
④ 푸아송비는 항상 양의 값만을 가지며 정상적인 재료에서 푸아송비는 0과 0.5 사이의 값을 가진다.
⑤ 푸아송비가 0인 이상적 재료는 축하중이 작용할 경우 어떤 측면의 수축이 없이 한쪽 방향으로만 늘어난다.
⑥ 푸아송비가 1/2 이상인 재료는 완전비압축성 재료이다.

건축구조 2021. 4. 17 인사혁신처 시행

1 건축구조기준에서 설계하중에 대한 설명으로 옳지 않은 것은?

① 집중활하중에서 작용점은 각 구조부재에 가장 큰 하중효과를 일으키는 위치에 작용하도록 하여야 한다.
② 고정하중은 건축구조물 자체의 무게와 구조물의 생애주기 중 지속적으로 작용하는 수평하중을 말한다.
③ 풍하중은 각각의 설계풍압에 유효수압면적을 곱하여 산정한다.
④ 지진하중은 지진에 의한 지반운동으로 구조물에 작용하는 하중을 말한다.

2 강구조 용접접합부에서 용접 후 검사 시에 발생될 수 있는 결함의 유형으로 옳지 않은 것은?

① 비드
② 블로 홀
③ 언더컷
④ 오버랩

ANSWER 1.② 2.①

1 고정하중은 구조체와 이에 부착된 비내력 부분 및 각종 설비 등의 중량에 의하여 구조물의 존치기간 중 지속적으로 작용하는 연직하중을 말한다.

2 비드는 용접결함이 아니라 용접 시 용접진행에 따라 용착금속이 모재 위에 열상을 이루어 이어진 용접선을 말한다.

※ 용접결함
- 블로홀: 용융금속이 응고할 때 방출되어야 할 가스가 남아서 생긴 빈자리
- 슬래그섞임(감싸들기): 슬래그의 일부분이 용착금속 내에 혼입된 것
- 크레이터: 용즙 끝단에 항아리 모양으로 오목하게 파인 것
- 피시아이: 용접작업 시 용착금속 단면에 생기는 작은 은색의 점
- 피트: 작은 구멍이 용접부 표면에 생긴 것
- 크랙: 용접 후 급냉되는 경우 생기는 균열
- 언더컷: 모재가 녹아 용착금속이 채워지지 않고 홈으로 남는 부분
- 오버랩: 용착금속과 모재가 융합되지 않고 단순히 겹쳐지는 것
- 오버형: 상향 용접시 용착금속이 아래로 흘러내리는 현상
- 용입불량: 용입 깊이가 불량하거나 모재와의 융합이 불량한 것

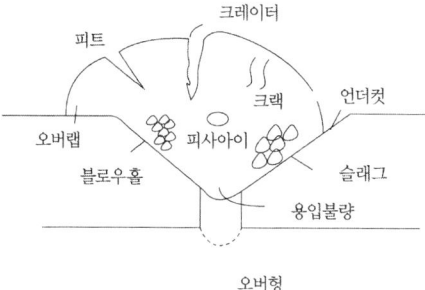

3 철근콘크리트 기둥의 축방향 주철근이 겹침이음되어 있지 않을 경우, 주철근의 최대 철근비는?

① 1%

② 4%

③ 6%

④ 8%

ANSWER 3.④

3 철근콘크리트 기둥의 축방향 주철근이 겹침이음되어 있지 않을 경우, 주철근의 최대 철근비는 8%이다.

※ 철근의 구조제한

㉠ 주철근의 구조제한

구분	띠철근 기둥	나선철근 기둥
단면치수	최소단변 $b \geq 200mm$ $A \geq 60000mm^2$	심부지름 $D \geq 200mm$ $f_{ck} \geq 21MPa$
개수	직사각형 단면: 4개 이상 원형 단면: 4개 이상	6개 이상
간격	40mm이상, 철근 직경의 1.5배 이상 중 큰 값	
철근비	최소철근비 1%, 최대철근비 8% (단, 주철근이 겹침이음되는 경우 철근비는 4% 이하)	

㉡ 띠(나선)철근의 구조제한

구분	띠철근 기둥	나선철근 기둥
지름	주철근 ≤ D32일 때 : D10 이상 주철근 ≥ D35일 때 : D13 이상	10mm 이상
간격	주철근의 16배 이하 띠철근 지름의 48배 이하 기둥 단면의 최소치수 이하 (위의 값 중 최소값)	25mm~75mm
철근비	—	$0.45(\frac{A_g}{A_{ch}}-1)\frac{f_{ck}}{f_{yt}}$ 이상

4 보통중량콘크리트를 사용하고 설계기준항복강도가 400MPa인 철근을 사용할 경우, 처짐을 계산하지 않아도 되는 1방향슬래브(슬래브 길이L)의 최소두께를 지지조건에 따라 나타낸 것으로 옳지 않은 것은? (단, 해당부재는 큰 처짐에 의해 손상되기 쉬운 칸막이벽이나 기타 구조물을 지지 또는 부착하지 않은 부재이다)

① 단순지지 : L/18
② 1단 연속 : L/24
③ 양단 연속 : L/28
④ 캔틸레버 : L/10

5 우리나라 건축물 내진설계기준의 일반사항에 대한 설명으로 옳지 않은 것은?

① 내진성능수준 – 설계지진에 대해 시설물에 요구되는 성능수준, 기능수행수준, 즉시복구수준, 장기복구/인명보호수준과 붕괴방지수준으로 구분
② 변위의존형 감쇠장치 – 하중응답이 주로 장치 양 단부 사이의 상대속도에 의해 결정되는 감쇠장치로서, 추가로 상대변위의 함수에 종속될 수도 있음
③ 성능기반 내진설계 – 엄격한 규정 및 절차에 따라 설계하는 사양기반설계에서 벗어나서 목표로 하는 내진성능수준을 달성할 수 있는 다양한 설계기법의 적용을 허용하는 설계
④ 응답스펙트럼 – 지반운동에 대한 단자유도 시스템의 최대응답을 고유주기 또는 고유진동수의 함수로 표현한 스펙트럼

ANSWER 4.① 5.②

4 단순 지지된 1방향슬래브(슬래브 길이L)의 두께가 L/20이상이면 처짐을 계산하지 않아도 된다.
※ 부재의 처짐과 최소두께 : 처짐을 계산하지 않는 경우의 보 또는 1방향 슬래브의 최소두께는 다음과 같다. (L은 경간의 길이)

부재	최소 두께 또는 높이			
	단순지지	일단연속	양단연속	캔틸레버
1방향 슬래브	L/20	L/24	L/28	L/10
보	L/16	L/18.5	L/21	L/8

• 위의 표의 값은 보통콘크리트($m_c = 2,300 kg/m^3$)와 설계기준항복강도 400MPa철근을 사용한 부재에 대한 값이며 다른 조건에 대해서는 그 값을 다음과 같이 수정해야 한다.
• 1500~2000kg/m³범위의 단위질량을 갖는 구조용 경량콘크리트에 대해서는 계산된 h_{min}값에 $(1.65-0.00031 \cdot m_c)$를 곱해야 하나 1.09보다 작지 않아야 한다.
• f_y가 400MPa 이외인 경우에는 계산된 h_{min}값에 $(0.43+\dfrac{f_y}{700})$를 곱해야 한다.

5 변위의존형 감쇠장치 … 하중응답이 주로 장치 양 단부 사이의 상대변위에 의해 결정되는 감쇠장치로서, 근본적으로 장치 양단부의 상대속도와 진동수에는 독립적이다.

6 철근콘크리트 기초판 설계에 대한 설명으로 옳지 않은 것은?

① 조적조 벽체를 지지하는 기초판의 최대 계수휨모멘트를 계산할 때 위험단면은 벽체 중심과 단부 사이의 1/4 지점으로 한다.

② 휨모멘트에 대한 설계 시 1방향 기초판 또는 2방향 정사각형 기초판에서 철근은 기초판 전체 폭에 걸쳐 균등하게 배치하여야 한다.

③ 말뚝기초의 기초판 설계에서 말뚝의 반력은 각 말뚝의 중심에 집중된다고 가정하여 휨모멘트와 전단력을 계산할 수 있다.

④ 기초판 윗면부터 하부철근까지 깊이는 직접기초의 경우는 150mm 이상, 말뚝기초의 경우는 300mm 이상으로 하여야 한다.

7 조적식구조의 재료 및 강도설계법에 대한 설명으로 옳지 않은 것은?

① 시멘트성분을 지닌 재료 또는 첨가제들은 에폭시수지와 그 부가물이나 페놀, 석면섬유 또는 내화점토를 포함할 수 없다.

② 모멘트저항벽체골조의 설계전단강도는 공칭강도에 강도감소계수 0.8을 곱하여 산정한다.

③ 그라우트의 압축강도는 조적개체 강도의 1.3배 이상으로 한다.

④ 보강근의 최소 휨직경은 직경 10mm에서 25mm까지는 보강근의 6배이고, 직경 29mm부터 35mm까지는 8배로 한다.

Answer 6.① 7.④

6 조적조 벽체를 지지하는 기초판의 최대 계수휨모멘트를 계산할 때 위험단면은 벽체 중심과 벽체면 사이 거리의 1/2지점으로 한다.

7 보강근의 최소 휨직경은 직경 1mm에서 25mm까지는 보강근의 8배이고, 직경 29mm부터 35mm까지는 6배로 한다.

8 프리스트레스트 콘크리트 부재의 설계에 대한 설명으로 옳지 않은 것은?

① 프리스트레스트 콘크리트 휨부재는 미리 압축을 가한 인장구역에서 계수하중에 의한 인장연단응력의 크기에 따라 비균열등급, 부분균열등급, 완전균열등급으로 구분된다.
② 프리스트레스를 도입할 때의 응력계산 시 균열단면에서 콘크리트는 인장력에 저항할 수 없는 것으로 가정한다.
③ 비균열등급과 부분균열등급 휨부재의 사용하중에 의한 응력은 비균열단면을 사용하여 계산한다.
④ 완전균열단면 휨부재의 사용하중에 의한 응력은 균열환산단면을 사용하여 계산한다.

9 과도한 처짐에 의해 손상되기 쉬운 비구조요소를 지지 또는 부착하지 않은 1방향 바닥구조(내부환경)의 최대 허용처짐 조건으로 옳은 것은?

① 활하중에 의한 순간처짐이 부재길이의 1/180 이하
② 활하중에 의한 순간처짐이 부재길이의 1/360 이하
③ 전체 처짐 중에서 비구조 요소가 부착된 후에 발생하는 처짐부분이 부재길이의 1/480 이하
④ 전체 처짐 중에서 비구조 요소가 부착된 후에 발생하는 처짐부분이 부재길이의 1/240 이하

ANSWER 8.① 9.②

8 PSC휨부재의 균열등급 … PSC 휨부재는 균열발생여부에 따라 그 거동이 달라지며 균열의 정도에 따라 세가지 등급으로 구분하고 구분된 등급에 따라 응력 및 사용성을 검토하도록 규정하고 있다.
- 비균열 등급 : $f_t < 0.63\sqrt{f_{ck}}$ 이므로 균열이 발생하지 않는다.
- 부분균열등급 : $0.63\sqrt{f_{ck}} < f_t < 1.0\sqrt{f_{ck}}$ 이므로 사용하중이 작용 시 응력은 총단면으로 계산하되 처짐은 유효단면을 사용하여 계산한다.
- 완전균열등급 : 사용하중 작용 시 단면응력은 균열환산단면을 사용하여 계산하며 처짐은 유효단면을 사용하여 계산한다.

9 문제에 내부환경인지 외부환경인지가 주어지지 않아 오류로 의심되는 문제이다.
※ **최대허용처짐** : 장기처짐 효과를 고려한 전체 처짐의 한계는 다음 값 이하가 되도록 해야 한다.

부재의 종류	고려해야 할 처짐	처짐한계
과도한 처짐에 의해 손상되기 쉬운 비구조 요소를 지지 또는 부착하지 않은 평지붕구조(외부환경)	활하중 L에 의한 순간처짐	L / 180
과도한 처짐에 의해 손상되기 쉬운 비구조 요소를 지지 또는 부착하지 않은 바닥구조(내부환경)	활하중 L에 의한 순간처짐	L / 360
과도한 처짐에 의해 손상되기 쉬운 비구조 요소를 지지 또는 부착한 지붕 또는 바닥구조	전체 처짐 중에서 비구조 요소가 부착된 후에 발생하는 처짐부분(모든 지속하중에 의한 장기처짐과 추가적인 활하중에 의한 순간처짐의 합)	L / 480
과도한 처짐에 의해 손상될 우려가 없는 비구조 요소를 지지 또는 부착한 지붕 또는 바닥구조		L / 240

10 비구조요소의 내진설계에 대한 설명으로 옳지 않은 것은?

① 파라펫, 건물외부의 치장 벽돌 및 외부치장마감석재는 내진설계가 수행되어야 한다.
② 비구조요소의 내진설계는 구조체의 내진설계와 분리하여 수행할 수 없다.
③ 건축비구조요소는 캔틸레버 형식의 구조요소에서 발생하는 지점회전에 의한 수직방향 변위를 고려하여 설계되어야 한다.
④ 설계하중에 의한 비구조요소의 횡방향 혹은 면외방향의 휨이나 변형이 비구조요소의 변형한계를 초과하지 않아야 한다.

11 목구조에 사용되는 구조용 합판의 품질기준으로 옳지 않은 것은?

① 접착성으로 내수 인장 전단 접착력이 0.7MPa 이상인 것
② 함수율이 13% 이하인 것
③ 못접합부의 최대 전단내력의 40%에 해당하는 값이 700N 이상인 것
④ 못접합부의 최대 못뽑기 강도가 60N 이상인 것

ANSWER 10.② 11.④

10 비구조요소의 내진설계는 구조체의 내진설계와 분리하여 수행할 수 있다.
11 못접합부의 최대 못뽑기 강도가 90N 이상인 것이어야 한다.

12 용접H형강(H − 500 × 200 × 10 × 16) 보 웨브의 판폭두께비는?

① 42.0
② 46.8
③ 54.8
④ 56.0

Answer 12.②

12 H형 단면의 경우 판폭두께비

- 플랜지의 판폭두께비 $\lambda = \dfrac{b}{t_f}$

- 웨브의 판폭두께비 $\lambda = \dfrac{h}{t_w}$

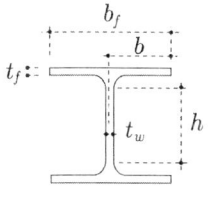 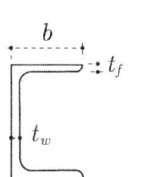 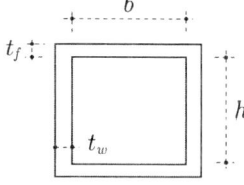 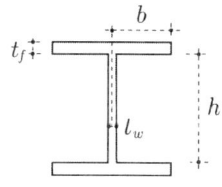

(a) 압연형강　　　　　　　(b) 조립형강

$$\lambda = \frac{h}{t_w} = \frac{H - 2 \cdot t_f}{10} = \frac{500 - 2 \cdot 16}{10} = 46.8$$

H형강 규격표시 $H - H \times B \times t_1 \times t_2$	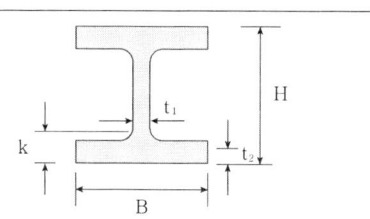

13 말뚝재료의 허용응력에 대한 설명으로 옳지 않은 것은?

① 기성콘크리트말뚝의 허용압축응력은 콘크리트설계기준강도의 최대 1/4까지를 말뚝재료의 허용압축응력으로 한다.
② 기성콘크리트말뚝에 사용하는 콘크리트의 설계기준강도는 30MPa 이상으로 하고, 허용지지력은 말뚝의 최소단면에 대하여 구하는 것으로 한다.
③ 현장타설콘크리트말뚝의 최대 허용압축하중은 각 구성요소의 재료에 해당하는 허용압축응력을 각 구성요소의 유효단면적에 곱한 각 요소의 허용압축하중을 합한 값으로 한다.
④ 강재말뚝의 허용압축력은 일반의 경우 부식부분을 제외한 단면에 대해 재료의 항복응력과 국부좌굴응력을 고려하여 결정한다.

14 강구조 내화설계에 대한 용어의 설명으로 옳지 않은 것은?

① 내화강 – 크롬, 몰리브덴 등의 원소를 첨가한 것으로서 600°C의 고온에서도 항복점이 상온의 2/3 이상 성능이 유지되는 강재
② 설계화재 – 건축물에 실제로 발생하는 내화설계의 대상이 되는 화재의 크기
③ 구조적합시간 – 합리적이고 공학적인 해석방법에 의하여 화재발생으로부터 건축물의 주요 구조부가 단속 및 연속적인 붕괴에 도달하는 시간
④ 사양적 내화설계 – 건축물에 실제로 발생되는 화재를 대상으로 합리적이고 공학적인 해석방법을 사용하여 화재크기, 부재의 온도상승, 고온환경에서 부재의 내력 및 변형 등을 예측하여 건축물의 내화성능을 평가하는 내화설계방법

ANSWER 13.② 14.④

13 기성콘크리트말뚝에 사용하는 콘크리트의 설계기준강도는 35MPa 이상으로 하고, 허용지지력은 말뚝의 최소단면에 대하여 구하는 것으로 한다.
14 사양적 내화설계 … 건축법규에 명시된 사양적 규정에 의거하여 건축물의 용도, 구조, 층수, 규모에 따라 요구내화시간 및 부재의 선정이 이루어지는 내화설계방법

15 그림과 같은 두 단순지지보에서 중앙부 처짐량이 동일할 때, P_2/P_1의 값은? (단, 보의 자중은 무시하고, 재질과 단면의 성질은 동일하며, 하중 P_1과 P_2는 보의 중앙에 작용한다)

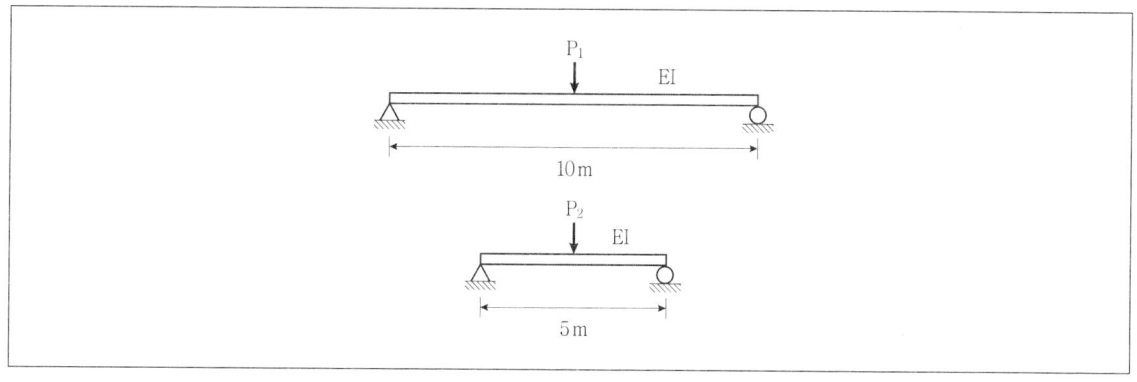

① 2
② 4
③ 6
④ 8

16 그림과 같이 단순지지보에 삼각형 분포하중이 작용 시, 지점 A로부터 최대 휨모멘트가 발생하는 점과의 거리는? (단, 보의 자중은 무시한다)

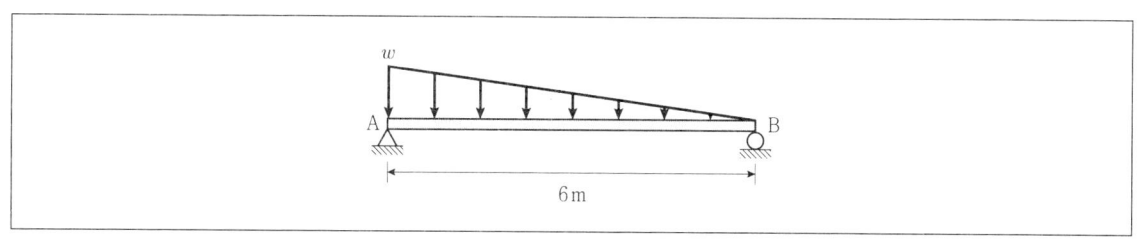

① $2\sqrt{3}$ m
② $3\sqrt{2}$ m
③ $6-2\sqrt{3}$ m
④ $6-3\sqrt{2}$ m

ANSWER 15.④ 16.③

15 단순보 중앙에 집중하중이 작용할 때 중앙부의 처짐량은 $\delta = \dfrac{PL^3}{48EI}$이므로 동일하중이 작용한다고 가정할 때 길이가 2배가 되면 처짐은 8배가 된다. 따라서 P_1은 P_2의 8배가 되어야만 처짐이 같아진다.

16 등변분포하중의 경우 최대휨모멘트 발생위치 및 크기는 공식을 암기하여 풀어야 한다.
B점으로부터 $\dfrac{L}{\sqrt{3}}$ 만큼 떨어진 곳에서 최대휨모멘트가 발생하고, 크기는 $M_{max} = \dfrac{wL^2}{9\sqrt{3}} = \dfrac{w \cdot 6^2 \cdot \sqrt{3}}{9 \cdot 3} = \dfrac{4\sqrt{3}\,w}{3}$
따라서 A점으로부터 $6-2\sqrt{3}$ 지점에서 최대휨모멘트가 발생하게 된다.

17 강구조 모멘트골조의 내진설계기준에 대한 설명으로 옳은 것은?

① 특수모멘트골조의 접합부는 최소 0.03rad의 층간변위각을 발휘할 수 있어야 한다.

② 특수모멘트골조의 경우, 기둥외주면에서 접합부의 계측휨강도는 0.04rad의 층간변위에서 적어도 보 공칭소성모멘트의 70% 이상을 유지해야 한다.

③ 중간모멘트골조의 접합부는 최소 0.02rad의 층간변위각을 발휘할 수 있어야 한다.

④ 보통모멘트골조의 반응수정계수는 3이다.

18 그림과 같은 캔틸레버형 구조물의 부재 AB에서 지점 A로부터 휨모멘트가 0이 되는 점과의 거리는? (단, 부재의 자중은 무시한다)

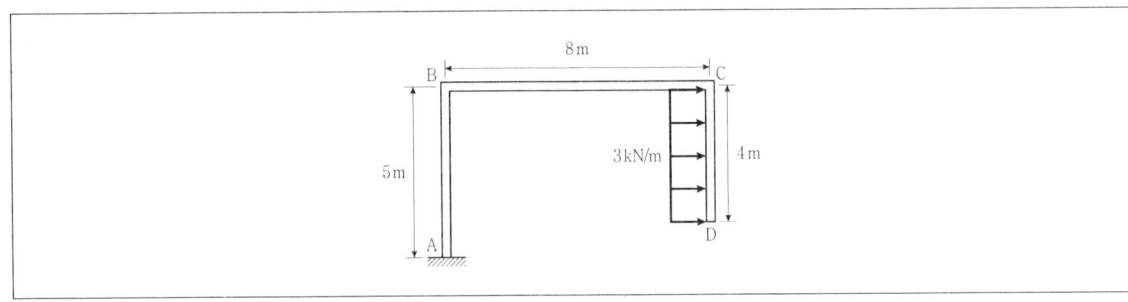

① 1m
② 2m
③ 3m
④ 5m

Answer 17.③ 18.③

17 모멘트골조 … 부재와 접합부가 휨모멘트, 전단력, 축력에 저항하는 골조. 다음과 같이 분류함
- **보통모멘트골조**: 설계지진력이 작용할 때, 부재와 접합부가 최소한의 비탄성변형을 수용할 수 있는 골조로서 보-기둥 접합부는 용접이나 고력볼트를 사용해야 한다.
- **중간모멘트골조(IMRCF)**: 보-기둥 접합부가 최소 0.02rad의 층간변위각을 발휘할 수 있어야 하며 이 때 휨강도가 소성모멘트의 80% 이상 유지되어야 한다.
- **특수모멘트골조(SMRCF)**: 보-기둥 접합부가 최소 0.04rad의 층간변위각을 발휘할 수 있어야 하며 이 때 휨강도가 소성모멘트의 80% 이상 유지되어야 한다.

18 C점에서의 휨모멘트는 $M_C = 3 \cdot 4 \cdot \dfrac{4}{2} = 24[kNm]$

A점에서의 반력은 $H_A = -3 \cdot 4 = -12[kN]$

A점의 휨모멘트는 $M_A = 3 \cdot 4 \cdot (1+2) = 36[kNm]$

A점으로부터 x만큼 떨어진 곳의 휨모멘트는 $M_x = 36 - 12 \cdot x$이므로 이를 만족하는 x는 3m가 된다.

19 그림과 같은 길이가 L인 압축재가 부재의 중앙에서 횡방향지지되어 있을 경우, 이 부재의 면내방향 탄성좌굴하중(P_{cr})은? (단, 부재의 자중은 무시하고, 면외방향좌굴은 발생하지 않는다고 가정하며, 부재단면의 휨강성은 EI이다)

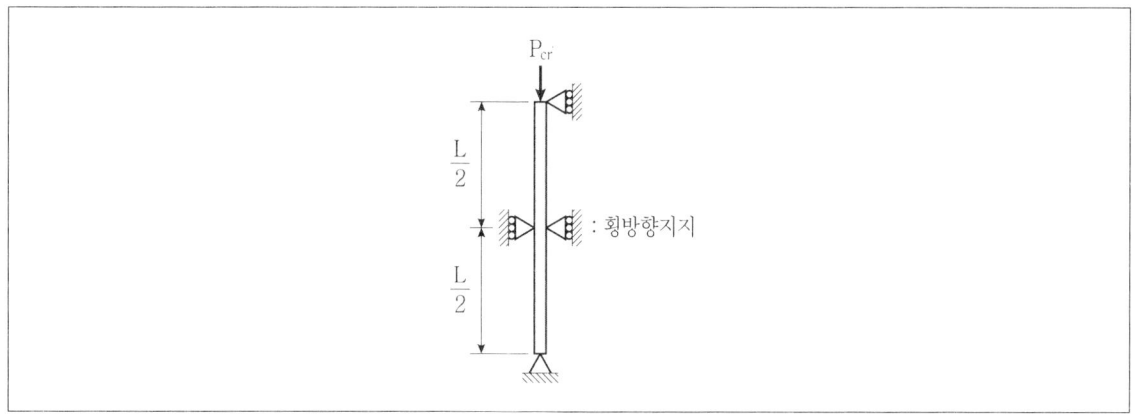

① $\dfrac{\pi^2 EI}{L^2}$
② $2\dfrac{\pi^2 EI}{L^2}$
③ $4\dfrac{\pi^2 EI}{L^2}$
④ $8\dfrac{\pi^2 EI}{L^2}$

ANSWER 19.③

19 그림에서 주어진 부재는 양단힌지이며 길이는 0.5L인 부재로 간주할 수 있으므로 부재의 면내방향 탄성좌굴하중(P_{cr})은

$P_{cr} = \dfrac{\pi^2 EI}{(K \cdot 부재길이)^2} = \dfrac{\pi^2 EI}{(1.0 \cdot 0.5L)^2} = 4\dfrac{\pi^2 EI}{L^2}$ (양단힌지이므로 좌굴길이계수 K는 1.0이다.)

20 콘크리트 구조의 설계원칙과 기준에 대한 설명으로 옳지 않은 것은?

① 용접 이형철망을 제외한 전단철근의 설계기준항복강도는 500MPa을 초과할 수 없다.

② 철근콘크리트 부재축에 직각으로 배치된 전단철근의 간격은 600mm를 초과할 수 없다.

③ 콘크리트 구조물의 탄산화 내구성 평가에서 탄산화에 대한 허용 성능저하 한도는 탄산화 침투깊이가 철근의 깊이까지 도달한 상태를 탄산화에 대한 허용 성능저하 한계상태로 정한다.

④ 크리프 계산에 사용되는 콘크리트의 초기접선탄성계수는 할선탄성계수의 0.9배로 한다.

Answer 20.④

20 크리프 계산에 사용되는 콘크리트의 할선탄성계수는 초기접선탄성계수의 0.85배이다.
　※ 응력-변형도 곡선에서 콘크리트의 탄성계수에 대한 정의
　　• 초기접선탄성계수(Initial Modulus) : 원점에서 그은 접선의 기울기, 초기 선형상태의 기울기
　　• 접선탄성계수(Tangent Modulus) : 임의의 점에서 그은 접선의 기울기(위치에 따라 기울기가 달라짐)
　　• 할선탄성계수(Secant Modulus) : 원점 0.5fck 또는 0.25fck에 대한 점을 연결한 기울기이다.
　　• 국내에서는 할선탄성계수를 콘크리트의 탄성계수 Ec로 한다.

건축구조

2021. 6. 5 제1회 지방직 시행

1 얇은 평면 슬래브를 굽혀 긴 경간을 지지할 수 있도록 만든 구조는?

① 현수 구조
② 트러스 구조
③ 튜브 구조
④ 절판 구조

2 다음은 조적조 아치를 설명한 것이다. (개)에 들어갈 용어는?

> 아치는 개구부 상부에 작용하는 하중을 아치의 축선을 따라 좌우로 나누어 전달되게 한 것으로, 아치를 이루는 부재 내에는 주로 ㅤ(개)ㅤ 이/가 작용하도록 한다.

① 휨모멘트
② 전단력
③ 압축력
④ 인장력

ANSWER 1.④ 2.③

1. ④ 절판구조: 얇은 평면 슬래브를 굽혀 긴 경간을 지지할 수 있도록 만든 구조이다.
   ① 현수구조: 모든 하중을 인장력으로 전환하여 힘과 좌굴로 인한 불안정성과 허용 응력을 감소시켜 케이블로 지지하는 구조양식이다.
   ② 트러스구조: 여러 개의 직선 부재들을 한 개 또는 그 이상의 삼각형 형태로 배열하여 각 부재를 절점에서 연결해 구성한 뼈대 구조이다.
   ③ 튜브구조: 간격이 좁게 배열된 기둥과 보가 마치 튜브와 같이 건물의 외부를 둘러싸서 횡하중에 저항하는 시스템이다.

2. 아치는 개구부 상부에 작용하는 하중을 아치의 축선을 따라 좌우로 나누어 전달되게 한 것으로, 아치를 이루는 부재 내에는 주로 압축력이 작용하도록 한다.

3 그림과 같은 강구조 용접이음 표기에서 S는?

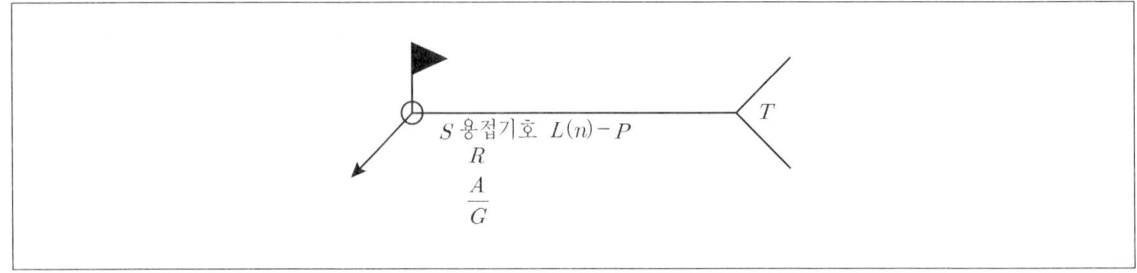

① 개선각
② 용접간격
③ 용접사이즈
④ 용접부처리방법

4 그림과 같이 삼각형의 등변분포하중을 받는 두 캔틸레버보의 고정단에서 발생되는 모멘트 반력 M_A와 M_B의 비($M_A : M_B$)는? (단, 보의 자중은 무시한다)

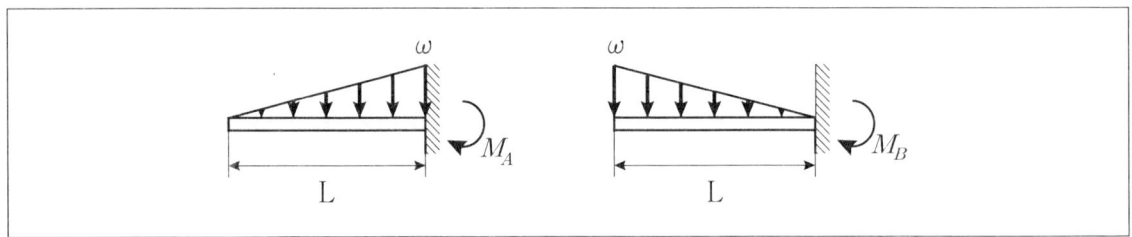

① 1 : 2
② 1 : 3
③ 2 : 1
④ 3 : 1

ANSWER 3.③ 4.①

3 용접기호 표기에서 S는 용접사이즈를 의미한다.
※ 용접 기호

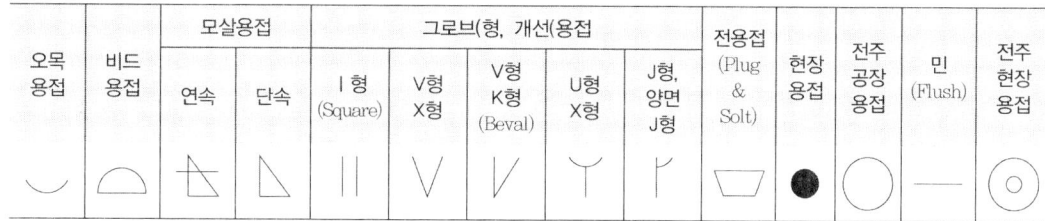

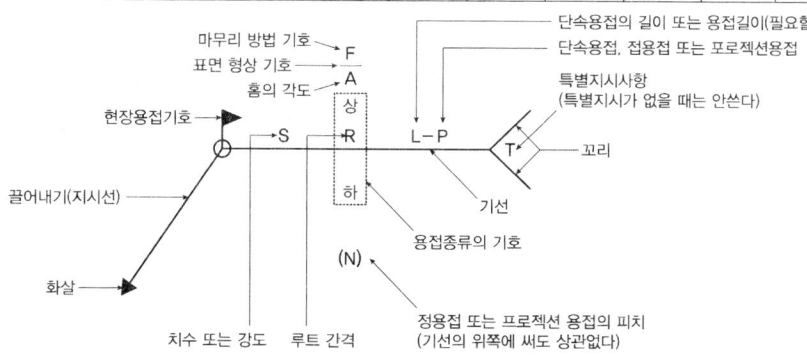

(a) 용접하는 쪽이 화살표가 있는 반대쪽(배면 측)일 때

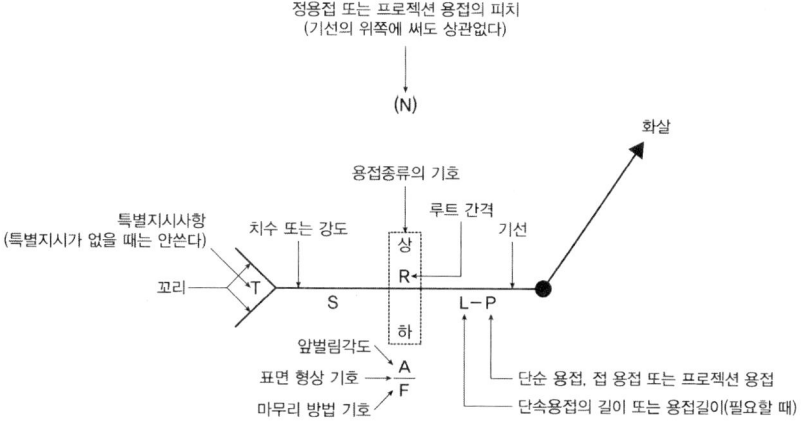

(b) 용접하는 쪽이 화살표가 있는 쪽(앞 측)일 때

4 $M_A = \dfrac{wL}{2} \cdot \dfrac{1}{3} = \dfrac{wL}{6}$, $M_B = \dfrac{wL}{2} \cdot \dfrac{2}{3} = \dfrac{wL}{3}$ 이므로 $M_A : M_B = 1:2$가 된다.

5 다음에서 설명하는 목구조 부재는?

> 상부의 하중을 받아 기초에 전달하며 기둥 하부를 고정하여 일체화하고, 수평방향의 외력으로 인해 건물의 하부가 벌어지지 않도록 하는 수평재이다.

① 토대　　　　　　　　　　　② 깔도리
③ 버팀대　　　　　　　　　　④ 귀잡이

6 특수환경에 노출되지 않고 프리스트레스하지 않는 부재에 대한 현장치기콘크리트의 최소 피복두께로 옳지 않은 것은?

① D19 이상의 철근을 사용한 옥외의 공기에 직접 노출되는 콘크리트의 경우 : 50mm
② D35 이하의 철근을 사용한 옥외의 공기나 흙에 직접 접하지 않는 콘크리트 벽체의 경우 : 20mm
③ 흙에 접하여 콘크리트를 친 후 영구히 흙에 묻혀 있는 콘크리트의 경우 : 60mm
④ 콘크리트 설계기준압축강도가 30MPa인 옥외의 공기나 흙에 직접 접하지 않는 콘크리트 기둥의 경우 : 40mm

ANSWER 5.① 6.③

5 ① 토대 : 상부의 하중을 받아 기초에 전달하며 기둥 하부를 고정하여 일체화하고, 수평방향의 외력으로 인해 건물의 하부가 벌어지지 않도록 하는 수평재이다.
② 깔도리 : 벽 또는 기둥 위에 건너 대어 지붕보를 받치는 도리이다.
③ 버팀대 : 가새를 댈 수 없을 때 기둥과 보의 모서리에 짧게 수직으로 비스듬히 댄 부재이다.
④ 귀잡이 : 건물의 꺾인 모서리 부분에 고정하여 건물의 변형을 방지하는 수평가새역할을 하는 부재로서 버팀대가 수직으로 빗댄 것이라면 귀잡이는 수평으로 빗댄 것이다.

6 흙에 접하여 콘크리트를 친 후 영구히 흙에 묻혀 있는 콘크리트의 경우 : 80mm
특수환경에 노출되지 않고 프리스트레스하지 않는 부재에 대한 현장치기콘크리트의 최소 피복두께는 다음의 표와 같다.

종류			피복두께
수중에서 타설하는 콘크리트			100mm
흙에 접하여 콘크리트를 친 후 영구히 흙에 묻혀있는 콘크리트			80mm
흙에 접하거나 옥외의 공기에 직접 노출되는 콘크리트	D29이상의 철근		60mm
	D25이하의 철근		50mm
	D16이하의 철근		40mm
옥외의 공기나 흙에 직접 접하지 않는 콘크리트	슬래브, 벽체, 장선	D35초과철근	40mm
		D35이하철근	20mm
	보, 기둥		40mm
	쉘, 절판부재		20mm

7 수직하중은 보, 슬래브, 기둥으로 구성된 골조가 저항하고 지진하중은 전단벽이나 가새골조 등이 저항하는 지진력저항시스템은?

① 역추형 시스템
② 내력벽시스템
③ 건물골조시스템
④ 모멘트저항골조시스템

8 그림과 같은 철근콘크리트 직사각형 기초판에서 2방향 전단에 대한 위험단면의 면적은? (단, c_1, c_2는 기둥의 치수, d는 기초판의 유효깊이, D는 기초판의 전체 춤이다)

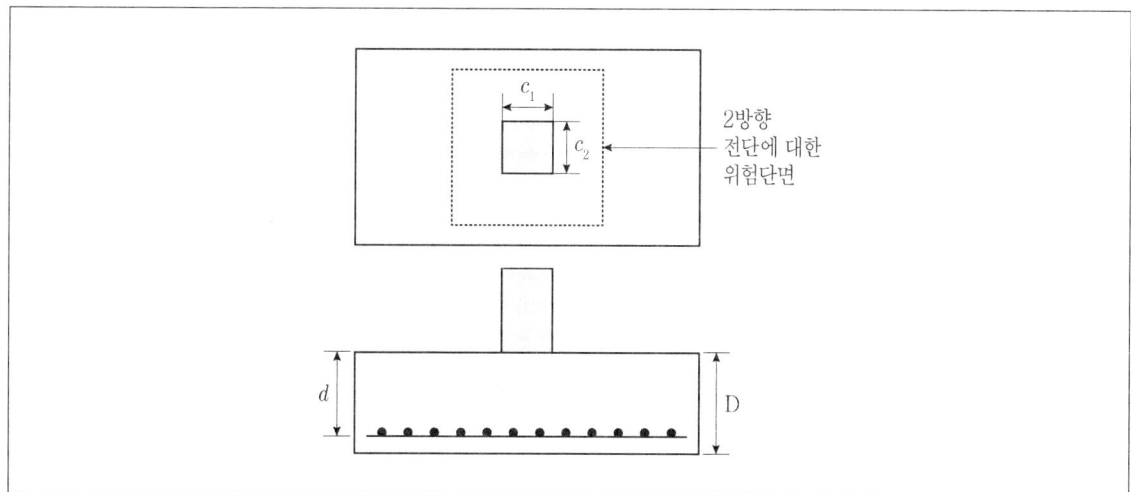

① $2 \times [(c_1+2d)+(c_2+2d)] \times d$
② $2 \times [(c_1+d)+(c_2+d)] \times d$
③ $2 \times [(c_1+2d)+(c_2+2d)] \times D$
④ $2 \times [(c_1+d)+(c_2+d)] \times D$

Answer 7.③ 8.②

7 ③ 건물골조시스템: 수직하중은 보, 슬래브, 기둥으로 구성된 골조가 저항하고 지진하중은 전단벽이나 가새골조 등이 저항하는 지진력저항시스템
① 역추형시스템: 구조물의 상부쪽의 형태가 크거나 무게가 무겁고 아래쪽이 작은 형태로 된 구조
② 내력벽시스템: 구조체가 벽체와 슬래브로만 구성된 벽식 아파트와 같은 구조방식을 말하며, 여기서 슬래브와 벽체는 수직하중과 횡력에 저항한다.
④ 모멘트저항골조시스템: 가새 없이 보-기둥의 연결부분의 강성으로 구조물의 횡강도를 이끌어내는 구조시스템

8 제시된 그림에서 위험단면의 면적은 $2 \times [(c_1+d)+(c_2+d)] \times d$이다.

9 막과 케이블 구조에 대한 설명으로 옳지 않은 것은?

① 구조내력상 주요한 부분에 사용하는 막재의 파단신율은 35% 이하이어야 한다.
② 케이블 재료의 단기허용인장력은 장기허용인장력에 1.5를 곱한 값으로 한다.
③ 인열강도는 재료가 접힘 또는 굽힘을 받은 후 견딜 수 있는 최대 인장응력이다.
④ 구조내력상 주요한 부분에 사용하는 막재의 인장강도는 폭 1cm당 300N 이상이어야 한다.

10 강구조 접합에 대한 설명으로 옳지 않은 것은?

① 일반볼트는 영구적인 구조물에는 사용하지 못하고 가체결용으로만 사용한다.
② 완전용입된 그루브용접의 유효목두께는 접합판 중 얇은 쪽 판두께로 한다.
③ 필릿용접의 유효길이는 필릿용접의 총길이에서 2배의 필릿사이즈를 공제한 값으로 하여야 한다.
④ 마찰접합되는 고장력볼트는 너트회전법, 토크관리법, 토크쉬어볼트 등을 사용하여 설계볼트장력 이하로 조여야 한다.

11 철근콘크리트구조의 성립요인에 대한 설명으로 옳지 않은 것은?

① 콘크리트와 철근은 역학적 성질이 매우 유사하다.
② 철근과 콘크리트의 열팽창계수가 거의 같다.
③ 콘크리트가 강알칼리성을 띠고 있어 콘크리트 속에 매립된 철근의 부식을 방지한다.
④ 철근과 콘크리트 사이의 부착강도가 크므로 두 재료가 일체화되어 외력에 대해 저항한다.

Answer 9.② 10.④ 11.①

9 케이블 재료의 단기허용인장력은 장기허용인장력에 1.33을 곱한 값으로 한다. 케이블 구조의 설계 형상은 고정하중에 대해 각 케이블이 목표로 하는 장력(초기장력)상태에서 평형이 되도록 설정한다.

10 마찰접합되는 고장력 볼트는 너트회전법, 직접인장측정법, 토크관리법 등을 사용하여 규정된 설계볼트장력 이상으로 조여야 한다.

11 콘크리트와 철근은 역학적 성질(탄성계수, 강도 등)이 다르다.

12 직경 D인 원형 단면을 갖는 철근콘크리트 기둥이 중심축하중을 받는 경우 최대 설계축강도($\phi P_{n(\max)}$)는? (단, 종방향 철근의 전체단면적은 A_{st}, 콘크리트의 설계기준 압축강도는 f_{ck}, 철근의 설계기준 항복강도는 f_y이고, 나선철근을 갖고 있는 프리스트레스를 가하지 않은 기둥이다)

① $\phi P_{n(\max)} = 0.8\phi\left[0.85f_{ck}(\pi D^2/4 + A_{st}) + f_y A_{st}\right]$
② $\phi P_{n(\max)} = 0.85\phi\left[0.85f_{ck}(\pi D^2/4 + A_{st}) + f_y A_{st}\right]$
③ $\phi P_{n(\max)} = 0.8\phi\left[0.85f_{ck}(\pi D^2/4 - A_{st}) + f_y A_{st}\right]$
④ $\phi P_{n(\max)} = 0.85\phi\left[0.85f_{ck}(\pi D^2/4 - A_{st}) + f_y A_{st}\right]$

13 다음에서 설명하는 흙막이 공법은?

> 중앙부를 먼저 굴삭하여 그 부분의 지하층 구조체를 먼저 시공하고, 이 구조체를 버팀대의 반력지지체로 이용하여 흙막이벽에 버팀대를 가설한다. 이후 주변부의 흙을 굴착하고 중앙부의 기초구조체를 연결하여 기초구조물을 완성시킨다.

① 오픈 컷(Open cut) 공법
② 아일랜드 컷(Island cut) 공법
③ 트렌치 컷(Trench cut) 공법
④ 어스 앵커(Earth anchor) 공법

ANSWER 12.④ 13.②

12 직경 D인 원형 단면을 갖는 철근콘크리트 기둥이 중심축하중을 받는 경우 최대 설계축강도($\phi P_{n(\max)}$) 산정식은 $\phi P_{n(\max)} = 0.85\phi\left[0.85f_{ck}(\pi D^2/4 - A_{st}) + f_y A_{st}\right]$이다.

13 ② 아일랜드 컷(Island cut) 공법: 중앙부를 먼저 굴삭하여 그 부분의 지하층 구조체를 먼저 시공하고, 이 구조체를 버팀대의 반력지지체로 이용하여 흙막이벽에 버팀대를 가설한다. 이후 주변부의 흙을 굴착하고 중앙부의 기초구조체를 연결하여 기초구조물을 완성시킨다.
① 오픈 컷(Open cut) 공법: 굴착부지의 여유가 있는 경우 흙막이벽체와 지보공 없이 안정한 사면을 유지하며 굴착하는 공법
③ 트렌치 컷(Trench cut) 공법: 아일랜드컷공법과 역순으로 공사한다. 주변부를 선굴착한 후 기초를 구축하여 중앙부를 굴착한 후 기초구조물을 완성하는 공법이다.
④ 어스 앵커(Earth anchor) 공법: 흙막이벽의 배면 흙속에 고강도 강재를 사용하여 보링 공내에 모르타르재와 함께 시공하는 공법이다.

14 기초형식 선정 시 고려사항에 대한 설명으로 옳지 않은 것은?

① 기초는 상부구조의 규모, 형상, 구조, 강성 등을 함께 고려하여 선정해야 한다.
② 기초형식 선정 시 부지 주변에 미치는 영향을 충분히 고려하여야 한다.
③ 기초는 대지의 상황 및 지반의 조건에 적합하며, 유해한 장해가 생기지 않아야 한다.
④ 동일 구조물의 기초에서는 가능한 한 이종형식기초를 병용하여 사용하는 것이 바람직하다.

15 강구조의 특징에 대한 설명으로 옳은 것은?

① 고열과 부식에 강하다.
② 단위면적당 강도가 크다.
③ 재료가 불균질하다.
④ 단면에 비해 부재길이가 길고 두께가 얇아 좌굴의 영향이 작다.

ANSWER 14.④ 15.②

14 동일 구조물의 기초에서는 가능한 동일한 기초형식을 적용하는 것이 바람직하다.

15 강구조는 재료가 균질하나 고열과 부식에 취약하며 단면에 비해 부재길이가 길고 두께가 얇아 좌굴에 취약하다.
  ※ 강구조의 특징
  • 단위중량에 비해 고강도이므로 구조체의 경량화 및 고층구조, 장경간 구조에 적합하다.
  • 강재는 인성이 커서 상당한 변위에도 견딜 수 있고 소성변형능력인 연성이 매우 우수한 재료이다.
  • 세장한 부재가 가능 : 인장응력과 압축응력이 거의 같아서 세장한 구조부재가 가능하며 압축강도가 콘크리트의 약 10~20배로 커서 단면이 상대적으로 작아도 된다.
  • 재료의 균질성, 시공의 편이성, 증축 및 개축의 보수가 용이하다.
  • 해체가 용이하며 재사용이 가능하고 환경친화적이며 하이테크적인 건축재료이다.
  • 열에 의한 강도저하가 크므로 질석 spray, 콘크리트 또는 내화 페인트와 같은 내화피복이 필요하다.
  • 단면에 비해 부재가 세장하여 좌굴하기 쉽다.
  • 응력반복에 의한 강도저하가 심하다.
  • 처짐 및 진동을 신중하게 고려해야 한다.
  • 정기적 도장에 의한 관리비가 증대될 수 있다.

16 매입형 합성단면이 아닌 합성보의 정모멘트 구간에서, 강재보와 슬래브면 사이의 총수평전단력 산정 시 고려해야 하는 한계상태가 아닌 것은?

① 콘크리트의 압괴
② 강재앵커의 강도
③ 슬래브철근의 항복
④ 강재단면의 인장항복

17 그림과 같은 중공 박스형 단면의 도심축 x 및 y에 대한 단면2차모멘트 I_x와 I_y의 비($I_x : I_y$)는?

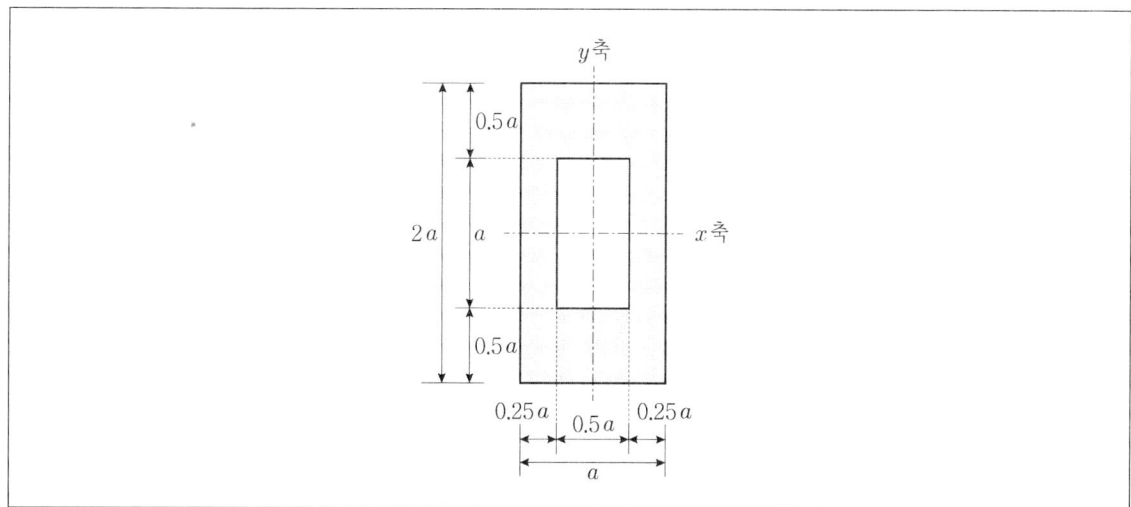

① 2 : 1
② 3 : 1
③ 4 : 1
④ 5 : 1

ANSWER 16.③ 17.③

16 매입형 합성단면이 아닌 합성보의 정모멘트 구간에서, 강재보와 슬래브면 사이의 총수평전단력 산정 시 고려해야 하는 한계상태는 콘크리트의 압괴, 강재단면의 인장항복, 강재전단연결재의 강도 등 3가지 한계상태로부터 구한 값 중에서 가장 작은 값을 총수평전단력으로 한다.

17
$$I_{x-x} = \frac{a \cdot (2a)^3}{12} - \frac{0.5a \cdot a^3}{12} = \frac{8a^4 - 0.5a^4}{12} = \frac{7.5a^4}{12}$$

$$I_{y-y} = \frac{2a \cdot a^3}{12} - \frac{a \cdot (0.5a)^3}{12} = \frac{2a^4 - 0.125a^4}{12} = \frac{1.875a^4}{12}$$

따라서 $I_x : I_y = 4 : 1$이 된다.

18 그림과 같은 구조물의 판별로 옳은 것은?

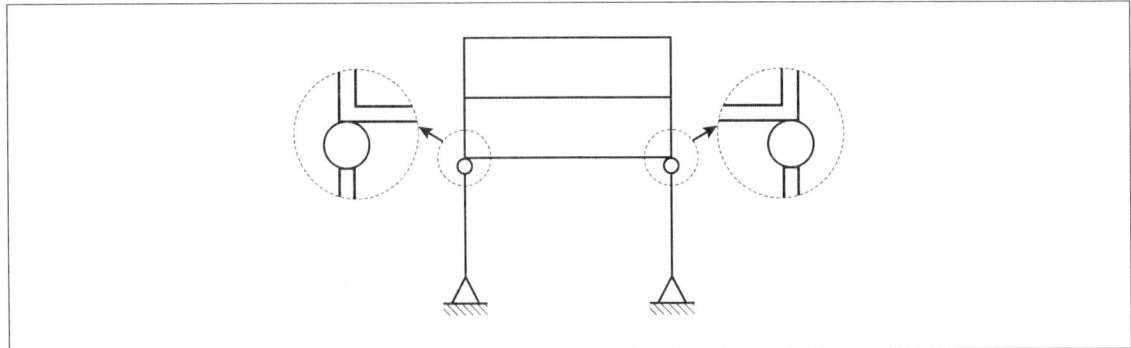

① 불안정
② 1차 부정정
③ 3차 부정정
④ 4차 부정정

19 철근콘크리트구조의 용어에 대한 설명으로 옳지 않은 것은?
① 인장철근비는 콘크리트의 전체 단면적에 대한 인장철근 단면적의 비이다.
② 설계강도는 단면 또는 부재의 공칭강도에 강도감소계수를 곱한 강도이다.
③ 계수하중은 사용하중에 설계법에서 요구하는 하중계수를 곱한 하중이다.
④ 균형변형률 상태는 인장철근이 설계기준항복강도 f_y에 대응하는 변형률에 도달하고, 동시에 압축 콘크리트가 가정된 극한변형률에 도달할 때의 단면상태를 말한다.

ANSWER 18.① 19.①

18 구조물 판별식을 적용할 필요없이 직관적으로 불안정 구조물임을 알 수 있다.
19 인장철근비는 인장 철근의 단면적의 합을 보의 유효 단면적 또는 기둥의 전단면적으로 나눈 값이다.

20 성능기반설계에 대한 설명으로 옳지 않은 것은?

① 2400년 재현주기 지진에 대한 내진특등급 건축물의 최소 성능목표는 인명보호 수준이어야 한다.
② 구조체 설계에 사용되는 밑면전단력의 크기는 등가정적해석법에 의한 밑면전단력의 75% 이상이어야 한다.
③ 성능기반설계법을 사용하여 설계할 때는 그 절차와 근거를 명확히 제시해야 하며, 전반적인 설계과정 및 결과는 설계자를 제외한 1인 이상의 내진공학 전문가로부터 타당성을 검증받아야 한다.
④ 성능기반설계법은 비선형해석법을 사용하여 구조물의 초과강도와 비탄성변형능력을 보다 정밀하게 구조모델링에 고려하여 구조물이 주어진 목표성능수준을 정확하게 달성하도록 설계하는 기법이다.

Answer 20.③

20 성능기반설계법을 사용하여 설계할 때는 그 절차와 근거를 명확히 제시해야 하며, 전반적인 설계과정 및 결과는 설계자를 제외한 2인 이상의 내진공학 전문가로부터 타당성을 검증받아야 한다.
  ※ **성능기반설계법** … 비선형해석법을 사용하여 구조물의 초과강도와 비탄성변형능력을 보다 정밀하게 구조모델링에 고려하여 구조물이 주어진 목표성능수준을 정확하게 달성하도록 설계하는 기법이다.
  • 구조체 설계에 사용되는 밑면전단력의 크기는 등가정적해석법에 의한 밑면전단력의 75% 이상이어야 한다.
  • 성능기반설계법을 사용하여 설계할 때는 그 절차와 근거를 명확히 제시해야 하며, 전반적인 설계과정 및 결과는 설계자를 제외한 2인 이상의 내진공학 전문가로부터 타당성을 검증받아야 한다.

내진등급	성능목표	
	재현주기	성능수준
특	2400년	인명보호
	1000년	기능수행
I	2400년	붕괴방지
	1400년	인명보호
	100년	기능수행
II	2400년	붕괴방지
	1000년	인명보호
	50년	기능수행

건축구조 / 2022. 2. 26 제1회 서울특별시 시행

1 〈보기〉와 같이 트러스의 네 절점에 하중이 작용할 때, A부재와 B부재에 발생하는 부재력의 종류를 옳게 짝지은 것은? (단, 자중의 효과는 무시한다.)

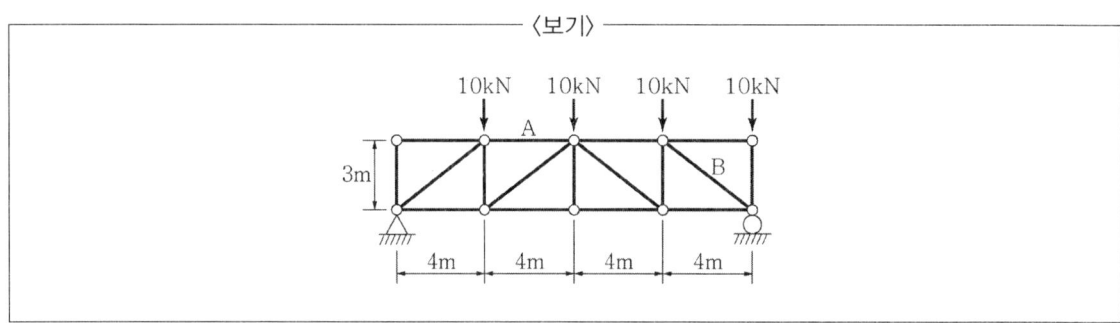

	A	B
①	압축력	압축력
②	압축력	인장력
③	인장력	압축력
④	인장력	인장력

ANSWER 1.①

1 양쪽 지점의 반력을 구하면 좌측지점은 15[kN], 우측지점은 25[kN]의 반력이 발생하게 된다. 트러스부재를 단면법을 이용하여 부재력을 계산하면 A는 -20[kN] B는 -9[kN]으로서 모두 압축력이 발생하게 된다.

2 철근콘크리트부재의 전단설계에서 계수전단력이 콘크리트에 의한 설계전단강도의 1/2을 초과하는 휨부재에는 최소전단철근을 배치해야 한다. 〈보기〉에서 이 규정의 예외인 경우로 옳은 것만을 모두 고른 것은?

---〈보기〉---
㉠ 교대 벽체 및 날개벽　　　㉡ 옹벽의 벽체
㉢ 슬래브와 기초판　　　　　㉣ 암거
---

① ㉠, ㉡
② ㉢, ㉣
③ ㉠, ㉡, ㉢
④ ㉠, ㉡, ㉢, ㉣

3 상부 콘크리트 내력벽구조와 하부 필로티 기둥으로 구성된 3층 이상의 수직비정형 골조의 내진설계에 있어 가장 옳지 않은 것은?

① 하부에 필로티 기둥, 상부구조에 내력벽구조가 사용되는 경우, 필로티 기둥과 내력벽이 연결되는 층바닥에서는 필로티 기둥과 내력벽을 연결하는 전이슬래브 또는 전이보를 설치하여야 한다.
② 필로티 기둥의 횡보강근에는 90도 갈고리정착을 사용하는 내진상세를 사용하여야 한다.
③ 필로티 기둥에서는 전 길이에 걸쳐서 후프와 크로스 타이로 구성되는 횡보강근의 수직 간격이 단면최소폭의 1/4 이하여야 한다.
④ 지진하중계산 시에 반응수정계수 등의 지진력저항 시스템의 내진설계계수는 내력벽구조에 해당하는 값을 사용한다.

ANSWER 2.④ 3.②

2 철근콘크리트부재의 전단설계에서 계수전단력이 콘크리트에 의한 설계전단강도의 1/2을 초과하는 휨부재에는 최소전단철근을 배치해야하나 다음의 경우는 예외로 한다.
- 슬래브와 기초판(또는 확대기초)
- 콘크리트 장선구조
- 전체깊이가 250mm이하인 보
- I형보와 T형보에서 그 깊이가 플랜지 두께의 2.5배와 복부폭 1/2 중 큰값 이하인 보
- 교대 벽체 및 날개벽, 옹벽의 벽체, 암거 등과 같이 휨이 주거동인 판 부재

3 필로티 기둥의 횡보강근에는 135도 갈고리정착을 사용하는 내진상세를 사용하여야 한다.

4 조적식 구조의 경험적 설계법에 대한 설명으로 가장 옳지 않은 것은?

① 조적벽이 횡력에 저항하는 경우에는 전체높이가 13m, 처마높이가 9m 이하이어야 경험적 설계법을 적용할 수 있다.
② 2층 이상의 건물에서 조적내력벽의 공칭두께는 200mm 이상이어야 한다.
③ 파라펫 벽의 두께는 200mm 이상이어야 하고, 하부벽체보다 얇아야 한다.
④ 현장타설 콘크리트 바닥판의 경우, 조적전단벽간 최대간격은 전단벽길이의 5배를 초과할 수 없다.

5 〈보기〉와 같은 내민보에 경사의 등분포하중이 작용할 때, A지점의 전단력[kN]과 휨모멘트[kN·m]의 크기(절댓값)는? (단, 자중의 효과는 무시한다.)

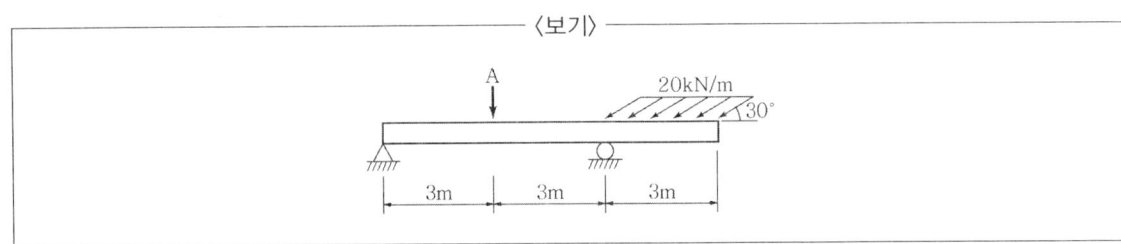

	전단력	휨모멘트		전단력	휨모멘트
①	7.5	22.5	②	7.5	45
③	$\dfrac{15\sqrt{3}}{2}$	$\dfrac{45\sqrt{3}}{2}$	④	$\dfrac{15\sqrt{3}}{2}$	$45\sqrt{3}$

ANSWER 4.③ 5.①

4 파라펫 벽의 두께는 150mm 이상이어야 하고, 하부벽체보다 얇지 않아야 한다.

5 문제에서 주어진 하중작용조건은 다음과 같이 집중하중으로 치환하여 각 지점의 반력을 구할 수 있다.

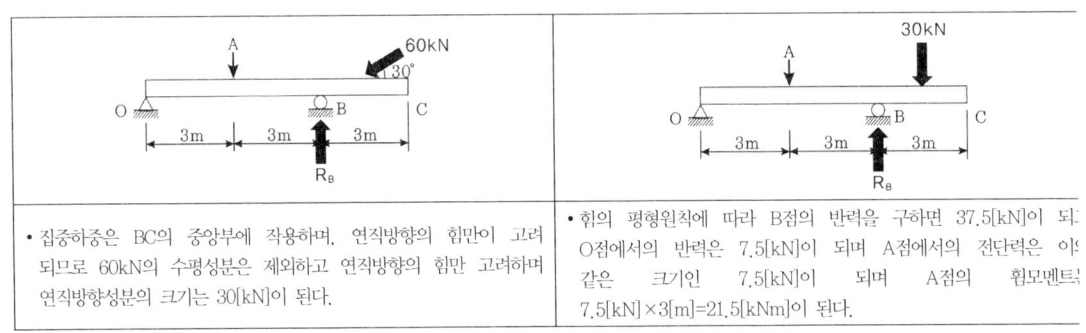

• 집중하중은 BC의 중앙부에 작용하며, 연직방향의 힘만이 고려되므로 60kN의 수평성분은 제외하고 연직방향의 힘만 고려하며 연직방향성분의 크기는 30[kN]이 된다.

• 힘의 평형원칙에 따라 B점의 반력을 구하면 37.5[kN]이 되 O점에서의 반력은 7.5[kN]이 되며 A점에서의 전단력은 이 같은 크기인 7.5[kN]이 되며 A점의 휨모멘트 7.5[kN]×3[m]=21.5[kNm]이 된다.

6 철골구조에서 고장력볼트에 대한 설명으로 가장 옳지 않은 것은?

① 고장력볼트의 구멍중심간의 거리는 공칭직경의 2.5배 이상으로 한다.
② 고장력볼트의 구멍중심에서 볼트머리 또는 너트가 접하는 재의 연단까지의 최대거리는 판두께의 12배 이하 또한 150mm 이하로 한다.
③ 설계볼트장력은 볼트의 인장강도에 볼트의 유효단면적을 곱한 값이다.
④ 볼트의 유효단면적은 공칭단면적의 0.75배이다.

7 기초구조에서 사용되는 말뚝의 중심간격에 대한 설명으로 가장 옳지 않은 것은?

① 나무말뚝을 타설할 때 그 중심간격은 말뚝머리지름의 2.5배 이상 또한 600mm 이상으로 한다.
② 기성콘크리트말뚝을 타설할 때 그 중심간격은 말뚝 머리지름의 2.5배 이상 또한 750mm 이상으로 한다.
③ 강재말뚝을 타설할 때 그 중심간격은 말뚝머리의 지름 또는 폭의 2.0배 이상 (다만, 폐단강관 말뚝에 있어서 2.5배) 또한 750mm 이상으로 한다.
④ 현장타설콘크리트말뚝을 배치할 때 그 중심간격은 말뚝머리지름의 2.0배 이상 또한 750mm 이상으로 한다.

8 「건축구조기준」상 설계하중에서 규정된 등분포활하중에 대한 설명으로 가장 옳지 않은 것은?

① 진동, 충격 등이 있어 기본등분포활하중의 용도별 최솟값을 적용하기 적합하지 않은 경우의 활하중은 구조물의 실제상황에 따라 활하중의 크기를 증가하여 산정한다.
② 문서보관실 용도 사무실에서 가동성 경량칸막이벽이 설치될 가능성이 있는 경우에 칸막이벽 하중을 기본 등분포활하중에 추가하지 않을 수 있다.
③ 발코니의 기본등분포활하중의 최솟값은 출입 바닥 활하중의 1.5배이며, 최대 $5.0kN/m^2$이다.
④ 병원 건물에서 수술실의 기본등분포활하중의 최솟값은 1층 복도의 기본등분포활하중의 최솟값보다 크다.

ANSWER 6.③ 7.④ 8.④

6 설계볼트장력은 고장력볼트 인장강도의 0.7배에 고장력 볼트의 유효단면적(고장력 볼트의 공칭단면적의 0.75배)을 곱한 값이다.

7 현장타설콘크리트말뚝을 배치할 때 그 중심간격은 말뚝머리지름의 2.5배 이상 또한 말뚝머리직경에 1,000mm를 더한 값 이상으로 한다.

8 병원 건물에서 수술실의 기본등분포활하중의 최솟값(3.0)은 1층 외의 모든 층 복도의 기본등분포활하중의 최솟값(4.0)보다 작다.

9 철근콘크리트구조 중 횡구속 골조의 압축부재에서 장주효과를 무시할 수 있는 세장비의 최댓값으로 가장 옳은 것은? (단, 휨모멘트에 의하여 압축부재는 단일 곡률로 변형하며, 단부계수휨모멘트는 각각 200kNm, 300kNm이다.)

① 16
② 22
③ 26
④ 42

ANSWER 9.③

9 $\lambda = \dfrac{k \cdot l_u}{r} \leq 34 - 12 \cdot \left(\dfrac{M_1}{M_2}\right) \leq 40$ 이며 문제에서 주어진 조건을 대입하면 장주효과를 무시할 수 있는 세장비의 최대값은 $\lambda = \dfrac{k \cdot l_u}{r} \leq 34 - 12 \cdot \left(\dfrac{M_1}{M_2}\right) = 34 - 12 \cdot \dfrac{200}{300} = 26$ 이 된다.

세장비 $\lambda = \dfrac{k \cdot l_u}{r}$ 가 다음 값보다 작으면 장주로 인한 영향을 무시해서 단주로 해석할 수 있다.

비횡구속 골조 : $\lambda = \dfrac{k \cdot l_u}{r} \leq 22$

횡구속 골조 : $\lambda = \dfrac{k \cdot l_u}{r} \leq 34 - 12 \cdot \left(\dfrac{M_1}{M_2}\right) \leq 40$

- M_1 : 1차 탄성해석에 의해 구한 단모멘트 중 작은 값
- M_2 : 1차 탄성해석에 의해 구한 단모멘트 중 큰 값
- M_1/M_2 : 단곡률(-), 복곡률(+)이며 -0.5 이상의 값이어야 한다.
※ 비횡구속 골조란 횡방향 상대변위가 방지되어 있지 않은 압축부재이다.
※ 장주효과 : 기둥의 횡방향변위와 축력으로 인한 2차휨모멘트가 무시할 수 없는 크기로 발생하여 선형탄성 구조해석에 의한 휨모멘트보다 더 큰 휨모멘트가 기둥에 작용하는 효과이다.

10 2축 대칭인 용접 H형강 H-800×600×20×24의 플랜지 및 웨브에 대한 판폭두께비는?

① 11.5, 37.6
② 11.5, 38.6
③ 12.5, 37.6
④ 12.5, 38.6

11 〈보기〉와 같은 단순보에서 CD 구간의 전단력의 크기(절댓값)는? (단, P는 집중하중이며, 자중의 효과는 무시한다.)

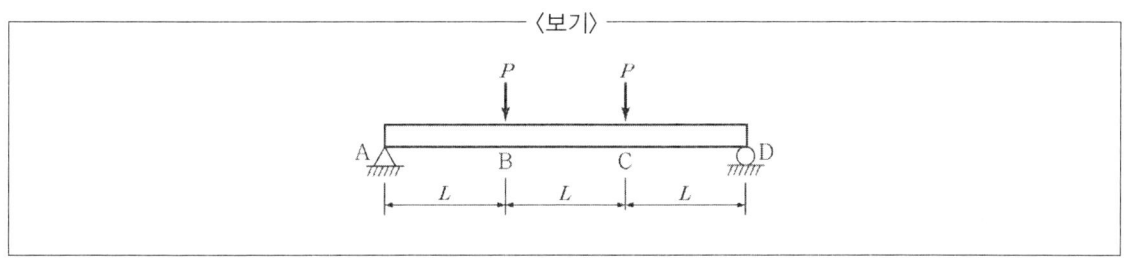

① 0
② P
③ IP
④ 2.5P

ANSWER 10.③ 11.②

10 플랜지의 판폭두께비는 $\dfrac{B/2}{t_f} = \dfrac{(600/2)}{24} = 12.5$

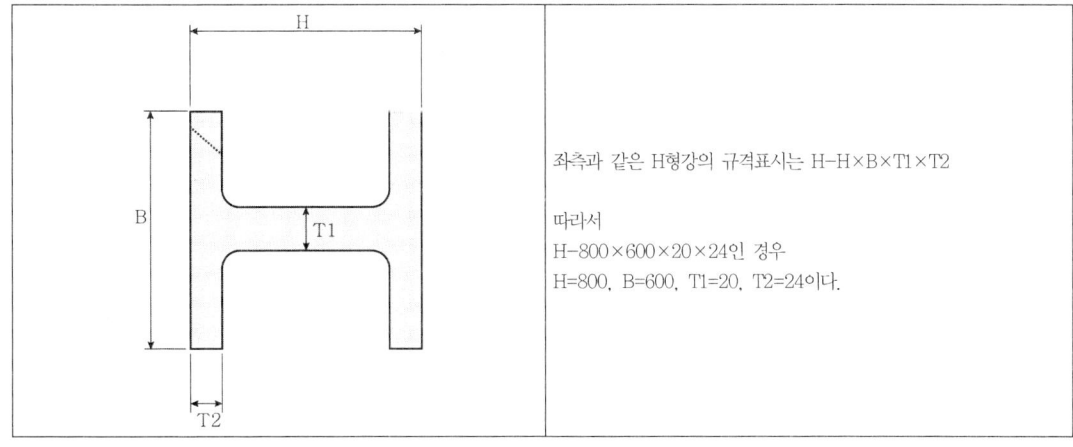

좌측과 같은 H형강의 규격표시는 H-H×B×T1×T2

따라서
H-800×600×20×24인 경우
H=800, B=600, T1=20, T2=24이다.

웨브의 판폭두께비는 $\dfrac{800 - 2 \cdot 24}{20} = \dfrac{752}{20} = 38.6$

11 보자마자 바로 답이 떠올라야 하는 문제이다. D점의 반력이 P이며 CD구간에 작용하는 외력이 없으므로 CD구간의 전단력은 D점의 반력과 크기가 같게 되므로 P가 된다.

12 건축물의 지진력저항시스템에 대한 설명으로 가장 옳은 것은?

① 내력벽시스템 중에서 무보강 조적 전단벽 시스템의 반응수정계수는 "5"이다.
② 내진설계범주가 D에 속하고 높이가 80m인 건축물을 내력벽시스템으로 설계하고자 할 때, 철근콘크리트 특수전단벽 시스템으로 내진설계해야 한다.
③ 내력벽시스템에 속하는 철근콘크리트 보통전단벽 시스템은 건물골조시스템에 속하는 철근콘크리트 보통전단벽시스템보다 반응수정 계수가 크다.
④ 역추형시스템에 속하지 않으면서 철근콘크리트구조 기준의 일반규정만을 만족하는 철근콘크리트구조시스템의 반응수정계수는 "5"이다.

13 철근콘크리트구조의 압축부재 설계에 대한 설명으로 가장 옳지 않은 것은?

① 비합성 압축부재의 축방향 주철근 단면적은 전체단면적 (외)의 0.01배 이상, 0.08배 이하로 하여야 한다. 축방향 주철근이 겹침이음되는 경우의 철근비는 0.04를 초과하지 않도록 하여야 한다.
② 하중에 의해 요구되는 단면보다 큰 단면으로 설계된 압축부재의 경우, 감소된 유효단면적을 사용하여 최소 철근량과 설계강도를 결정할 수 있다. 이때 감소된 유효단면적은 전체 단면적의 1/2 이상이어야 한다.
③ 콘크리트 벽체나 교각구조와 일체로 시공되는 나선 철근 또는 띠철근 압축부재 유효단면 한계는 나선철근이나 띠철근 외측에서 40mm보다 크지 않게 취하여야 한다.
④ 두 축방향의 횡하중, 인접 경간의 하중 불균형 등으로 인하여 압축부재에 2축 휨모멘트가 작용되는 경우에는 2축의 휨모멘트 중 큰 값을 받는 압축부재로 설계하여야 한다.

Answer 12.② 13.④

12 내진설계범주가 D에 속하고 높이가 60m인 건축물을 내력벽(RC전단벽)시스템으로 설계하고자 할 때, 철근콘크리트 특수전단벽 시스템으로 내진설계해야 한다.

13 두 축방향의 횡하중, 인접 경간의 하중 불균형 등으로 인하여 압축부재에 2축 휨모멘트가 작용되는 경우에는 2축의 휨모멘트를 받는 압축부재로 설계하여야 한다.

14 옹벽이나 건축물 지하외벽 등에 작용하는 수평토압에는 정지토압, 수동토압, 주동토압이 있다. 이때 정지토압, 수동토압, 주동토압 크기의 일반적인 대소관계로 가장 옳은 것은?

① 주동토압 < 정지토압 < 수동토압
② 정지토압 = 수동토압 = 주동토압
③ 수동토압 < 정지토압 < 주동토압
④ 정지토압 < 수동토압 < 주동토압

15 철근콘크리트구조의 설계에 대한 설명으로 가장 옳은 것은?

① 공칭강도에서 최외단 인장철근의 순인장변형률이 압축지배변형률 한계 이하인 단면을 인장지배단면이라고 한다.
② 콘크리트 압축연단부터 모든 인장철근군의 최외곽 표면까지의 거리를 유효깊이라고 한다.
③ 2방향 슬래브에서 기둥과 기둥을 잇는 슬래브의 중심선에서 양측으로 각각 슬래브 경간의 0.25배만큼의 폭을 갖는 설계대를 중간대라고 한다.
④ 축방향 철근과 횡방향 철근으로 보강된 벽이나 격막의 가장자리 부분을 경계부재라고 한다.

ANSWER 14.① 15.④

14 토압의 크기는 주동토압 < 정지토압 < 수동토압을 이룬다.

15 ① 공칭강도에서 최외단 인장철근의 순인장변형률이 압축지배변형률 한계 이하인 단면을 압축지배단면이라고 한다.
② 콘크리트 압축연단부터 모든 인장철근군의 중심평균까지의 거리를 유효깊이라고 한다.
③ 2방향 슬래브에서 기둥과 기둥을 잇는 슬래브의 중심선에서 양측으로 각각 슬래브 경간의 0.25배만큼의 폭을 갖는 설계대를 주열대라고 한다. 중간대는 주열대 사이를 말한다.

16 건축물 내진설계 방법 중에서 성능기반설계에 대한 설명으로 가장 옳지 않은 것은?

① 성능기반설계법은 비선형해석법을 사용하여 구조물의 초과강도와 비탄성변형능력을 보다 정밀하게 구조모델링에 고려한다.
② 최대고려지진에서의 붕괴방지를 위한 층간변위는 내진2등급을 기준으로 3%를 초과할 수 없으며, 다른 내진등급에 대해서는 중요도계수로 나눈 값을 적용한다.
③ 성능기반설계 시, 구조체의 설계에 사용되는 밑면 전단력의 크기는 등가정적해석법에 의한 밑면전단력의 70% 이상이어야 한다.
④ 내진특등급으로 분류되는 건축물은 최대고려지진에 대하여 "인명보호"의 성능수준을 달성해야 한다.

17 〈보기〉에 나타난 캔틸레버보의 자유단에서 처짐(δ)이 가장 큰 경우는? (단, P는 자유단에서의 집중하중[kN], L은 보의 길이[m], E는 탄성계수[N/mm^2], I_z는 단면2차모멘트[mm^4]를 나타낸다.)

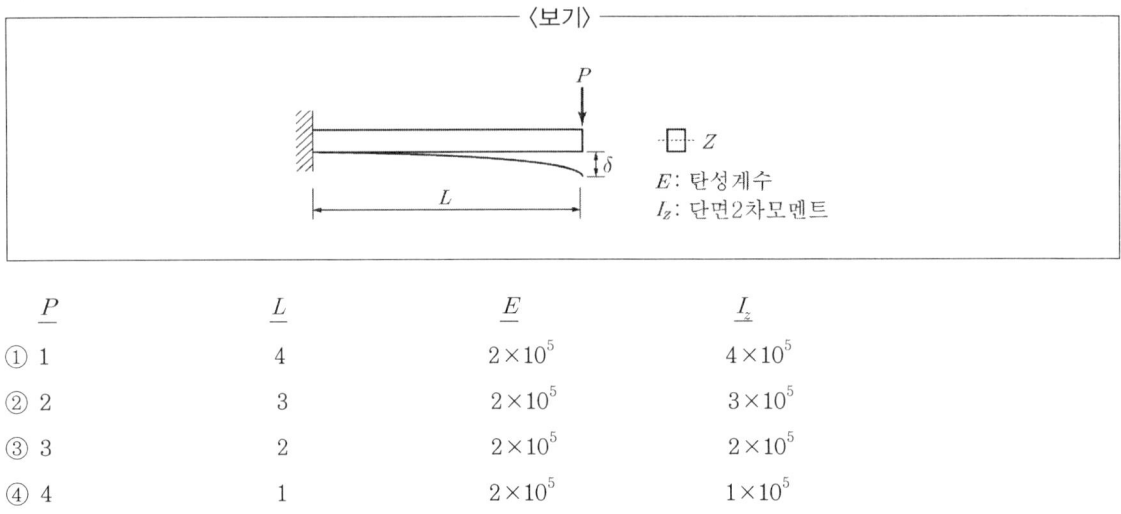

	P	L	E	I_z
①	1	4	2×10^5	4×10^5
②	2	3	2×10^5	3×10^5
③	3	2	2×10^5	2×10^5
④	4	1	2×10^5	1×10^5

Answer 16.③ 17.②

16 성능기반설계 시, 구조체의 설계에 사용되는 밑면 전단력의 크기는 등가정적해석법에 의한 밑면전단력의 75% 이상이어야 한다.

17 캔틸레버보의 자유단 처짐은 $\delta = \dfrac{PL^3}{3EI}$이며 문제에서 주어진 E와 I의 값이 모두 105이므로 쉽게 처짐비를 구할 수 있다.

18 연속합성보에서 부모멘트구간의 슬래브 내에 있는 길이 방향철근이 강재보와 합성으로 작용하는 경우, 부모멘트가 최대가 되는 위치와 모멘트가 0이 되는 위치 사이의 총수평전단력을 결정할 때 고려해야 하는 한계상태로 옳은 것만을 〈보기〉에서 모두 고른 것은?

〈보기〉
㉠ 콘크리트 압괴
㉡ 강재단면의 인장항복
㉢ 슬래브철근의 항복
㉣ 전단연결재의 강도

① ㉠, ㉢
② ㉡, ㉣
③ ㉢, ㉣
④ ㉠, ㉢, ㉣

19 단면 1,000mm²를 갖는 길이 8m인 강봉에 100kN의 인장력이 작용할 경우, 인장응력[MPa]과 늘어난 길이[mm]는? (단, 강봉의 탄성계수는 200,000MPa이다.)

	인장응력	늘어난 길이
①	50	4
②	50	8
③	100	4
④	100	8

ANSWER 18.③ 19.③

18 • 부모멘트 구간에서의 하중전달 : 연속합성보에서 부모멘트구간의 슬래브 내에 있는 길이방향철근이 강재보와 합성으로 작용하는 경우, 부모멘트가 최대가 되는 위치와 모멘트가 0이 되는 위치 사이의 총수평전단력은 슬래브 철근의 항복과 시어커넥터의 강도 등의 2가지 한계상태로부터 구한 값 중에서 작은 값으로 한다.
• 정모멘트 구간에서의 하중전달 : (매입형 합성단면을 제외하고는) 강재보와 슬래브면사이의 전체 수평전단력은 시어커넥터에 의해서만 전달된다고 가정한다. 휨모멘트를 받는 강재보와 콘크리트가 합성작용을 하기 위해서는 모멘트가 최대가 되는 위치와 모멘트가 0이 되는 위치 사이의 총수평전단력은 콘크리트의 압괴, 강재단면의 인장항복, 그리고 시어커넥터의 강도 등의 3가지 한계상태로부터 구한 값 중에서 가장 작은 값으로 한다.

19 $\sigma_t = \dfrac{100[kN]}{1,000[mm^2]} = 100[MPa]$

$\delta = \dfrac{PL}{AE} = \dfrac{100[kN] \cdot 8[m]}{1,000[mm^2] \cdot 2 \cdot 10^5[MPa]} = 4[mm]$

20 강구조 압축재에서 유효좌굴길이계수의 설계값이 가장 큰 단부조건은?

① 회전고정 및 이동고정 - 회전자유 및 이동자유
② 회전자유 및 이동고정 - 회전고정 및 이동자유
③ 회전고정 및 이동고정 - 회전고정 및 이동자유
④ 회전고정 및 이동고정 - 회전고정 및 이동고정

ANSWER 20.①

20

단부구속조건	양단고정	1단힌지 타단고정	양단힌지	1단회전구속 이동자유 타단고정	1단회전자유 이동자유 타단고정	1단회전구속 이동자유 타단힌지
좌굴형태						
이론적인 K값	0.50	0.70	1.0	1.0	2.0	2.0
이론적인 K값	0.65	0.80	1.0	1.2	2.1	2.4
절점조건의 범례	회전구속, 이동구속 : 고정단					
	회전자유, 이동구속 : 힌지					
	회전구속, 이동자유 : 큰 보강성과 작은 기둥강성인 라멘					
	회전자유, 이동자유 : 자유단					

건축구조

2022. 4. 2 인사혁신처 시행

1 다음에서 설명하는 벽돌 쌓기 방법은?

> • 한 켜에서 길이 쌓기와 마구리 쌓기를 번갈아 가며 쌓는다.
> • 끝부분에는 이오토막, 반절, 칠오토막 등 토막 벽돌이 많이 필요하다.

① 영식 쌓기
② 불식 쌓기
③ 미식 쌓기
④ 화란식 쌓기

2 용접되는 부재의 교차되는 면 사이에 일반적으로 삼각형의 단면이 만들어지는 용접은?

① 필릿용접
② 맞댐용접
③ 슬롯용접
④ 플러그용접

ANSWER 1.② 2.①

1
- **불식쌓기**: 입면상 매커에 길이와 마구리가 번갈아 나오며 구조적으로 튼튼하지 못하다. 마구리에 이오토막을 사용하며 치장용쌓기로서 이오토막과 반토막 벽돌을 많이 사용한다.
- **영식쌓기**: 한켜는 길이쌓기, 한켜는 마구리쌓기식으로 번갈아가며 쌓는다. 벽의 모서리나 마구리에 반절이나 이오토막을 사용하며 가장 튼튼하다.
- **화란식쌓기**: 영식쌓기와 거의 같으나 모서리와 끝벽에 칠오토막을 사용하며 일하기 쉽고 비교적 견고하여 현장에서 가장 많이 사용된다.
- **미식쌓기**: 5켜는 치장벽돌로 길이쌓기, 다음 한켜는 마구리쌓기로 본 벽돌에 물리고 뒷면은 영식쌓기를 한다. 외부의 붉은 벽돌이나 시멘트 벽돌은 이 방식으로 주로 쌓는다.

2
- **필릿용접**: 용접되는 부재의 교차되는 면 사이에 일반적으로 삼각형의 단면이 만들어지는 용접
- **플러그용접**: 겹치기한 2매의 판재에 한쪽에만 구멍을 뚫고 그 구멍에 살붙이하여 용접하는 방법. 주요한 부재에는 사용하지 않음
- **슬롯용접**: 모재를 겹쳐 놓고 한쪽 모재에만 홈을 파고 그 속에 용착 금속을 채워 용접하는 것

3 여러 개의 직선부재를 강절로 연결한 구조는?

① 라멘 구조
② 케이블 구조
③ 입체트러스 구조
④ 트러스 구조

4 그림과 같은 하중이 작용할 때, O점에 대한 모멘트 합의 크기[kN·m]는?

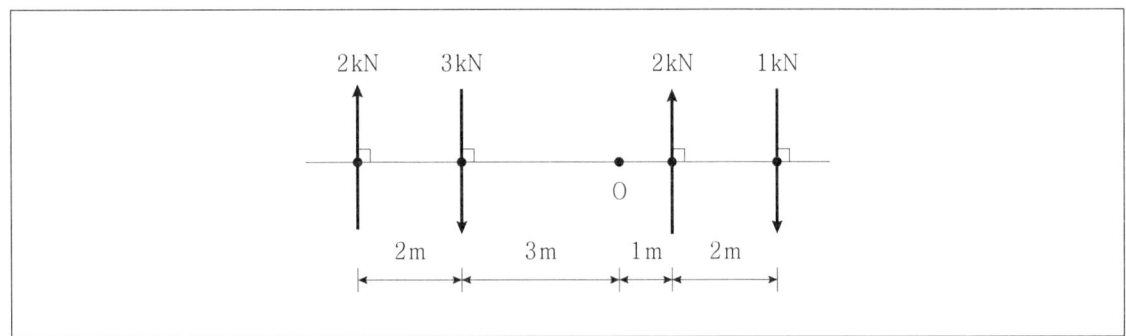

① 2
② 4
③ 6
④ 8

ANSWER 3.① 4.①

3 라멘구조는 여러 개의 직선부재를 강절로 연결한 구조이나 트러스구조는 강절이 아닌 힌지절점으로 연결된 구조이다.

4 시계방향을 +로 정하면 2×(3+2) − 3×3 − 2×1 + 1×(1+2)=2

5 그림과 같은 정정보에 집중하중 14kN이 작용할 때, C점에서 휨모멘트의 크기[kN·m]는? (단, 보의 자중은 무시하며, 보의 전 길이에 걸쳐 재질 및 단면의 성질은 동일하다)

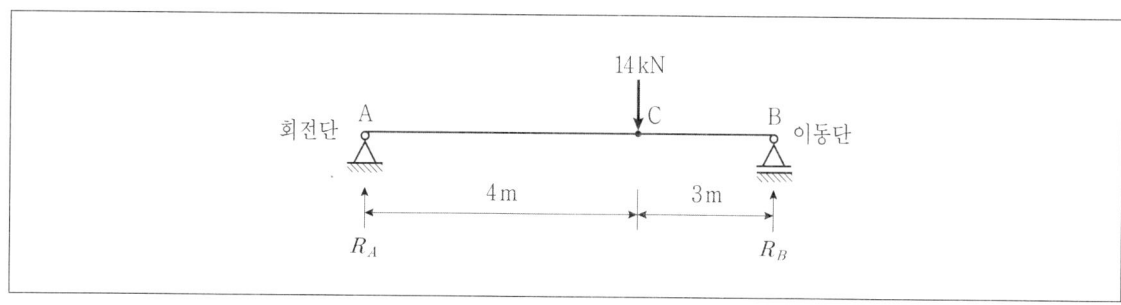

① 20　　　　　　　　　　　　　② 22
③ 24　　　　　　　　　　　　　④ 26

6 응력을 작용시킨 상태에서 탄성변형 및 건조수축 변형을 제외시킨 변형으로 시간이 경과함에 따라 변형이 증가되는 현상은?

① 레이턴스(Laitance)
② 크리프(Creep)
③ 블리딩(Bleeding)
④ 알칼리골재반응(Alkali aggregate reaction)

ANSWER 5.③　6.②

5 A지점의 반력은 6kN, B점의 반력은 8kN이 되며 C의 위치는 A점으로부터 4m가 떨어져 있고 이 곳의 휨모멘트는 A지점의 반력과 C점과 A점 사이 거리를 곱한 값이므로 24가 된다.

6 크리프(Creep) : 응력을 작용시킨 상태에서 탄성변형 및 건조수축 변형을 제외시킨 변형으로 시간이 경과함에 따라 변형이 증가되는 현상
레이턴스 : 콘크리트를 친 후 양생(물이 상승하는 현상)에 따라 내부의 미세한 물질이 부상하여 콘크리트가 경화한 후, 표면에 형성되는 흰빛의 얇은 막

7 다음 용도 중 기본등분포활하중이 가장 작은 곳은?

① 도서관 열람실　　　　　　　　② 학교 교실
③ 산책로 용도의 지붕　　　　　　④ 일반 사무실

Answer 7.④

7 ① 도서관 열람실 : 3.0
② 학교 교실 : 3.0
③ 산책로 용도의 지붕 : 5.0
④ 일반 사무실 : 2.5
※ 기본 등분포 활하중(단위 : kN/m²)

	용도	건축물의 부분	활하중
1	주택	가. 주거용 건축물의 거실, 공용실, 복도	2.0
		나. 공동주택의 발코니	3.0
2	병원	가. 병실과 해당 복도	2.0
		나. 수술실, 공용실과 해당 복도	3.0
3	숙박시설	가. 객실과 해당 복도	2.0
		나. 공용실과 해당 복도	5.0
4	사무실	가. 일반 사무실과 해당 복도	2.5
		나. 로비	4.0
		다. 특수용도사무실과 해당 복도	5.0
		라. 문서보관실	5.0
5	학교	가. 교실과 해당 복도	3.0
		나. 로비	4.0
		다. 일반 실험실	3.0
		라. 중량물 실험실	5.0
6	판매장	가. 상점, 백화점 (1층 부분)	5.0
		나. 상점, 백화점 (2층 이상 부분)	4.0
		다. 창고형 매장	6.0
7	집회 및 유흥장	가. 로비, 복도	5.0
		나. 무대	7.0
		다. 식당	5.0
		라. 주방 (영업용)	7.0
		마. 극장 및 집회장 (고정식)	4.0
		바. 집회장 (이동식)	5.0
		사. 연회장, 무도장	5.0
8	체육시설	가. 체육관 바닥, 옥외경기장	5.0
		나. 스탠드 (고정식)	4.0
		다. 스탠드 (이동식)	5.0
9	도서관	가. 열람실과 해당 복도	3.0
		나. 서고	7.5

8 목구조에서 맞춤과 이음 접합부 일반사항에 대한 설명으로 옳은 것은?

① 길이를 늘이기 위하여 길이방향으로 접합하는 것을 맞춤이라고 하고, 경사지거나 직각으로 만나는 부재 사이에서 양 부재를 가공하여 끼워 맞추는 접합을 이음이라고 한다.
② 맞춤 부위의 보강을 위하여 파스너는 사용할 수 있으나 접착제는 사용할 수 없다.
③ 맞춤 부위의 목재에는 결점이 있어도 사용이 가능하다.
④ 인장을 받는 부재에 덧댐판을 대고 길이이음을 하는 경우에 덧댐판의 면적은 요구되는 접합면적의 1.5배 이상이어야 한다.

ANSWER 8.④

10	주차장	옥내 주차구역	가. 승용차 전용	3.0
			나. 경량트럭 및 빈 버스 용도	6.0
			다. 총중량 18톤 이하의 중량차량¹⁾ 용도	12.0
		옥내 경사차로	가. 승용차 전용	5.0
			나. 경량트럭 및 빈 버스 용도	8.0
			다. 총중량 18톤 이하의 중량차량¹⁾ 용도	16.0
		옥외	가. 승용차, 경량트럭 및 빈 버스 용도	8.0
			나. 총중량 18톤 이하의 중량차량¹⁾ 용도	16.0
11	창고		가. 경량품 저장창고	6.0
			나. 중량품 저장창고	12.0
12	공장		가. 경공업 공장	6.0
			나. 중공업 공장	12.0
13	지붕		가. 접근이 곤란한 지붕	1.0
			나. 적재물이 거의 없는 지붕	2.0
			다. 정원 및 집회 용도	5.0
			라. 헬리콥터 이착륙장	5.0
14	기계실		공조실, 전기실, 기계실 등	5.0
15	광장		옥외광장	12.0

8 ① 길이를 늘이기 위하여 길이방향으로 접합하는 것을 이음이라고 하고, 경사지거나 직각으로 만나는 부재 사이에서 양 부재를 가공하여 끼워 맞추는 접합을 맞춤이라고 한다.
② 맞춤 부위의 보강을 위하여 파스너는 사용할 수 있고 접착제도 사용할 수 있다.
③ 맞춤 부위의 목재에는 결점이 있으면 사용이 불가능하다.

9 건축물 기초구조에 대한 설명으로 옳은 것은?

① 기둥으로부터의 축력을 독립으로 지반 또는 지정에 전달하도록 하는 기초를 복합기초라고 한다.
② 2개 또는 그 이상의 기둥으로부터의 응력을 하나의 기초판을 통해 지반 또는 지정에 전달하도록 하는 기초를 독립기초라고 한다.
③ 상부구조의 광범위한 면적 내의 응력을 단일 기초판으로 연결하여 지반 또는 지정에 전달하도록 하는 기초를 줄기초라고 한다.
④ 벽 또는 일련의 기둥으로부터의 응력을 띠모양으로 하여 지반 또는 지정에 전달하도록 하는 기초를 연속기초라고 한다.

10 강구조에 대한 설명으로 옳지 않은 것은?

① 커버플레이트는 단면적, 단면계수, 단면2차모멘트를 증가시키기 위하여 부재의 플랜지에 용접이나 볼트로 연결된 플레이트이다.
② 가새는 골조에서 기둥과 기둥 간에 대각선상으로 설치한 사재로 수평력에 대한 저항부재이다.
③ 거셋플레이트는 조립기둥, 조립보, 조립스트럿의 두 개의 나란한 요소를 결집하기 위한 판재이다.
④ 스티프너는 하중을 분배하거나, 전단력을 전달하거나, 좌굴을 방지하기 위해 부재에 부착하는 ㄱ형강이나 판재 같은 구조요소이다.

ANSWER 9.④ 10.③

9 ① 기둥으로부터의 축력을 독립으로 지반 또는 지정에 전달하도록 하는 기초를 독립기초라고 한다.
② 2개 또는 그 이상의 기둥으로부터의 응력을 하나의 기초판을 통해 지반 또는 지정에 전달하도록 하는 기초를 복합기초라고 한다.
③ 상부구조의 광범위한 면적 내의 응력을 단일 기초판으로 연결하여 지반 또는 지정에 전달하도록 하는 기초를 온통(매트)기초라고 한다.

10 거셋플레이트 : 트러스의 부재, 스트럿 또는 가새재를 보 또는 기둥에 연결하는 판요소이다.
타이플레이트 : 조립기둥, 조립보, 조립스트럿의 두 개의 나란한 요소를 결집하기 위한 판재. 두 나란한 요소에 타이플레이트는 강접되어야 하고 두 요소 사이의 전단력을 전달하도록 설계되어야 한다.

11 그림과 같이 연약한 점성토 지반에서 땅파기 외측 흙의 중량으로 인하여 땅파기 된 저면이 부풀어 오르는 현상은?

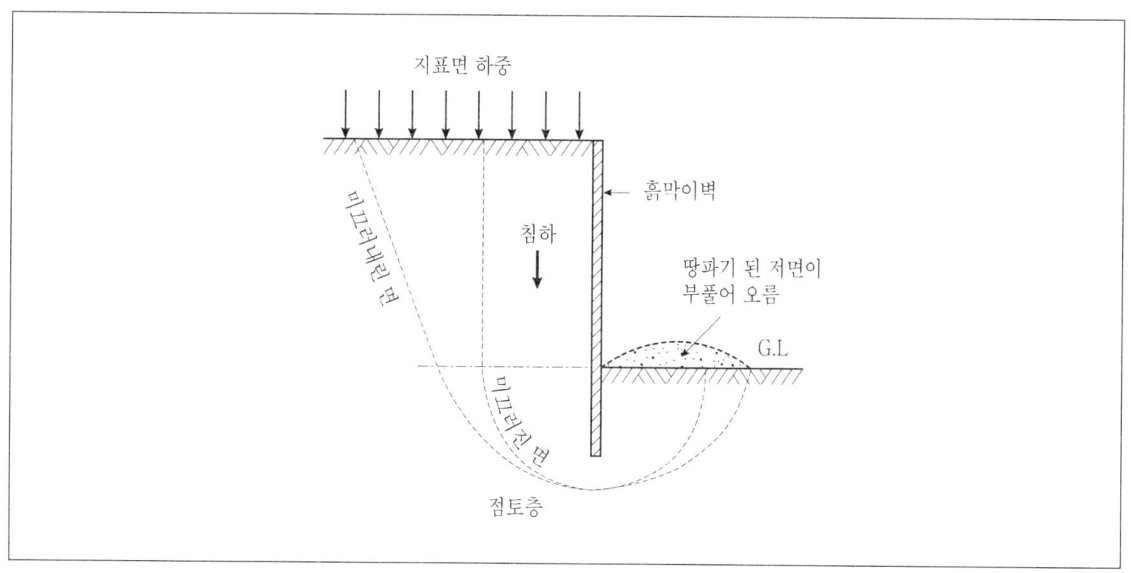

① 사운딩 현상
② 융기 현상(히빙)
③ 분사 현상(보일링)
④ 액상화 현상

12 철근콘크리트 압축부재에 사용되는 띠철근의 수직간격 규정에 대한 설명으로 옳은 것은?

① 축방향 철근지름의 16배 이하로 배근하여야 한다.
② 띠철근이나 철선지름의 48배 이상으로 배근하여야 한다.
③ 기둥단면의 최소 치수 이상으로 배근하여야 한다.
④ 500mm 이상으로 배근하여야 한다.

ANSWER 11.② 12.①

11 • 히빙 : 연약한 점성토 지반에서 땅파기 외측 흙의 중량으로 인하여 땅파기 된 저면이 부풀어 오르는 현상
• 보일링 : 사질지반에서 발생하며 굴착저면과 굴착배면의 수위차로 인해 침투수압이 모래와 같이 솟아오르는 현상이다.
• 액상화(liquefaction) : 포화된 사질토 등에서 지진동, 발파하중 등과 같은 동하중에 의하여, 지반 내에 과잉간극수압이 발생하고, 지반의 전단강도가 상실되어 액체처럼 거동하는 현상

12 띠철근의 수직간격은 종방향철근지름의 16배 이하, 띠철근이나 철선지름의 48배 이하, 또한 기둥단면의 최소치수 이하로 하여야 한다.

13 그림과 같은 T형 단면의 도심거리 y는?

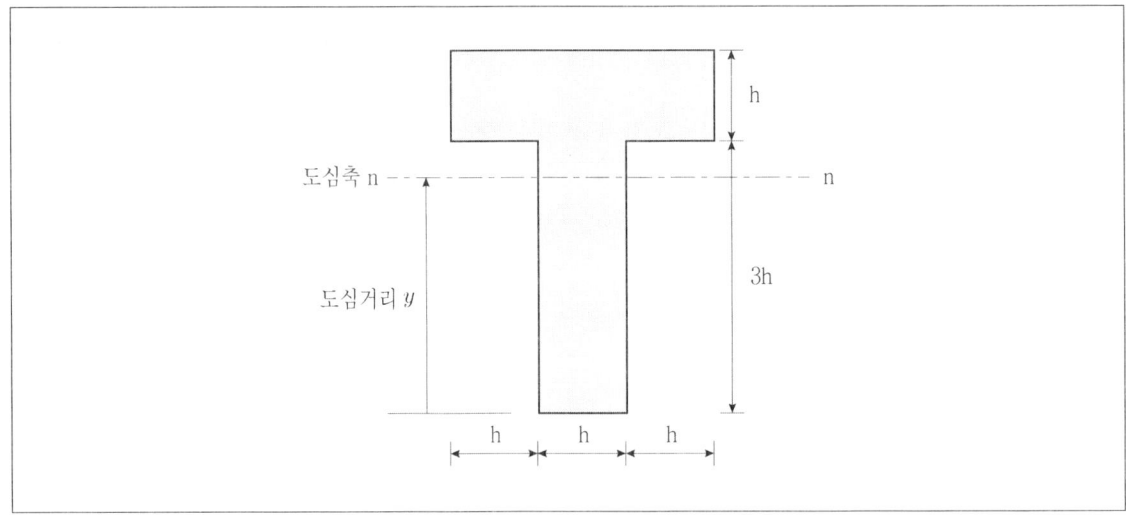

① $\dfrac{3}{2}h$

② $\dfrac{4}{2}h$

③ $\dfrac{5}{2}h$

④ $\dfrac{6}{2}h$

ANSWER 13.③

13
$G_x = A \cdot y_o, \quad y_o = \dfrac{G_x}{A} = \dfrac{G_1 + G_2}{A_1 + A_2} = \dfrac{\dfrac{21}{2}h^3 + \dfrac{9}{2}h^3}{3h^2 + 3h^2} = \dfrac{15h^3}{6h^2} = \dfrac{5}{2}h$

$G_1 = 3h \cdot h \cdot \dfrac{7}{2}h = \dfrac{21}{2}h^3, \quad G_2 = h \cdot 3h \cdot \dfrac{3}{2}h = \dfrac{9}{2}h^3$

14 그림과 같은 x-x 도심축에 대해 동일한 크기의 휨모멘트(M)가 작용할 때, 단면 A와 단면 B에 각각 작용하는 최대 휨응력의 비 $\sigma_A : \sigma_B$ 는? (단, 부재의 자중은 무시하며, 재료는 선형 탄성으로 거동하는 것으로 가정한다)

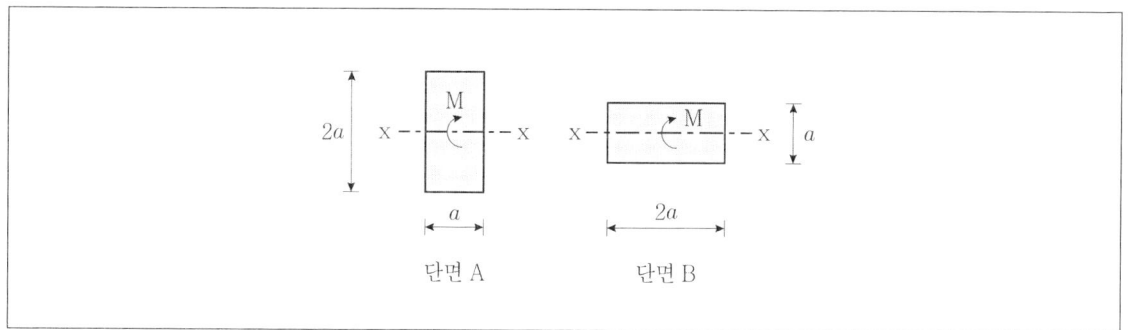

	σ_A		σ_B
①	1	:	2
②	1	:	4
③	1	:	8
④	1	:	16

15 구조용 강재의 재료정수로 옳지 않은 것은?

① 탄성계수 200,000MPa

② 전단탄성계수 81,000MPa

③ 푸아송비 0.3

④ 선팽창계수 0.000012/℃

Answer 14.① 15.①

14 휨응력 $\sigma = \dfrac{M}{I}y$이므로 단면2차모멘트에 반비례하고 중립축으로부터의 거리에 비례한다. (y는 중립축으로부터 연단까지의 거리)

단면 A의 단면2차모멘트는 단면 B의 단면2차모멘트보다 4배가 더 크지만 중립축으로부터의 거리가 2배이므로 휨응력의 비는 1:2가 된다.

15 강재의 재료정수

탄성계수	전단탄성계수	푸아송비	선팽창계수(1/℃)
210,000MPa	81,000MPa	0.3	0.000012

16 철근콘크리트구조에 대한 설명으로 옳지 않은 것은?

① 구조물(또는 구조 부재)이 붕괴 또는 이와 유사한 파괴 등의 안전성능 요구조건을 더 이상 만족시킬 수 없는 상태를 극한한계상태라고 한다.
② 하중조합에 따른 계수하중을 저항하는 데 필요한 부재나 단면의 강도를 소요강도라고 한다.
③ 보나 지판이 없이 기둥으로 하중을 전달하는 2방향으로 철근이 배치된 콘크리트 슬래브를 플랫 플레이트 슬래브라고 한다.
④ 공칭강도에서 최외단 인장철근의 순인장변형률이 인장지배변형률 한계 미만인 단면을 인장지배단면이라고 한다.

17 건축구조기준 총칙에서 공칭강도에 대한 설명으로 옳은 것은?

① 강도설계법 또는 한계상태설계법으로 설계할 때 사용하중에 하중계수를 곱한 값이다.
② 구조체나 구조부재의 하중에 대한 저항능력으로 적합한 구조역학원리나 현장실험 또는 축소모형의 실험결과로부터 유도된 공식과 규정된 재료강도 및 부재치수를 사용하여 계산된 값이다.
③ 구조물이나 구조부재의 변형에 대한 저항능력을 말하며, 발생한 변위 또는 회전에 대한 적용된 힘 또는 모멘트의 비율이다.
④ 고정하중 및 활하중과 같이 건축구조기준에서 규정하는 각종 하중으로서 하중계수를 곱하지 않은 값이다.

ANSWER 16.④ 17.②

16 공칭강도에서 최외단 인장철근의 순인장변형률이 인장지배변형률 한계 이상인 단면을 인장지배단면이라고 한다.

17 공칭강도 : 구조체나 구조부재의 하중에 대한 저항능력으로 적합한 구조역학원리나 현장실험 또는 축소모형의 실험결과로부터 유도된 공식과 규정된 재료강도 및 부재치수를 사용하여 계산된 값
① 강도설계법 또는 한계상태설계법으로 설계할 때 사용하중에 하중계수를 곱한 값은 계수하중이다.
③ 구조물이나 구조부재의 변형에 대한 저항능력을 말하며, 발생한 변위 또는 회전에 대한 적용된 힘 또는 모멘트의 비율은 강성이다.
④ 고정하중 및 활하중과 같이 건축구조기준에서 규정하는 각종 하중으로서 하중계수를 곱하지 않은 값은 사용하중이다.

18 철근의 정착에 대한 설명으로 옳지 않은 것은?

① 정착길이는 위험단면에서 철근의 설계기준항복강도를 발휘하는 데 필요한 최소한의 묻힘길이를 말한다.
② 인장 이형철근의 정착길이는 항상 300mm 이상이어야 한다.
③ 압축 이형철근의 정착길이는 항상 200mm 이상이어야 한다.
④ 단부에 표준갈고리가 있는 인장 이형철근의 정착길이는 항상 $4d_b$ 이상, 또한 100mm 이상이어야 한다.

19 강구조 설계에서 적용되는 강도감소계수가 가장 작은 것은?

① 중심축 인장력을 받는 인장재 설계인장강도에서 총단면 항복한계상태의 ϕ_t
② 중심축 인장력을 받는 인장재 설계인장강도에서 유효순단면 파단한계상태의 ϕ_t
③ 중심축 압축력을 받는 압축재 설계압축강도의 ϕ_c
④ 휨부재 설계휨강도의 ϕ_b

ANSWER 18.④ 19.②

18 단부에 표준갈고리가 있는 인장 이형철근의 정착길이는 항상 $8d_b$ 이상, 또한 150mm 이상이어야 한다.

19 중심축 인장력을 받는 인장재 설계인장강도에서 총단면 항복한계상태의 ϕ_t는 1.0
중심축 인장력을 받는 인장재 설계인장강도에서 유효순단면 파단한계상태의 ϕ_t는 0.6
중심축 압축력을 받는 압축재 설계압축강도의 ϕ_c는 0.9
휨부재 설계휨강도의 ϕ_b는 0.85

20 막재를 구조내력상 주요한 부분에 사용할 경우, 기준에 적합하지 않은 것은?

① 막재의 인장강도가 폭 1cm당 320N인 경우
② 막재의 두께가 0.6mm인 경우
③ 막재의 인장크리프에 따른 신장률이 14%인 경우
④ 막재의 파단신율이 37%인 경우

ANSWER 20.④

20 막재의 파단신율(파단되기 전까지 늘어날 수 있는 양)은 35%이하이어야 한다.
구조내력상 주요한 부분에 사용하는 막재는 다음의 기준을 충족해야 한다.
막재는 직포에 사용하는 섬유실의 종류와 코팅재(직포의 마찰방지 등을 위하여 직포에 도포)에 따라 분류된다.
두께는 0.5mm 이상이어야 한다.
1m² 당 중량은 아래의 표와 같다.
섬유밀도는 일정하여야한다.
인장강도는 폭 1cm당 300N 이상 이어야 한다.
파단신율은 35% 이하 이어야 한다.
인열강도는 100N 이상 또한 인장강도에 1cm를 곱해서 얻은 수치의 15% 이상 이어야 한다.
인장크리프에 따른 신장율은 15%(합성섬유 직포로 구성된 막재료에 있어서는 25%) 이하이어야 한다.
구조내력상 주요한 부분에서 특히 변질 또는 마찰손실의 위험이 있는 곳에 대해서는 변질 또는 마찰손상에 강한 막재를 사용하거나 변질 또는 마찰손상 방지를 위한 조치를 취한다.
막재에 대하여 빛의 반사율과 투과율을 고려한다.
구조물의 상황에 따라서 막재의 다양한 특성을 고려하여 재료를 채택한다.

인장강도	300N/cm 이상
파단 신장률	35% 이하
인열강도	100N 이상, 인장강도×1cm의 15% 이상
인장크리프 신장률	15% (합성섬유실에 따른 직포의 막재는 25% 이하)
변질 및 마모손상	변질마모손상에 강한 막재, 또는 변질 혹은 마모손상 방지를 위한 조치를 한 막재

건축구조 — 2022. 6. 18 제1회 지방직 시행

1 프리스트레스트 콘크리트 부재에 대한 설명으로 옳지 않은 것은?

① 프리스트레스트 콘크리트 구조는 일반 철근콘크리트 구조에 비하여 전체 단면을 유효하게 이용할 수 있어서 단면의 크기를 경감할 수 있다.
② 콘크리트에 프리스트레싱을 하는 방법으로 프리텐션 방식과 포스트텐션 방식 등이 있다.
③ 포스트텐션 방식은 긴장재에 인장력을 가하여 긴장재가 늘어난 상태에서 콘크리트를 타설하는 방식이다.
④ 프리스트레싱에 의해 긴장재는 인장력을 받고 콘크리트는 압축력을 받게 된다.

2 건축물 내진설계기준에서 수직하중은 입체골조가 저항하고, 지진하중은 전단벽이나 가새골조가 저항하는 구조방식은?

① 내력벽방식
② 필로티구조
③ 건물골조방식
④ 연성모멘트골조방식

ANSWER 1.③ 2.③

1 긴장재에 인장력을 가하여 긴장재가 늘어난 상태에서 콘크리트를 타설하는 방식은 프리텐션 방식이다.

2 건물골조방식: 건축물 내진설계기준에서 수직하중은 입체골조가 저항하고, 지진하중은 전단벽이나 가새골조가 저항하는
   ※ 구조방식
   • 내력벽방식: 수직하중과 횡력을 전단벽이 부담하는 구조방식
   • 필로티: 건물을 지상에서 분리시킴으로써 만들어지는 공간, 또는 그 기둥 부분
   ※ 연속모멘트골조방식이라는 개념은 건축구조기준에 제시되지 않은 용어이다.

3 건축물 지반조사와 기초구조 설계에 대한 설명으로 옳지 않은 것은?

① 평판재하시험의 재하는 5단계 이상으로 나누어 시행하고 각 하중 단계에 있어서 침하가 정지되었다고 인정된 상태에서 하중을 증가시킨다.
② 평판재하시험의 재하판은 지름 300mm를 표준으로 한다.
③ 편심하중을 받는 독립 기초판의 접지압은 균등하게 분포되는 것으로 가정한다.
④ 연속기초의 접지압은 각 기둥의 지배면적 범위 안에서 균등하게 분포되는 것으로 가정할 수 있다.

4 콘크리트구조 내구성 설계기준에서 규정하고 있는 내구성 평가의 주된 성능저하 인자와 가장 관련성이 적은 것은?

① 크리프
② 탄산화
③ 화학적 침식
④ 염해

5 건축물 강구조 설계기준에서 규정하고 있는 볼트의 강도에 대한 설명으로 옳지 않은 것은?

① 고장력볼트 볼트등급 F8T의 최소인장강도는 800MPa이다.
② 고장력볼트 볼트등급 F10T의 최소항복강도는 900MPa이다.
③ 고장력볼트 볼트등급 F13T의 최소인장강도는 1,300MPa이다.
④ 일반볼트 볼트등급 4.6의 최소항복강도는 200MPa이다.

Answer 3.③ 4.① 5.④

3 편심하중을 받는 독립 기초판의 접지압은 불균등하게 발생한다.

4 콘크리트 구조물의 내구성 평가는 염해, 탄산화, 동결융해, 화학적 침식, 알칼리 골. 재반응 등을 주된 성능저하원인으로 고려한다.

5 일반육각볼트의 머리에는 4.6, 8.8, 10.9, 12.9와 같은 숫자가 표기되어 있다. 앞자리 숫자는 최소인장강도를 나타내며 이 숫자에 100을 곱하면 해당볼트의 최소인장강도가 된다. 즉, 4.6으로 표기되어 있으면 400MPa가 최소인장강도가 된다. 뒷자리 숫자는 탄성한계를 퍼센트로 나타낸 것으로서 숫자에 10%를 곱한 값이 인장강도 대비 탄성한계의 비이다. 4.6으로 표기되어 있으면 400×10.6=240MPa가 탄성한계(항복강도)가 된다.

6 내진 II등급 건축물의 지진력저항시스템에 대한 각 구조요소의 설계에서 층고에 따른 허용층간변위 Δ_a는? (단, h_{sx}는 x층의 층고이다)

① $0.010h_{sx}$
② $0.015h_{sx}$
③ $0.020h_{sx}$
④ $0.025h_{sx}$

7 그림과 같은 삼각형 단면의 X축과 Y축에 대한 단면1차모멘트를 각각 Q_X와 Q_Y라고 한다면, Q_X와 Q_Y의 합은?

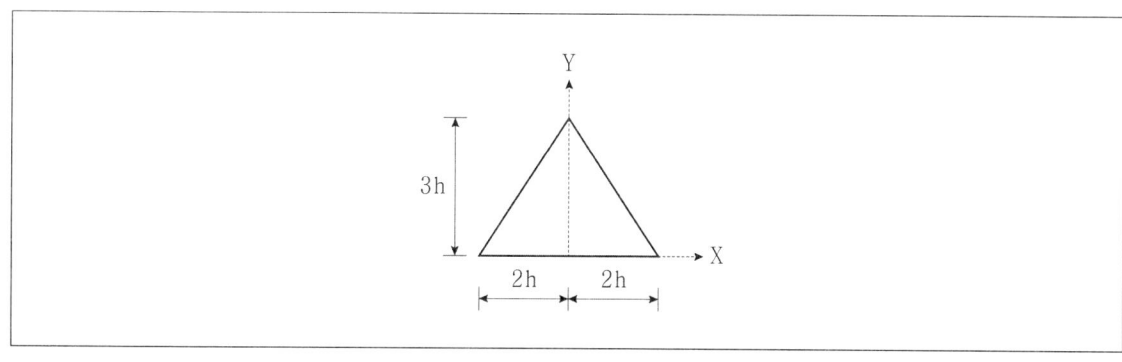

① $4h^3$
② $6h^3$
③ $8h^3$
④ $12h^3$

ANSWER 6.③ 7.②

6 내진 특등급인 경우 허용층간변위는 $0.010\,h_{sx}$
내진 I등급인 경우 허용층간변위는 $0.015h_{sx}$
내진 II등급인 경우 허용층간변위는 $0.020\,h_{sx}$

7 $G_X = 6h^2 \cdot h = 6h^3$, $G_Y = 0$

8 그림과 같이 동일한 크기의 집중하중을 받는 두 단순보에서 보 (가)가 보 (나)에 비하여 값이 큰 것은? (단, 보의 자중은 무시하며, 보의 전 길이에 걸쳐 재질 및 단면의 성질은 동일하다)

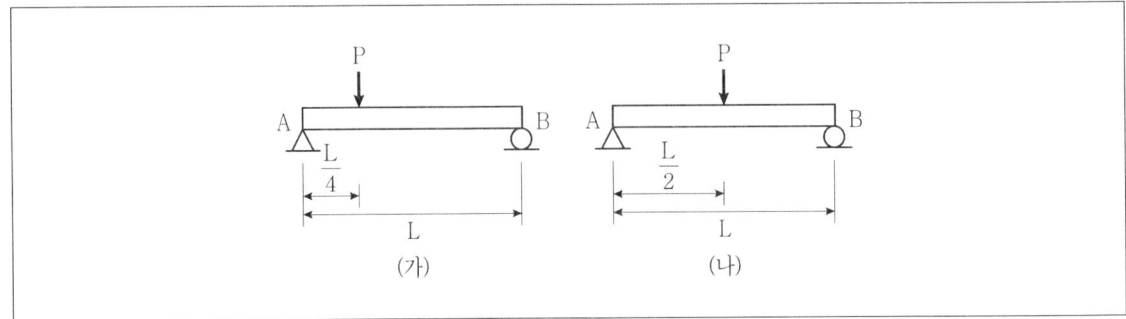

① 최대 전단력
② 최대 휨모멘트
③ 최대 수직처짐
④ 최대 처짐각

9 강도설계법에 의한 보강조적조의 내진설계에 대한 설명으로 옳지 않은 것은?

① 보 폭은 150mm보다 적어서는 안 된다.
② 기둥 폭은 300mm 이상이어야 한다.
③ 보 깊이는 적어도 200mm 이상이어야 한다.
④ 피어 유효폭은 200mm 이상이어야 하며, 500mm를 넘을 수 없다.

ANSWER 8.① 9.④

8 (가)의 A점의 반력은 (나)의 A점의 반력보다 크다. 집중하중이 작용하면 지점에서 최대전단력이 발생하므로 (가)의 최대전단력은 (나)의 최대전단력보다 크다.

9
• 피어의 유효폭은 150mm 이상이어야 하며, 400mm를 넘을 수는 없다
• 피어의 횡지지 간격은 피어 폭의 30배를 넘을 수 없다.
• 피어의 길이는 피어 폭의 3배 보다 작아서는 안 되며, 6배 보다 커서는 안 된다. 피어의 높이는 피어 공칭길이의 5배를 넘을 수 없다.

10 건축구조물 설계하중에서 풍하중에 대한 설명으로 옳지 않은 것은?

① 가스트영향계수는 바람의 난류로 인해 발생되는 구조물의 동적 거동 성분을 나타내는 것으로 평균변위에 대한 최대변위의 비를 통계적인 값으로 나타낸 계수이다.
② 기본풍속은 지표면조도 구분 C인 지역의 지표면으로부터 10m 높이에서 측정한 10분간 평균풍속에 대한 재현기간 100년 기대풍속이다.
③ 지표면의 영향을 받아 마찰력이 작용함으로써 지상의 높이에 따라 풍속이 변하는 영역을 기준경도풍 높이라 한다.
④ 바람이 불어와 맞닿는 측의 반대쪽으로 바람이 빠져나가는 측을 풍하측이라 한다.

11 기초구조 관련 용어에 대한 설명으로 옳지 않은 것은?

① 접지압: 직접기초에 따른 기초판 또는 말뚝기초에서 선단과 지반 간에 작용하는 압력
② 사운딩: 연약한 점성토 지반에서 땅파기 외측의 흙의 중량으로 인하여 땅파기된 저면이 부풀어 오르는 현상
③ 슬라임: 지반을 천공할 때 공벽 또는 공저에 모인 흙의 찌꺼기
④ 케이슨: 지반을 굴삭하면서 중공대형의 구조물을 지지층까지 침하시켜 만든 기초형식구조물의 지하부분을 지상에서 구축한 다음 이것을 지지층까지 침하시켰을 경우의 지하부분

ANSWER 10.③ 11.②

10 기준경도풍높이: 풍속이 지표면의 조도에 의한 영향을 거의 받지 않는 지상으로부터의 높이

11 • 사운딩: 지반 조사 시 로드(rod)의 끝에 설치한 저항체를 땅 속에 삽입하여 관입, 회전, 인발 등의 저항으로 토층의 성질에 대해 알아보는 일련의 방법
• 연약한 점성토 지반에서 땅파기 외측의 흙의 중량으로 인하여 땅파기된 저면이 부풀어 오르는 현상은 히빙이다.

12 그림과 같이 직사각형 단면을 가지는 단순보에서 B점과 C점에 작용하는 최대 휨응력에 대한 설명으로 옳은 것은? (단, 보의 자중은 무시하며, 보의 전 길이에 걸쳐 재질은 동일하다)

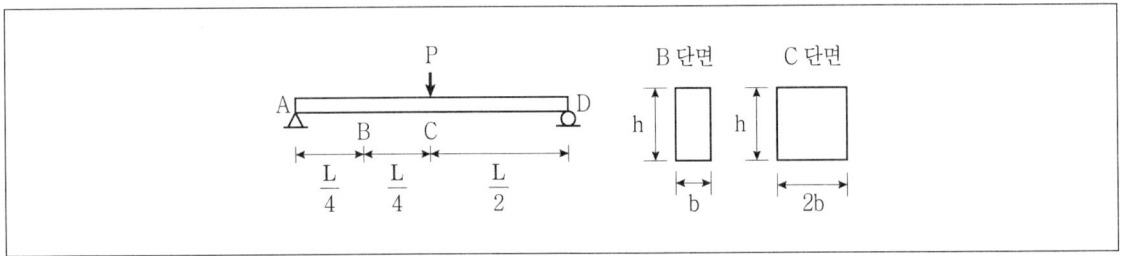

① B점 최대휨응력은 C점 최대휨응력의 1/4이다.
② B점 최대휨응력은 C점 최대휨응력의 1/2이다.
③ B점 최대휨응력은 C점 최대휨응력과 같다.
④ B점 최대휨응력은 C점 최대휨응력의 2배이다.

13 목구조기준 방화설계에 대한 설명으로 옳지 않은 것은?
① 내부마감재료는 방화상 지장이 없는 불연재료, 준불연재료 또는 난연재료를 사용한다.
② 보 및 기둥은 1시간에서 3시간의 내화성능을 가진 내화구조로 하여야 한다.
③ 주요구조부가 내화구조 또는 불연재료로 된 건축물은 연면적 1,000m² 이내마다 방화구획을 설치하여야 하며, 이 방화구획은 1시간 이상의 내화구조로 하여야 한다.
④ 연소 우려가 있는 부분의 외벽 개구부는 방화문 설치 등의 방화설비를 갖추어야 한다.

Answer 12.③ 13.③

12 B단면의 단면2차모멘트는 C단면의 단면2차모멘트의 2배이다.
휨응력은 휨모멘트에 비례하고 단면2차모멘트에 반비례한다.
B점의 휨모멘트는 C점의 휨모멘트의 1/2이고 B단면의 단면2차모멘트는 C단면의 단면2차모멘트의 1/2이므로 B점의 최대응력과 C점의 최대응력은 크기가 같다.

13 주요구조부가 내화구조 또는 불연재료로 된 건축물은 연면적 1,000m² 이내마다 방화구획을 설치하여야 하며, 이 방화구획은 2시간 이상의 내화구조로 하여야 한다.

14 콘크리트구조의 스트럿-타이 모델에 대한 설명으로 옳은 것만을 모두 고르면?

> ㉠ 스트럿-타이 모델의 절점에서는 2개 이하의 스트럿과 타이가 만나야 한다.
> ㉡ 스트럿(strut)은 스트럿-타이 모델의 압축요소로서, 프리즘 모양 또는 부채꼴 모양의 압축응력장을 이상화한 요소이다.
> ㉢ 타이(tie)는 스트럿-타이 모델의 인장력 전달요소이다.
> ㉣ B 영역은 집중하중에 의한 하중 불연속부, 단면이 급변하는 기하학적 불연속부 그리고 보 이론의 평면유지원리가 적용되지 않는 영역을 뜻한다.

① ㉠, ㉡
② ㉡, ㉢
③ ㉡, ㉣
④ ㉢, ㉣

ANSWER 14.②

14 ㉠ 스트럿-타이 모델의 절점에서는 3개이상의 타이의 연결점 또는 스트럿과 타이, 그리고 집중하중의 중심선이 교차한다.
㉣ B 영역은 보 이론의 평면유지원리가 적용되는 부분인 반면 D영역은 집중하중에 의한 하중 불연속부, 단면이 급변하는 기하학적 불연속부 그리고 보 이론의 평면유지원리가 적용되지 않는 영역을 뜻한다.

※ 스트럿-타이모델
 • 스트럿, 타이 그리고 스트럿과 타이의 단면력을 받침부나 그 부근의 B영역으로 전달시켜주는 절점 등으로 구성된 콘크리트 부재 또는 부재 D영역의 설계를 위한 트러스모델이다.
 • 스트럿-타이 모델의 절점에서는 3개 이상의 타이의 연결점 또는 스트럿과 타이, 그리고 집중하중의 중심선이 교차한다.
 - B 영역 : 보 이론의 평면유지원리가 적용되는 부분이다.
 - D영역 : 집중하중에 의한 하중 불연속부, 단면이 급변하는 기하학적 불연속부 그리고 보 이론의 평면유지원리가 적용되지 않는 영역을 뜻한다.
 • **스트럿** : 스트럿-타이모델의 압축요소로서 프리즘 모양 또는 부채꼴 모양의 압축응력장을 이상화한 요소
 • **타이** : 스트럿-타이모델의 인장력 전달요소
 • **절점영역** : 스트럿과 타이의 힘이 절점을 통해서 전달될 수 있도록 하는 절점의 유한영역으로 2차원의 삼각형 또는 다각형 형태이거나 3차원에서는 입체의 유한영역이 있다.

15 플랫 슬래브에서 기둥 상부의 부모멘트에 대한 철근 배근량을 줄이기 위하여 지판을 사용하는 경우, 지판에 대한 규정으로 옳지 않은 것은?

① 지판은 받침부 중심선에서 각 방향 받침부 중심 간 경간의 1/6 이상을 각 방향으로 연장시켜야 한다.
② 지판이 있는 2방향 슬래브의 유효지지단면은 이의 바닥 표면이 기둥축을 중심으로 30° 내로 펼쳐진 기둥과 기둥머리 또는 브래킷 내에 위치한 가장 큰 정원추, 정사면추 또는 쐐기 형태의 표면과 이루는 절단면으로 정의된다.
③ 지판의 슬래브 아래로 돌출한 두께는 돌출부를 제외한 슬래브 두께의 1/4 이상으로 하여야 한다.
④ 지판 부위 슬래브 철근량을 계산 시, 슬래브 아래로 돌출한 지판두께는 지판의 외단부에서 기둥이나 기둥머리 면까지 거리의 1/4 이하이어야 한다.

16 그림과 같은 2축 대칭 용접 H형강 단면에서 도심을 지나는 강축에 대한 소성단면계수 값은?

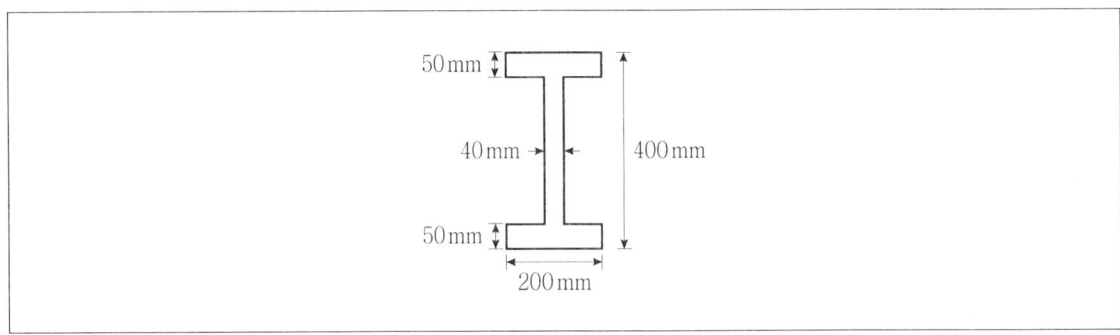

① $2.2 \times 10^5 \text{mm}^3$
② $3.2 \times 10^5 \text{mm}^3$
③ $2.6 \times 10^6 \text{mm}^3$
④ $4.4 \times 10^6 \text{mm}^3$

ANSWER 15.② 16.④

15 지판이 있는 2방향 슬래브의 유효지지단면은 이의 바닥 표면이 기둥축을 중심으로 45° 내로 펼쳐진 기둥과 기둥머리 또는 브래킷 내에 위치한 가장 큰 정원추, 정사면추 또는 쐐기 형태의 표면과 이루는 절단면으로 정의된다.

16 $I = \dfrac{300 \cdot 400^3 - 2(40 \cdot 300^3)}{12} = 4.43 \times 10^6 [\text{mm}^3]$

17 막구조에서 막재에 대한 설명으로 옳은 것은?

① 막재는 흡수길이의 최대치가 20mm 이하이어야 한다.
② 막재의 최소 접힘 인장강도는 종사방향 및 횡사방향 각각의 인장강도 평균치가 동일한 로트에 있어 시험 전에 측정된 각 실 방향 인장강도 평균치의 80% 이상이어야 한다.
③ C종 막재는 외부 폭로에 대해 종사방향 및 횡사방향의 인장강도가 각각 초기인장강도의 70% 이상이어야 한다.
④ 직물의 휨 측정은 200mm 이상 간격으로 2개소 이상에 대하여 측정한다.

18 철근콘크리트 횡구속 골조에서 압축을 받는 장주의 각 단부에 그림과 같이 모멘트 M_1, M_2가 작용할 때 등가균일 휨모멘트 보정계수 C_m 값은?

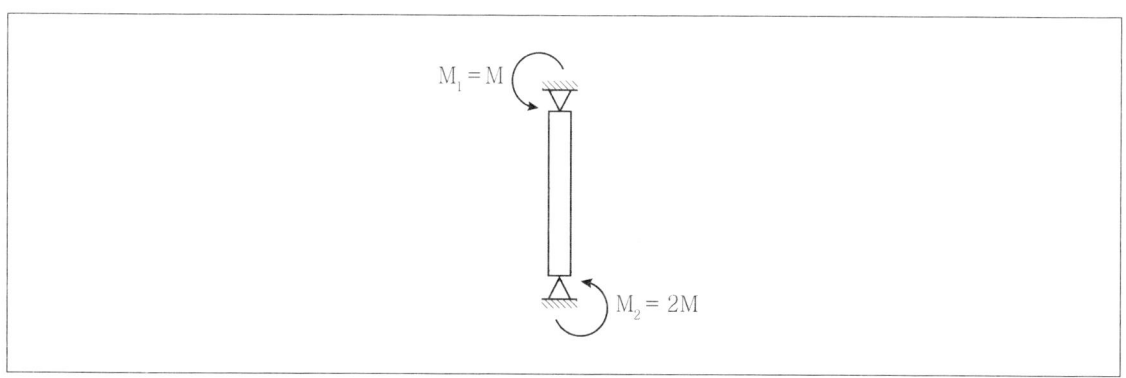

① 0.2
② 0.4
③ 1.0
④ 2.0

ANSWER 17.① 18.②

17 • 막재의 접힘 인장강도는 종사방향 및 횡사방향 각각의 인장강도 평균치가 동일한 로트에 있어 시험 전에 측정된 각 실 방향 인장강도 평균치의 70% 이상이어야 한다.
• C종 막재는 외부 폭로에 대해 종사방향 및 횡사방향의 인장강도가 각각 초기인장강도의 80% 이상이어야 한다.
• 직물의 휨 측정은 300mm 이상 간격으로 5개소 이상에 대하여 측정한다.

18 $C_m = 0.6 + 0.4 \frac{M_1}{M_2} = 0.6 + 0.4 \cdot (-1) \cdot \frac{M}{2M} = 0.4$

등가균일 휨모멘트계수: 실제 휨모멘트도를 등가 균일 분포 휨모멘트도로 치환하는데 관련된 계수

$C_m = 0.6 + 0.4 \frac{M_1}{M_2}$ 에서 기둥이 단일곡률로 변형될 때 $\frac{M_1}{M_2}$의 값은 양(+)의 값을 취하고 복곡률로 변형될 때는 음(-)의 값을 취한다. 또한 기둥의 양단 사이에 횡하중이 있는 경우에는 C_m을 1.0으로 취하여야 한다.

19 강구조 골조의 안정성 설계 시 구조물의 안정성에 영향을 미치는 요소로 옳은 것만을 모두 고르면?

> ㉠ 2차효과(P−Δ, P−δ 효과)
> ㉡ 기하학적 불완전성
> ㉢ 비탄성에 기인한 강성감소
> ㉣ 강성과 강도의 불확실성

① ㉠, ㉡
② ㉠, ㉢
③ ㉡, ㉢, ㉣
④ ㉠, ㉡, ㉢, ㉣

20 그림과 같이 압축력을 받는 충전형 합성기둥에 대하여 건축물 강구조 설계기준의 설계전단강도 중 가장 큰 값은?

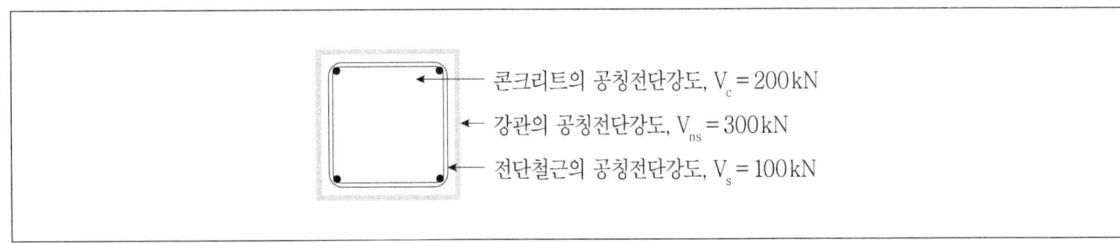
콘크리트의 공칭전단강도, $V_c = 200\text{kN}$
강관의 공칭전단강도, $V_{ns} = 300\text{kN}$
전단철근의 공칭전단강도, $V_s = 100\text{kN}$

① 225kN
② 300kN
③ 400kN
④ 450kN

ANSWER 19.④ 20.②

19 강구조 골조의 안정성 설계 시 구조물의 안정성에 영향을 미치는 요소
 • 2차효과(P−Δ, P−δ 효과)
 • 기하학적 불완전성
 • 비탄성에 기인한 강성감소
 • 강성과 강도의 불확실성

20 충전형 합성기둥의 경우 설계전단강도를 강재단면만의 전단강도, 콘크리트 단면만의 전단강도 중 하나를 택하여 적용할 수 있다. 따라서 문제에서 주어진 경우 강관의 공칭전단강도를 택하는 것이 설계전단강도 중 가장 큰 값이 된다.

건축구조 / 2023. 4. 8 인사혁신처 시행

1 건축물 내진설계에 대한 용어 설명으로 옳지 않은 것은?

① 감쇠는 점성, 소성 또는 마찰에 의해 구조물에 입력된 동적 에너지가 소산되어 구조물의 진동이 감소하는 현상이다.
② 중간모멘트골조는 지진력의 25% 이상을 부담하는 연성모멘트골조가 전단벽이나 가새골조와 조합되어 있는 구조방식이다.
③ 최대지반가속도는 지진에 의한 진동으로 특정위치에서의 지반이 수평 2방향 또는 수직방향으로 움직인 가속도의 절대값의 최댓값이다.
④ 내진성능수준은 설계지진에 대해 시설물에 요구되는 성능수준으로 기능수행수준, 즉시복구수준, 장기복구/인명보호수준과 붕괴방지수준으로 구분된다.

2 철근콘크리트 설계에서 인장이형철근의 정착길이 산정에 사용되는 보정계수가 아닌 것은? (단, 정착길이는 기본정착길이에 보정계수를 고려하는 방법으로 구한다)

① 마찰계수
② 도막계수
③ 경량콘크리트계수
④ 철근배치 위치계수

ANSWER 1.② 2.①

1 • 이중골조방식: 횡력(지진력)의 25% 이상을 부담하는 모멘트 연성골조가 가새골조나 전단벽에 조합되는 방식으로서 중력하중에 대해서도 모멘트연성골조가 모두 지지하는 구조이다.
• 모멘트골조: 기둥과 보로 구성하는 라멘골조가 횡력과 수직하중을 저항하는 구조로서 부재와 접합부가 휨모멘트, 전단력, 축력에 저항하는 골조로서 보통모멘트골조, 중간모멘트골조, 특수모멘트골조 등으로 분류한다.

2 인장이형철근의 정착길이 산정에는 마찰계수는 고려하지 않는다.

3 그림과 같은 양단 지지조건을 가지는 강구조 압축재에 대한 탄성좌굴하중의 비 (a) : (b) : (c)는? (단, 압축재의 길이, 재질 및 단면은 모두 동일하며, 자중은 무시하고 유효좌굴길이계수는 이론값을 적용한다)

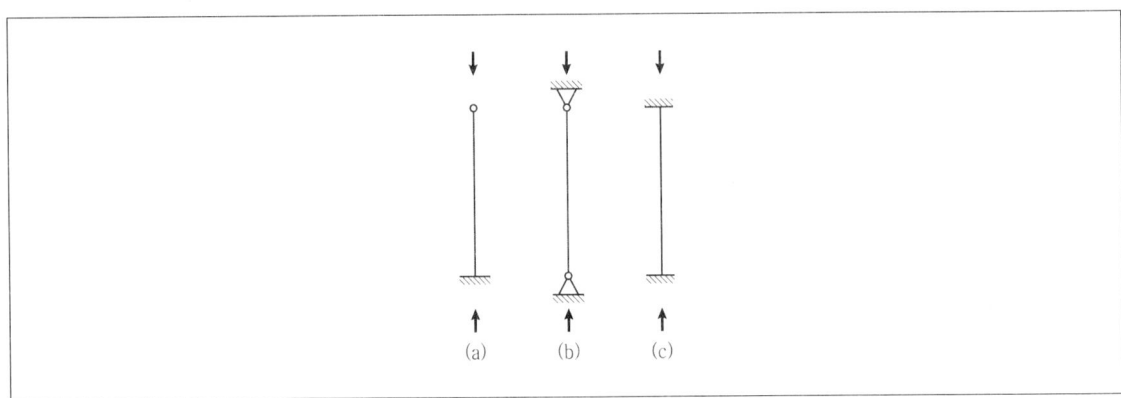

① 4 : 2 : 1
② 1 : 2 : 4
③ 16 : 4 : 1
④ 1 : 4 : 16

ANSWER 3.④

3 오일러의 탄성좌굴하중식에 의하면 부재의 유효좌굴길이의 제곱에 반비례한다. 따라서 문제에서 주어진 조건들을 공식에 대입하면 (a):(b):(c)는 1 : 4 : 16이 된다.

※ 오일러의 탄성좌굴하중

- 탄성좌굴하중 $P_{cr} = \dfrac{\pi^2 EI_{\min}}{(KL)^2} = \dfrac{n \cdot \pi^2 EI_{\min}}{L^2} = \dfrac{\pi^2 EA}{\lambda^2}$

- 좌굴응력 $f_{cr} = \dfrac{P_{cr}}{A} = \dfrac{\pi^2 EI_{\min}}{(KL)^2 \cdot A} = \dfrac{\pi^2 E \cdot r_{\min}^2}{(KL)^2} = \dfrac{\pi^2 E}{\lambda^2}$

- E : 탄성계수 (MPa, N/mm^2)
- $I_{\min}$: 최소단면2차 모멘트(mm^4)
- K : 지지단의 상태에 따른 유효좌굴길이계수
- KL : 유효좌굴길이(mm)
- λ : 세장비 (길이를 단면2차반경으로 나눈 값)
- f_{cr} : 임계좌굴응력
- n : 좌굴계수(강도계수, 구속계수)이며 $n = \dfrac{1}{K^2}$ 이다.

ANSWER

단부구속조건	양단고정	1단힌지 타단고정	양단힌지	1단회전구속 이동자유 타단고정	1단회전자유 이동자유 타단고정	1단회전구속 이동자유 타단힌지
좌굴형태						
이론적인 K값	0.50	0.70	1.0	1.0	2.0	2.0
권장설계 K값	0.65	0.80	1.0	1.2	2.1	2.4
절점조건의 범례	회전구속, 이동구속 : 고정단					
	회전자유, 이동구속 : 힌지					
	회전구속, 이동자유 : 큰 보강성과 작은 기둥강성인 라멘					
	회전자유, 이동자유 : 자유단					

4 철근콘크리트 설계에서 적용되는 강도감소계수가 가장 작은 것은?

① 인장지배단면
② 포스트텐션 정착구역
③ 스트럿-타이모델에서 스트럿, 절점부 및 지압부
④ 무근콘크리트의 휨모멘트, 압축력, 전단력, 지압력

5 건축구조기준에서 강도설계법 또는 한계상태설계법으로 구조물을 설계하는 경우 하중조합으로 옳은 것은? (단, 고정하중(D), 활하중(L), 지진하중(E), 풍하중(W), 적설하중(S)만 고려하며, 활하중에 대한 하중계수 저감은 고려하지 않는다)

① 1.4D + 1.0W
② 1.2D + 1.6L + 0.5S
③ 1.2D + 1.0E + 1.0L + 0.5S
④ 0.9D + 1.3W + 1.0L + 0.2S

ANSWER 4.④ 5.②

4

부재 또는 하중의 종류	강도감소계수
인장지배단면	0.85
압축지배단면-나선철근부재	0.70
압축지배단면-스터럽 또는 띠철근부재	0.65
전단력과 비틀림모멘트	0.75
콘크리트의 지압력	0.65
포스트텐션 정착구역	0.85
스트럿타이-스트럿, 절점부 및 지압부	0.75
스트럿타이-타이	0.85
무근콘크리트의 휨모멘트, 압축력, 전단력, 지압력	0.55

5
- 1.4(D+F)
- 1.2(D+F+T)+1.6L+0.5(Lr 또는 S 또는 R)
- 1.2D+1.6(Lr 또는 S 또는 R)+(1.0L 또는 0.5W)
- 1.2D+1.0W+1.0L+0.5(Lr 또는 S 또는 R)
- 1.2D+1.0E+1.0L+0.2S
- 0.9D+1.0W
- 0.9D+1.0E

6 그림과 같이 도심을 지나는 x축, y축에 대한 직사각형 단면의 성질에 대한 설명으로 옳지 않은 것은?

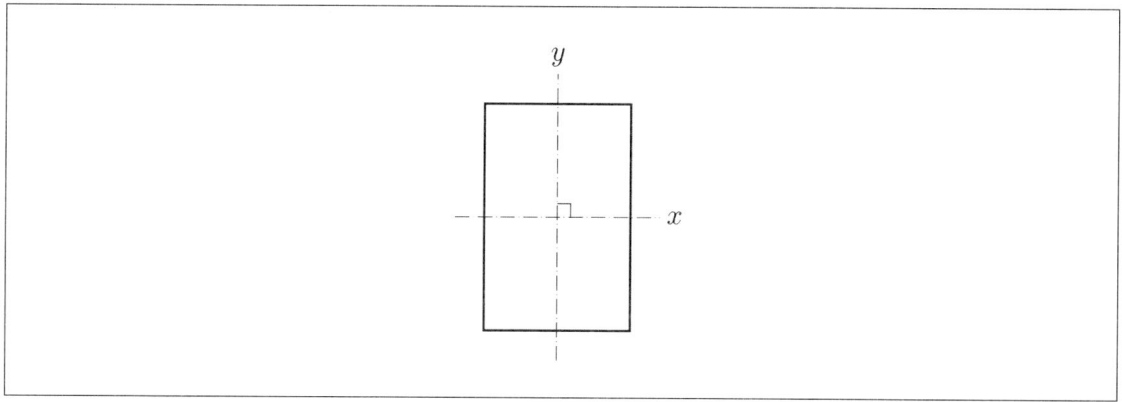

① y축에 대한 단면1차모멘트는 0이다.
② x축, y축에 대한 단면상승모멘트는 0이다.
③ 주축은 서로 직교하지 않고 45°의 각도를 이룬다.
④ 주축에 대한 단면상승모멘트는 0이다.

ANSWER 6.③

6 주축은 도형의 도심을 지나고 단면상승모멘트가 0이 되는 축을 말하며 2개의 축으로 구성되고 이 축들은 서로 직교를 한다.

7 그림과 같은 캔틸레버 보에 대한 설명으로 옳은 것은? (단, 보의 자중은 무시하며, 보의 길이는 일정하고, 보의 전 길이에 걸쳐 재질 및 단면은 동일하며, 부재는 선형 탄성으로 거동하는 것으로 가정한다)

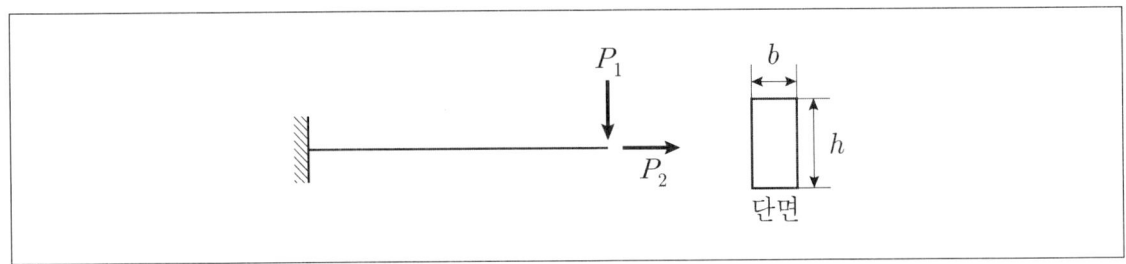

① 하중 P_1만 작용할 경우, 단면의 폭(b)이 2배가 되면 부재의 최대 처짐은 2배가 된다.
② 하중 P_1만 작용할 경우, 단면의 높이(h)가 2배가 되면 부재의 최대 처짐은 1/4배가 된다.
③ 하중 P_2만 작용할 경우, 단면의 폭(b)이 2배가 되면 부재의 축방향 변위는 1/4배가 된다.
④ 하중 P_2만 작용할 경우, 단면의 높이(h)가 2배가 되면 부재의 축방향 변위는 1/2배가 된다.

ANSWER 7.④

7 ① 하중 P_1만 작용할 경우, 단면의 폭(b)이 2배가 되면 단면2차모멘트가 2배가 되어 부재의 최대 처짐은 0.5배가 된다.
② 하중 P_1만 작용할 경우, 단면의 높이(h)가 2배가 되면 부재의 최대 처짐은 1/8배가 된다.
③ 하중 P_2만 작용할 경우, 단면의 폭(b)이 2배가 되면 부재의 축방향 변위는 1/2배가 된다.

8 그림과 같은 캔틸레버 보에서 b점과 c점의 처짐을 각각 δ_b와 δ_c라고 할 때, 두 처짐의 비 $\dfrac{\delta_b}{\delta_c}$는? (단, 보의 자중은 무시하며, 보의 전 길이에 걸쳐 재질 및 단면은 동일하고, 부재는 선형 탄성으로 거동하는 것으로 가정한다)

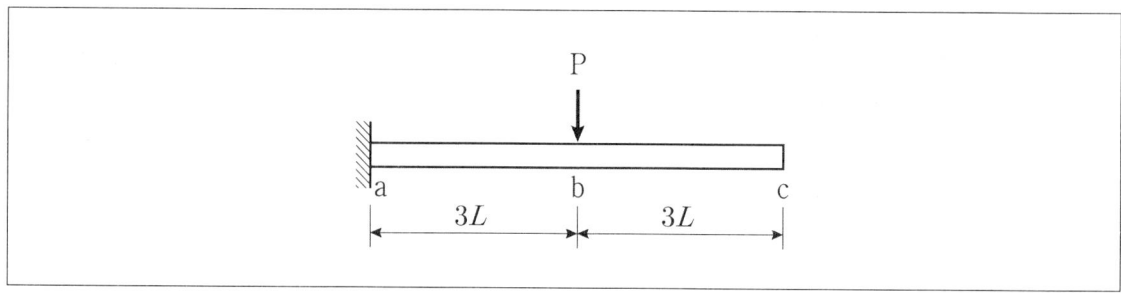

① $\dfrac{1}{2}$

② $\dfrac{2}{3}$

③ $\dfrac{2}{5}$

④ $\dfrac{3}{7}$

ANSWER 8.③

8
- b지점의 처짐 : $\delta_b = \dfrac{P(3L)^3}{3EI}$
- c지점의 처짐 : $\delta_c = \delta_b + \dfrac{P(3L)^2}{2EI} \cdot 3L = \dfrac{P(3L)^3}{3EI} + \dfrac{P(3L)^3}{3EI} = \dfrac{5}{6}\dfrac{P(3L)^3}{EI}$
- b, c지점의 처짐비 : $\dfrac{\delta_b}{\delta_c} = \dfrac{2}{5}$

9 조적구조의 내진설계에 대한 설명으로 옳지 않은 것은?

① 조적허리벽이 모멘트골조로부터 이격된 경우에는 허리벽에 의한 기둥길이의 감소효과를 구조해석과 설계에 반영해야 한다.
② 조적채움벽이 모멘트골조로부터 이격되지 않아서 구조요소로 역할을 할 경우에는 채움벽의 영향을 구조해석에서 고려해야 한다.
③ 철근콘크리트모멘트골조 또는 철골모멘트골조의 내부에 밀착하여 채움벽이 배치되는 경우에는 채움벽의 강성 및 강도 기여도를 고려해야 한다.
④ 철근콘크리트모멘트골조 또는 철골모멘트골조의 내부에 밀착된 채움벽체의 대각방향 압축대의 강도는 골조의 강성을 고려한 유효폭을 산정하여 골조의 강도 및 강성 증가 효과를 고려한다.

ANSWER 9.①

9 조적채움벽과 허리벽의 고려사항
• 조적허리벽 또는 콘크리트허리벽이 모멘트골조로부터 이격되지 않은 경우에는 허리벽에 의한 기둥길이의 감소효과를 구조해석과 설계에 반영해야 한다.
• 조적채움벽이 모멘트골조로부터 이격되지 않아서 구조요소로 역할을 할 경우에는 채움벽의 영향을 구조해석에서 고려하여야 한다. 조적채움벽은 조적구조기준에 따라서 설계하여야 하며, 콘크리트 기둥과 보에는 조적채움벽으로부터 전달되는 추가하중에 대하여 설계하여야 한다.
• 학교시설 중 대부분의 교사동 건물은 장변방향으로 조적허리벽, 단변방향으로 조적채움벽이 있는 철근콘크리트 모멘트골조로 이루어져 있다. 그 중 조적허리벽이 있는 장변방향의 경우 단주효과로 인해 기둥의 전단력이 증가하는 반면에 내진설계가 되지 않은 건물의 경우 띠철근 간격이 커서 전단파괴가 발생하고 취성적 거동을 할 가능성이 높다. 실제로 포항지진이 발생하였을 때 조적허리벽 구조를 가진 학교시설물에서 기둥의 단주파괴가 다수 발생하였다.
• 채움벽이란 기둥 사이에 시공되는 벽체로, 벽체의 재료로는 철골, 철근콘크리트, 보강된 조적, 비보강된 조적, 구속된 조적, 나무 등이 사용된다.

10 목구조 부재설계기준에서 수평하중저항구조의 설계에 대한 설명으로 옳지 않은 것은?

① 바닥격막구조는 콘크리트구조 및 조적조에 따라 유발되는 지진하중을 지지하도록 설계하여야 한다.
② 모든 격막구조는 인장 및 압축 하중을 전달하도록 가장자리에 경계부재를 설치하여야 한다.
③ 개구부 주변의 경계부재는 전단응력을 분산하도록 설계하여야 한다.
④ 격막의 덮개용 목질판상재를 경계부재의 이음에 사용하지 않아야 한다.

11 지반개량에 대한 설명으로 옳지 않은 것은?

① 지반의 지지력 증대, 기초의 부등침하 방지 등을 목적으로 실시한다.
② 주입공법은 시멘트, 약액 등을 주입하여 고결시키는 공법이다.
③ 웰포인트 공법은 주로 연약 점토질지반 개량에 사용되는 치환공법이다.
④ 바이브로 플로테이션 공법은 주로 사질지반 개량에 사용되는 다짐공법이다.

ANSWER 10.① 11.③

10 목구조의 수평하중저항구조 설계
- 이 조항은 목구조 건축물에서 바람, 지진 및 기타 수평하중에 저항하는 전단벽(수직격막)과 바닥(수평격막)에 관한 설계에 적용한다.
- 바닥과 전단벽의 전단성능은 파스너의 허용내력과 덮개용 목질판상재의 허용응력을 사용한 역학적 원리에 따라 산정한다.
- 구조내력상 주요한 기둥과 보 등의 구조부재는 KDS 41 17 00(내진설계기준)에 따라 결정되는 지진하중을 지지하도록 설계하여야 한다.
- 구조내력상 주요한 구조부재 사이의 접합부는 KDS 41 17 00(내진설계기준)에 따라 결정되는 지진하중을 지지하도록 KDS 41 50 30(목구조 접합부 설계)에 따라 설계하여야 한다.
- 벽, 기둥, 보 등의 주요구조부가 지진하중을 지지하도록 설계된 건축물에서, 벽이나 가새 등의 수평하중저항요소를 각 층에서 길이 및 너비 방향으로 균형 있게 배치하여야 한다.
- 모든 격막구조는 인장 및 압축 하중을 전달하도록 가장자리에 경계부재를 설치하여야 한다. 개구부 주변의 경계부재는 전단응력을 분산하도록 설계하여야한다.
- 격막의 덮개용 목질판상재를 경계부재의 이음에 사용하지 않아야한다.
- 전단벽의 이중깔도리(버팀재)나 바닥의 보막이장선(현재) 등 골조부재의 끝부분에 직각방향으로 설치되는 부재는 해당 격막구조가 작용하중을 충분히 지지한다는 사실이 증명되지 않는 한 반드시 설치하여야 한다.

11 웰포인트공법은 양수관을 다수 박아 넣고 상부를 연결하여 진공흡입펌프에 의해 지하수를 양수하도록 하는 강제배수공법으로서 주로 사질지반 개량에 사용된다.

12 건축물 내진설계에 대한 내용으로 옳지 않은 것은?

① 건물의 중요도를 고려하여 내진등급과 내진설계 중요도계수를 결정한다.
② 내진등급은 내진특등급, 내진Ⅰ등급, 내진Ⅱ등급, 내진Ⅲ등급으로 구분된다.
③ 평면비정형성의 유형에는 비틀림비정형, 요철형평면, 격막의 불연속, 면외 어긋남, 비평행시스템이 있다.
④ 수직비정형성의 유형에는 강성비정형-연층, 중량비정형, 기하학적 비정형, 횡력저항 수직저항 요소의 비정형, 강도의 불연속-약층이 있다.

13 특수목적 건축기준에서 케이블구조 및 막구조에 대한 설명으로 옳지 않은 것은?

① 케이블구조는 주로 휨응력과 전단응력을 받을 목적으로 케이블 부재로 시공되는 구조이다.
② 케이블구조의 형상은 케이블의 장력분포와 깊은 관계가 있으므로 초기형상해석을 수행한다.
③ 막구조는 자중을 포함하는 외력이 막응력에 따라 저항되는 구조물로서, 휨 또는 비틀림에 대한 저항이 작거나 또는 전혀 없는 구조이다.
④ 공기막구조는 공기막 내외부의 압력차에 따라 막면에 강성을 주어 형태를 안정시켜 구성되는 구조이다.

14 콘크리트구조 철근상세 설계기준에서 수축·온도철근에 대한 설명으로 옳지 않은 것은?

① 슬래브에서 휨철근이 1방향으로만 배치되는 경우, 이 휨철근에 직각방향으로 수축·온도철근을 배치하여야 한다.
② 1방향 철근콘크리트 슬래브의 수축·온도철근비는 콘크리트 전체 단면적에 대한 수축·온도철근 단면적의 비로 한다.
③ 1방향 철근콘크리트 슬래브에 배치되는 수축·온도철근의 간격은 슬래브 두께의 6배 이하, 또한 500mm 이하로 하여야 한다.
④ 1방향 철근콘크리트 슬래브에서 수축·온도철근은 설계기준항복강도(f_y)를 발휘할 수 있도록 정착되어야 한다.

ANSWER 12.② 13.① 14.③

12 내진등급은 중요도에 따라서 내진특등급, 내진Ⅰ등급, 내진Ⅱ등급으로 분류한다.

13 케이블구조는 주로 인장응력을 받을 목적으로 시공되는 구조이다.

14 1방향 철근콘크리트 슬래브에 배치되는 수축·온도철근의 간격은 슬래브 두께의 5배 이하, 또한 450mm 이하로 하여야 한다.

15 그림과 같은 2방향 직사각형 독립 기초판의 단변방향으로 배근할 전체 철근량이 15,000mm²이면, 유효 폭 내에 배근해야 하는 단변방향 철근량[mm²]은?

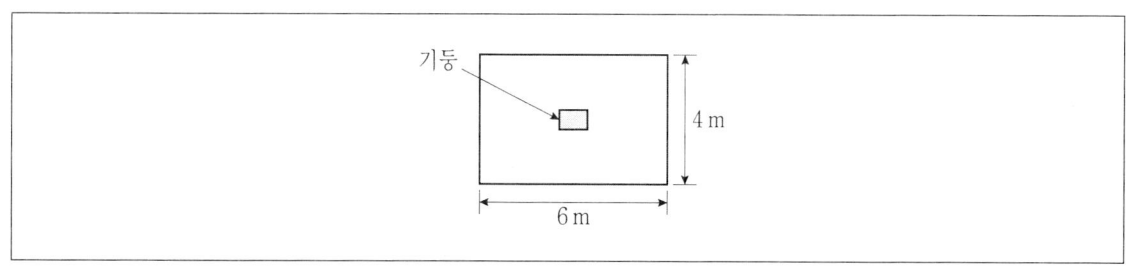

① 10,000
② 12,000
③ 12,500
④ 13,500

Answer 15.②

15 단변방향에 전체 철근량에 대한 유효폭 내의 철근량

$$\gamma_s = \frac{\text{유효폭 내에 배치되는 철근량}}{\text{단변방향의 전체철근량}(15,000)} = \frac{2}{\beta+1} = \frac{2}{\frac{6}{4}+1}$$ 이므로

유효폭 내에 배치되는 철근량은 12,000[mm²]이다.

16 다음 그림은 철근콘크리트 기둥의 P-M 상관도에 기둥의 세장비에 따른 파괴양상을 표현하였다. (가)~(다)에 들어갈 말을 바르게 연결한 것은?

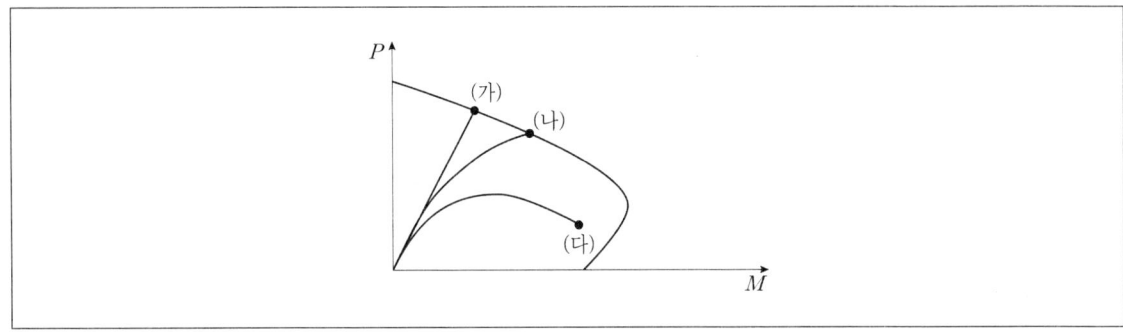

	(가)	(나)	(다)
①	재료파괴	재료파괴	좌굴파괴
②	재료파괴	좌굴파괴	좌굴파괴
③	좌굴파괴	재료파괴	재료파괴
④	좌굴파괴	좌굴파괴	재료파괴

ANSWER 16.①

16 (가),(나)는 재료파괴, (다)는 좌굴파괴이다.

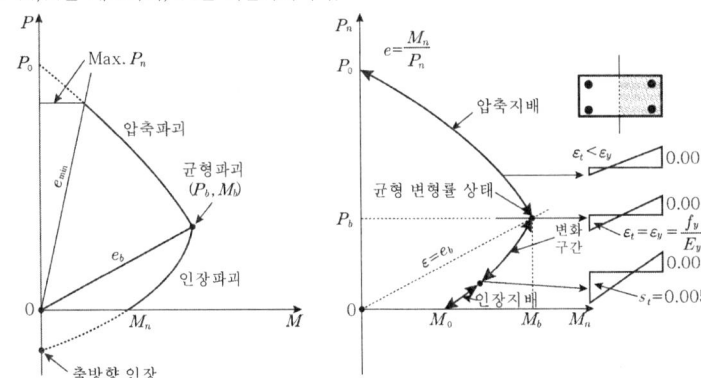

17 강구조 설계에서 용접에 대한 설명으로 옳지 않은 것은?

① 필릿용접의 유효면적은 유효길이에 유효목두께를 곱한 것으로 한다.
② 필릿용접의 유효길이는 필릿용접의 총길이에서 용접치수의 2배를 공제한 값으로 한다.
③ 플러그용접과 슬롯용접의 유효길이는 목두께의 중심을 잇는 용접중심선의 길이로 한다.
④ 강도를 기반으로 하여 설계되는 필릿용접의 최소길이는 공칭용접치수의 3배 이상으로 하여야 한다.

18 다음은 온도변화에 따른 강재의 특성에 관한 내용이다. ㈎~㈐에 들어갈 말을 바르게 연결한 것은?

> 일반적으로 강재는 저온 상태가 되면 ㈎ 와/과 ㈏ 이 급격히 감소하여 ㈐ 와 같은 현상이 발생하기 쉽다.

	㈎	㈏	㈐
①	인장강도	전단강성	취성파괴
②	인장강도	단면수축률	연성파괴
③	연신율	전단강성	연성파괴
④	연신율	단면수축률	취성파괴

ANSWER 17.④ 18.④

17 강도를 기반으로 하여 설계되는 필릿용접의 최소길이는 공칭용접사이즈의 4배 이상으로해야 한다. 또는 유효용접사이즈는 그 용접길이의 1/4 이하가 되어야 한다.

18 일반적으로 강재는 저온 상태가 되면 연신율과 단면수축률이 급격히 감소하여 취성파괴와 같은 현상이 발생하기 쉽다.

19 강구조 설계에 대한 용어 설명으로 옳은 것은?

① 자유돌출판은 하중의 방향과 평행하게 양면이 직각방향의 판요소에 의해 연속된 압축을 받는 평판요소이다.
② 스캘럽은 용접선의 단부에 붙인 보조판으로 용접의 시작부나 종단부에서 용착금속의 결함 방지를 위하여 사용한다.
③ 블록전단파단은 접합부에서, 한쪽 방향으로는 인장파단, 다른 방향으로는 전단항복 혹은 전단파단이 발생하는 한계상태이다.
④ 인장역작용은 하중점과 볼트, 접합된 부재의 반력 사이에서 지렛대와 같은 거동에 의해 볼트에 작용하는 인장력이 증폭되는 작용이다.

ANSWER 19.③

19 ① 양면지지판은 하중의 방향과 평행하게 양면이 직각방향의 판요소에 의해 연속된 압축을 받는 평판요소이다.
② 엔드탭은 용접선의 단부에 붙인 보조판으로 용접의 시작부나 종단부에서 용착금속의 결함 방지를 위하여 사용한다.
④ 인장역작용은 프랫트러스와 유사하게 전단력이 작용할 때 웨브의 대각방향으로 인장력이 발생하고 수직보강재에 압축력이 발생하는 패널의 거동이다.

20 건축물 기초구조 설계기준에서 깊은 지하층의 지하외벽 및 바닥구조 설계에 대한 설명으로 옳지 않은 것은?

① 지하외벽구조는 지상층구조의 횡력 영향과 지하외벽에 직접 작용하는 토압 및 수압의 영향을 고려하여야 한다.
② 지하연속벽공법에 의해 시공되는 지하외벽이 영구벽체로 사용되는 경우, 지하연속벽의 수직 시공 이음부의 설계전단강도와 전단강성은 소요전단강도와 소요전단강성을 만족하여야 한다.
③ 1층을 포함한 지하층 바닥구조는 연직하중에 의한 영향뿐만 아니라 지상층구조의 횡력 영향과 지하외벽에 직접 작용하는 횡토압 및 횡수압에 의한 면내압축력도 고려하여야 한다.
④ 지반에 접한 바닥구조는 지하외벽으로부터의 면외하중과 지반으로부터의 상향 수압 및 토압에 의한 면내하중도 고려하여야 한다.

Answer 20.④

20 지반에 접한 바닥구조는 지하외벽으로 부터의 면내하중과 지반으로부터의 상향 수압 및 토압에 의한 면외 하중도 고려하여 설계하여야 한다.

  ※ **지하층 바닥구조**
  - 1층을 포함한 지하층 바닥구조는 연직하중에 의한 영향뿐만 아니라 지상층 구조의 횡력 영향과 지하외벽에 직접 작용하는 횡토압 및 횡수압에 의한 면내압축력도 고려하여 설계하여야 한다. 또한 세장 압축부재는 세장영향을 고려하여야한다.
  - 면내하중이 작용하는 바닥구조의 설계는 큰 개구부의 영향도 고려하여야 한다.
  - 지하외벽에 직접 작용하는 정적 횡토압과 횡수압은 지속하중으로 간주하여야 한다.
  - 횡력을 전달하는 지하층 바닥구조는 격막 및 수집재들을 설계하여야 한다.
  - 지하층 바닥구조의 상세는 격막, 경계부재, 수집재 들의 구성요소 사이에 힘이 안전하게 전달되도록 해당 기준에 따라 설계하여야 한다.
  - 지하층 바닥구조의 하중전달 경로에 단면의 변화가 있는 경우에는 이에 대한 영향을 고려하여 설계하여야 한다.
  - 지하층에 합성바닥구조를 사용한 경우에는 압축력을 받는 구조요소들의 접합부 주변은 길이방향 전단력을 고려하여 설계하여야 한다.
  - 압축력을 받는 합성부재의 각 요소(강재와 콘크리트의 단면)에 작용하는 압축력 산정에는 콘크리트의 장기경과에 따른 영향을 고려하여야 한다.

건축구조 / 2023. 6. 10. 제1회 지방직 시행

1 다음 중 건축구조기준에서 규정하고 있는 기본등분포활하중의 용도별 최솟값이 가장 큰 건축물 용도는?

① 주거용 건축물의 거실
② 일반사무실
③ 도서관 서고
④ 총중량 30kN 이하의 차량용 옥외 주차장

2 건축구조기준에서 규정한 목표성능을 만족하면서, 건축주가 선택한 성능지표(안전성능, 사용성능, 내구성능 및 친환경성능 등)를 만족하도록 건축구조물을 설계하는 방법은?

① 성능기반설계법
② 강도설계법
③ 한계상태설계법
④ 허용응력설계법

ANSWER 1.③ 2.①

1 직관적으로 단위면적당 가장 큰 하중이 작용하는 경우는 도서관 서고임을 알 수 있다.
① 주거용 건축물의 거실 2.0
② 일반사무실 2.5
③ 도서관 서고 7.5
④ 총중량 30kN 이하의 차량용 옥외 주차장 5.0

2 • 성능기반설계법 : 건축구조기준에서 규정한 목표성능을 만족하면서, 건축주가 선택한 성능지표(안전성능, 사용성능, 내구성능 및 친환경성능 등)를 만족하도록 건축구조물을 설계하는 방법
• 허용응력설계법 : 부재에 작용하는 실제하중에 의해 단면 내에 발생하는 각종 응력이 그 재료의 허용응력 범위 이내가 되도록 설계하는 방법으로서 안전을 도모하기 위하여 재료의 실제강도를 적용하지 않고 이 값을 일정한 수치(안전률)로 나눈 허용응력을 기준으로 한다는 것이 특징이다.
• 강도설계법 : 부재의 강도가 사용하중에 하중계수를 곱한 값인 계수하중을 지지할 수 있는 이상의 강도를 발휘할 수 있도록 설계하는 방법
• 한계상태설계법 : 구조물의 모든 부재가 한계상태로 되는 확률을 일정한 값 이하가 되도록 하는 설계법이다. 즉, 하중의 작용과 재료강도의 변동 등을 종합적으로 고려하여 구조물의 안전성을 확률론적으로 평가하는 것이다.

3 강봉, 강선, 강연선 등과 같은 긴장재를 사용하여 콘크리트에 초기 긴장력을 도입한 구조는?

① 공기막구조
② 프리스트레스트 콘크리트 구조
③ 프리캐스트 콘크리트 구조
④ 합성구조

4 조적구조에 대한 설명으로 옳지 않은 것은?

① 일반적으로 풍하중이나 지진하중과 같은 수평하중에 취약하다.
② 벽돌구조의 세로줄눈은 막힌줄눈보다 통줄눈으로 설계하는 것이 구조적으로 유리하다.
③ 테두리보는 조적벽 상부에 설치하여 구조를 일체화시키고 상부하중을 균등히 분포시킨다.
④ 벽돌쌓기 방법 중 불식쌓기는 같은 켜에 길이쌓기와 마구리쌓기를 교대로 사용하는 방법이다.

ANSWER 3.② 4.②

3 강봉, 강선, 강연선 등과 같은 긴장재를 사용하여 콘크리트에 초기 긴장력을 도입한 구조는 프리스트레스트 콘크리트 구조이다.

4 벽돌구조의 세로줄눈은 통줄눈보다 막힌줄눈으로 설계하는 것이 구조적으로 유리하다.

5 그림과 같이 수평하중 20kN이 작용하는 라멘구조에서 D점의 휨모멘트는?

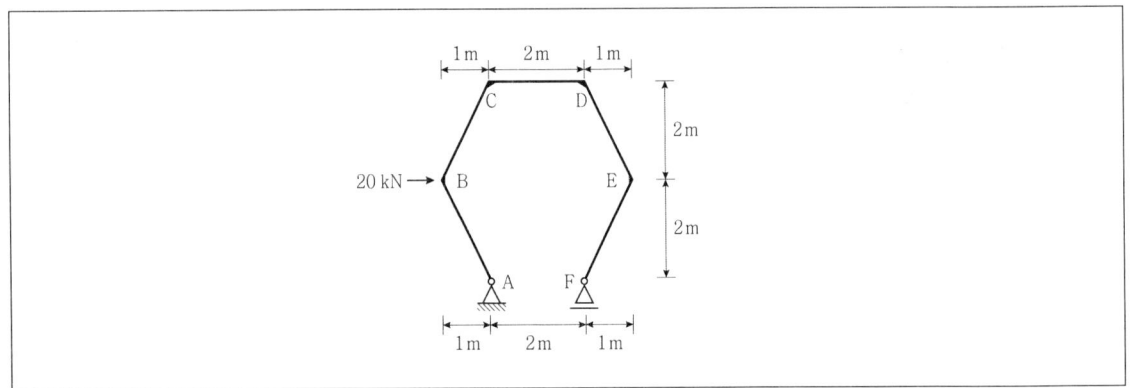

① 0kN · m
② 10kN · m
③ 20kN · m
④ 40kN · m

ANSWER 5.①

5 • F점의 연직반력은 작용선상에 D점에 위치하고 있으므로 D점에 아무런 영향을 주지 못한다.
  • 반력의 크기는 $R_{HA} = 20[kN](\downarrow)$, $R_{VA} = 20[kN](\leftarrow)$
  • D점에 대하여 시계방향의 모멘트를 (+)로 가정하면
  $\sum M_D = -(H_B \cdot 2) + R_{HA} \cdot 4 - (R_{VA} \cdot 2) = -20 \cdot 2 + 20 \cdot 4 - 20 \cdot 2 = 0$

6 그림과 같은 연속보에 발생하는 모멘트도의 개형으로 옳은 것은? (단, P는 집중하중이고, 보의 자중은 무시한다)

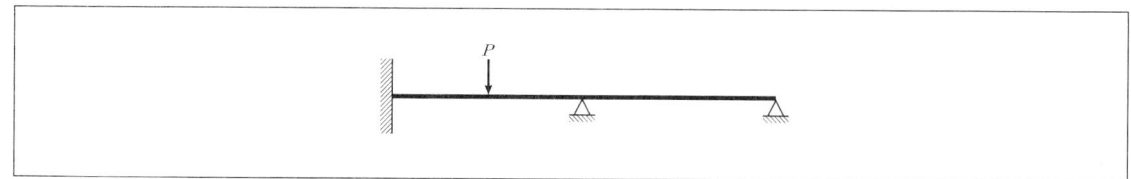

①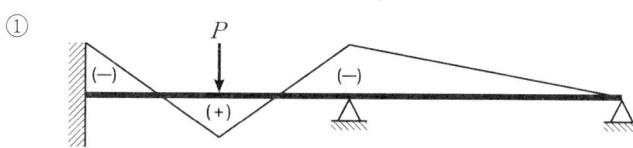

②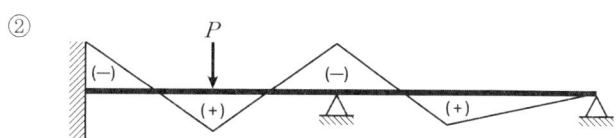

③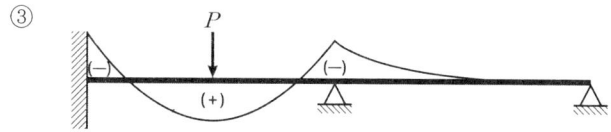

④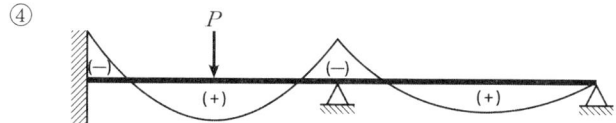

ANSWER 6.①

6 휨모멘트선도의 형상은 실재 처짐의 형상과 매우 유사하므로 하중이 가해졌을 때 변형형상은 직관적으로 ②, ④는 아님을 알 수 있다. 또한 휨모멘트선도가 곡선을 이루려면 해당 구간에서 등분포하중이 가해져야 하나 문제에서 주어진 조건은 등분포하중이 없으므로 ③도 아니므로 정답은 ①이 된다.

7 그림과 같이 등분포하중(ω)을 받는 단순보에서 중앙부 최대처짐(δ)을 줄이는 방법 중 가장 효과가 큰 경우는? (단, 보는 직사각형 단면의 강재보이고, 선형탄성거동으로 제한하며, 보 전체 길이(l)에서 단면과 재질은 동일하다)

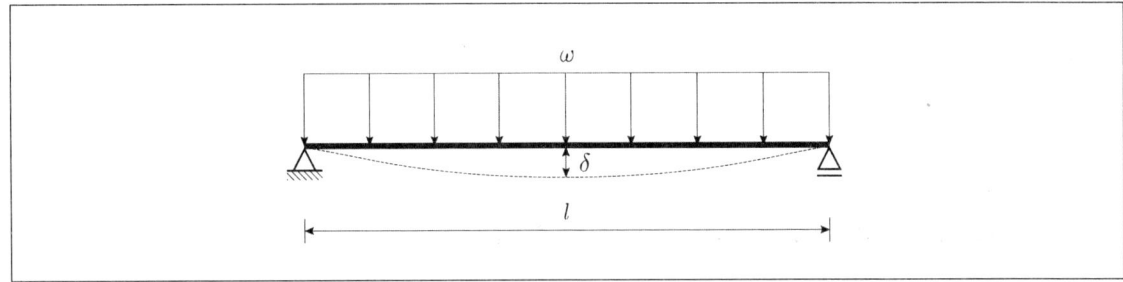

① 하중을 1/2로 줄인다.
② 보 폭을 2배 증가시킨다.
③ 보 춤을 1.5배 증가시킨다.
④ 항복강도가 2배 큰 강재로 교체한다.

ANSWER 7.③

7 $\delta_{\max} = \dfrac{5wl^4}{384EI} = \dfrac{5wl^4}{384E\dfrac{bh^3}{12}}$ 이므로 보의 춤(h)을 높이는 것이 처짐량 감소에 가장 효과가 있다.

8 벽돌벽체를 쌓을 때 조적 내부에 수직 중 공부를 두는 공간 쌓기의 목적이 아닌 것은?

① 방음기능 향상
② 단열성능 향상
③ 내진성능 향상
④ 방습기능 향상

9 슬래브와 보를 일체로 타설하고, 보의 양쪽에 슬래브가 있는 철근콘크리트 T형보의 유효폭을 산정하는 세 가지 방법에 해당하지 않는 것은? (단, b_w는 보의 복부(웨브)폭이며, 슬래브(플랜지)의 두께는 균일하다)

① 슬래브 두께의 16배 + b_w
② 인접 보와의 내측거리
③ 양쪽 슬래브의 중심 간 거리
④ 보경간의 1/4

ANSWER 8.③ 9.②

8 공간쌓기를 하면 빈 공간이 많아지게 되어 내진성능은 저하된다.

9 T형보 플랜지의 유효폭

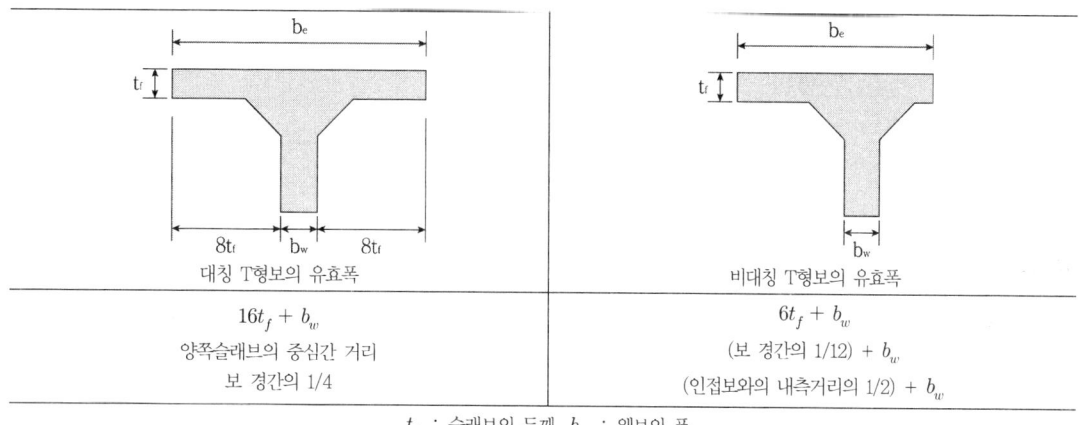

10 그림과 같은 등변사다리꼴 단면의 단근보가 휨내력에 도달할 때, 인장철근의 변형률이 0.0099가 되기 위한 총인장철근량은? (단, 콘크리트 설계기준압축강도 f_{ck} = 30MPa, 철근 설계기준항복강도 f_y = 600MPa이다)

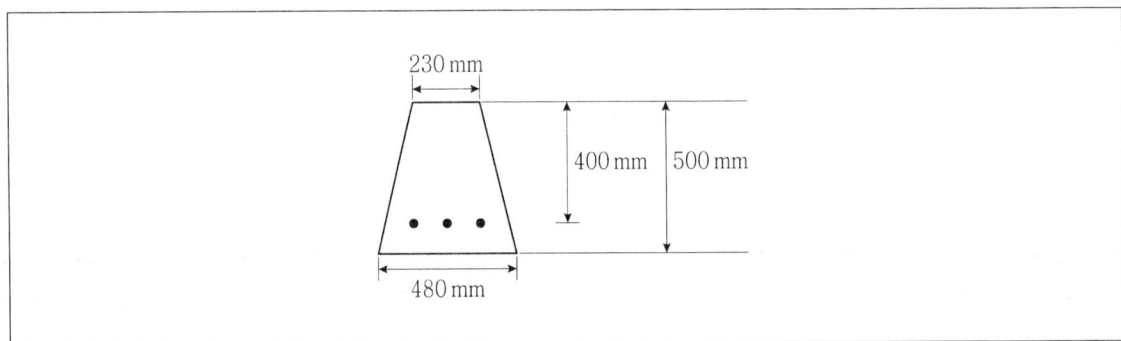

① 450mm²
② 650mm²
③ 750mm²
④ 850mm²

ANSWER 10.④

10 시간이 상당히 소요되는 문제이며 출제빈도가 매우 낮은 문제이므로 과감히 넘어갈 것을 권한다.

- $\rho_b = 0.85\beta_1 \dfrac{f_{ck}}{f_y} \cdot \dfrac{\varepsilon_c}{\varepsilon_c + \varepsilon_t} = 0.85 \cdot 0.8 \cdot \dfrac{30}{600} \cdot \dfrac{0.0033}{0.0033 + 0.0099} = 0.0085$

- $A_s = \rho_b A = \rho_b \cdot (230 \cdot 400) = 0.0085 \cdot 230 \cdot 400 = 782 [mm^2]$

11 콘크리트 벽체 설계기준에 따른 벽체 설계에 대한 설명으로 옳지 않은 것은?

① 수직 및 수평철근의 간격은 벽두께의 3배 이하 또한 450mm 이하로 하여야 한다.
② 두께 250mm 이상의 벽체에서는 수직 및 수평 철근을 벽면에 평행하게 양면으로 배근한다. 단, 지하실 벽체에는 이 규정을 적용하지 않을 수 있다.
③ 비내력벽의 두께는 100mm 이상이어야 하고, 또한 이를 횡방향으로 지지하고 있는 부재 사이 최소 거리의 1/30 이상이 되어야 한다.
④ 지하실 외벽의 두께는 150mm 이상이어야 한다.

12 강구조에 대한 설명으로 옳지 않은 것은?

① 소성변형능력이 우수하다.
② 내화성능향상과 부식방지를 위한 유지관리 대책이 필요하다.
③ 지속적인 반복하중에 따른 피로에 의한 파단의 우려가 있다.
④ 강재보 부재는 압축력이 작용하지 않으므로 좌굴을 고려하지 않아도 된다.

13 강구조 부재의 접합에서 볼트 접합부의 파괴유형이 아닌 것은?

① 볼트의 압축파괴
② 볼트의 인장파괴
③ 볼트의 전단파괴
④ 피접합재의 연단부파괴

ANSWER 11.④ 12.④ 13.①

11 지하실 외벽의 두께는 200mm이상이어야 한다.
12 강재보 부재는 압축력이 작용할 수 있으므로 좌굴을 반드시 고려해야 한다.
13 볼트 접합부의 파괴는 볼트의 파괴(1면전단파괴, 2면전단파괴, 인장파괴)와 모재의 파괴(연단부파괴, 측단부파괴, 지압파괴)로 나뉜다.

14 강구조의 내진설계에서 국가공인기관에 의한 실험결과나 다른 합리적 기준에 의해 강재의 적합성을 입증해야만 특수모멘트골조, 중간모멘트골조 또는 편심가새골조 등으로 사용할 수 있는 강재는?

① SM강　　　　　　　　　　　② SN강
③ SHN강　　　　　　　　　　 ④ TMC강

15 강구조에서 와이어로프 등과 같은 인장재를 긴장시킬 때 사용하는 부속철물은?

① 베이스플레이트(base plate)　　② 턴버클(turn buckle)
③ 거셋플레이트(gusset plate)　　 ④ 앵커볼트(anchor bolt)

Answer 14.① 15.②

14 SM강은 용접구조용 압연강재로서 기본적으로 내진성능이 갖추어졌다고 볼 수는 없는지라 이를 특수모멘트골조, 중간모멘트골조 또는 편심가새골조 등으로 사용할 수 있으려면 국가공인기관에 의한 실험결과나 다른 합리적 기준에 의해 강재의 적합성을 입증해야만 한다.
- SS : 일반구조용 압연강재
- SM : 용접구조용 압연강재
- SMA : 용접구조용 내후성 열간압연강재
- SN : 건축구조용 압연강재
- FR : 건축구조용 내화강재
- SPS : 일반구조용 탄소강관
- SPSR : 일반구조용 각형강관
- STKN : 건축구조용 원형강관
- SPA : 내후성강
- SHN : 건축구조용 H형강

15 턴버클 : 강구조에서 와이어로프 등과 같은 인장재를 긴장시킬 때 사용하는 부속철물
- 거셋플레이트 : 트러스의 부재, 스트럿 또는 가새재를 보 또는 기둥에 연결하는 판요소

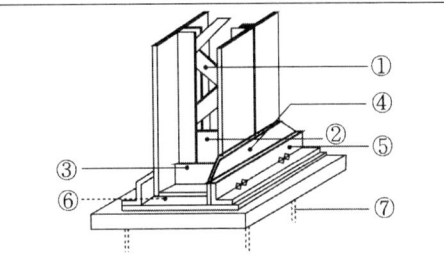

① 래티스
② 웨브플레이트
③ 클립앵글
④ 윙플레이트
⑤ 사이드앵글
⑥ 베이스플레이트
⑦ 앵커볼트

16 철근콘크리트구조 기초설계에 대한 설명으로 옳지 않은 것은?

① 동일하중 조건에서 기초면적이 커질수록 지반의 지압 및 기초의 침하량은 감소한다.
② 연약 지반에서는 말뚝을 사용하여 기초의 하중을 연약 지층 하부의 암반층으로 전달하기도 한다.
③ 기초로부터 지반에 전달되는 하중의 면적당 크기가 허용지내력보다 커지도록 설계하여 지반이 구조물을 안정적으로 지지할 수 있도록 한다.
④ 부동침하는 구조물에 추가적인 응력과 균열을 발생시킬 수 있어 설계 시 주의하여야 한다.

ANSWER 16.③

16 기초로부터 지반에 전달되는 하중의 면적당 크기가 허용지내력보다 작아지도록 설계하여 지반이 구조물을 안정적으로 지지할 수 있도록 한다.

17 건축구조기준에 따른 건축물의 중요도 분류 중 '중요도(1)'에 해당하는 것은?

① 연면적 1,000m² 이상인 위험물 저장 및 처리시설
② 연면적 1,000m² 이상인 국가 또는 지방자치단체의 청사 · 외국공관 · 소방서 · 발전소 · 방송국 · 전신전화국
③ 5층 이상인 숙박시설 · 오피스텔 · 기숙사 · 아파트
④ 가설구조물

ANSWER 17.③

17 다품종 소량생산보다 소품종 대량생산 시에 치공구를 사용하는 것이 치공구 제작비면에서 더 유리하다.

내진등급	분류목적	소분류
중요도(특) 중요도계수 1.5	유출 시 인명피해가 우려되는 독극물 등을 저장하고 처리하는 건축물	연면적 1,000m² 이상인 위험물 저장 및 처리시설
	응급비상 필수시설물로 지정된 건축물	연면적 1,000m² 이상인 국가 또는 지방자치단체의 청사 · 외공관 · 소방서 · 발전소 · 방송국 · 전신전화국
		종합병원, 또는 수술시설이나 응급시설이 있는 병원
중요도(1) 중요도계수 1.2	중요도(특)보다 작은 규모의 위험물 저장 · 처리시설 및 응급비상 필수시설물	연면적 1,000m² 미만인 위험물 저장 및 처리시설
		연면적 1,000m² 미만인 국가 또는 지방자치단체의 청사 · 외공관 · 소방서 · 발전소 · 방송국 · 전신전화국
	붕괴 시 인명에 상당한 피해를 주거나 국민의 일상생활에 상당한 경제적 충격이나 대규모 혼란이 우려되는 건축물	연면적 5,000m² 이상인 공연장 · 집회장 · 관람장 · 전시장 · 운시설 · 판매시설 · 운수시설(화물터미널과 집배송시설은 제외함)
		아동관련시설 · 노인복지시설 · 사회복지시설 · 근로복지시설
		5층 이상인 숙박시설 · 오피스텔 · 기숙사 · 아파트
		학교
		수송시설과 응급시설 모두 없는 병원, 기타 연면적 1,000m² 이상 의료시설로서 중요도(특)에 해당되지 않은 건축물
중요도(2) 중요도계수 1.0	붕괴 시 인명피해의 위험도가 낮은 건축물	중요도(특), 중요도(1), 중요도(3)에 해당하지 않는 건축물
중요도(3) 중요도계수 1.0	붕괴 시 인명피해가 없거나 일시적인 건축물	농업시설물, 소규모창고 가설구조물

18 초고층건물의 구조설계와 관련된 요소기술이 아닌 것은?

① 풍동실험기술
② 기둥축소량 보정기술
③ 횡력저항구조시스템 설계기술
④ PEB구조(Pre-Engineered Metal Building System)기술

19 지진력에 저항하는 철근콘크리트 구조시스템에서 설계기준항복강도가 600MPa인 철근을 사용할 수 있는 경우가 아닌 것은?

① 중간모멘트골조에 사용하는 주철근
② 특수철근콘크리트 구조벽체 소성영역 및 연결보에 사용하는 주철근
③ 특수모멘트골조의 보에 사용하는 전단철근
④ 특수철근콘크리트 구조벽체에 사용하는 전단철근

ANSWER 18.④ 19.③

18 PEB구조(Pre-Engineered Metal Building System)
- H형강 단면의 두께와 폭을 컴퓨터 프로그램에 의하여 건축물의 물리적 치수와 하중조건에 필요한 응력에 대응하도록 설계, 제작되는 철골 구조물
- 휨모멘트 크기에 따라 부재형상을 최적화 한 변단면부재(Tapered Beam)를 사용한 철골시스템이다.
- 공장제작방식으로 제조되며 현장에서 단순하게 볼트조립만 필요하다.
- 현장에서 구조설계 변경 시 즉각 대응이 어렵다.
- 용접과 절단기술, 컴퓨터시스템의 도입과 더불어 골조 중량감소 등의 이유로 공장, 창고, 격납고 시설 등에 널리 사용된다.

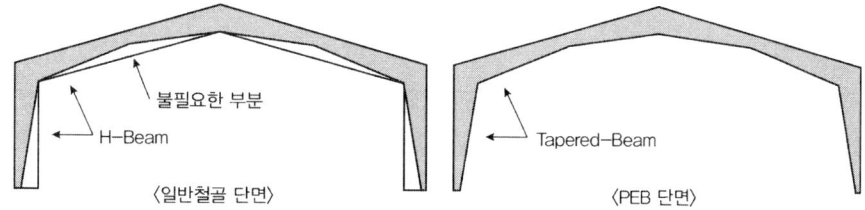

19
- 특수모멘트골조의 보에 사용하는 전단철근은 설계기준항복강도가 500MPa이하의 철근을 사용해야 한다.
- 지진력에 의한 휨모멘트 및 축력을 받는 중간모멘트골조와 특수모멘트골조, 그리고 특수철근콘크리트 구조벽체 소성영역과 연결보에 사용하는 철근(KS D 3504, 3552, 7017)은 설계기준항복강도 가 600MPa 이하이어야 한다.

20 다음 설명에서 ㈎와 ㈏에 들어갈 내용은?

> 말뚝의 중심 간격은 최소한 말뚝지름의 ㉠ 배 이상, 기초측면과 말뚝중심 간의 거리는 최소 말뚝지름의 ㉡ 배 이상으로 한다. (단, 말뚝기초판은 말뚝 가장자리에서 100mm 이상 확장해야 한다)

	㈎	㈏
①	2.0	1.25
②	2.0	1.5
③	2.5	1.25
④	2.5	1.5

Answer 20.③

20 말뚝의 중심 간격은 최소한 말뚝지름의 2.5배 이상, 기초측면과 말뚝중심 간의 거리는 최소 말뚝지름의 1.25배 이상으로 한다. (단, 말뚝기초판은 말뚝 가장자리에서 100mm 이상 확장해야 한다)

건축구조 / 2024. 3. 23. 인사혁신처 시행

1 강구조 압축부재의 하단부가 회전고정 및 이동고정 되어 있고 상단부가 회전자유 및 이동고정 되어 있을 경우 유효좌굴길이계수의 이론값은?

① 0.5
② 0.7
③ 1.0
④ 1.2

2 강구조 건축물 설계 시 고려하는 사용한계상태로 옳은 것은?

① 구조물의 진동
② 소성힌지의 형성
③ 인장파괴
④ 골조의 안정성

ANSWER 1.② 2.①

1 유효좌굴길이 $L_k = K \cdot L$ (K: 좌굴계수, L: 부재길이)

단부구속조건	양단 고정단	1단 힌지단 타단 고정단	양단 힌지단	1단 자유단 타단 고정단
좌굴계수	0.50	0.70	1.0	2.0

2 • 사용성에 대한 한계상태는 작용하중으로 인하여 그 구조물의 범용적인 사용이 불가능해지거나 편리성이 상실되는 상태를 말하는데 이를 사용한계상태(Service Strength State)라 부른다. 사용한계상태의 대표적인 예로는 처짐, 진동, 균열, 소음 등이 있다.
• 강도한계상태 : 항복, 소성힌지의 형성, 골조 또는 부재의 안정성, 인장파괴, 피로파괴 등 안정성과 최대하중지지력에 대한 한계상태이다.

3 다음은 철근콘크리트 구조의 인장지배단면에 관한 내용이다. (가)~(다)에 들어갈 내용을 바르게 연결한 것은?

> 압축연단 콘크리트가 가정된 극한변형률에 도달할 때 최외단 인장철근의 순인장변형률 ε_t가 [(가)]의 인장지배변형률 한계 [(나)]인 단면을 인장지배단면이라고 한다. 다만, 철근의 항복강도가 400MPa을 초과하는 경우에는 인장지배변형률 한계를 철근 항복변형률의 [(다)]배로 한다.

	(가)	(나)	(다)
①	0.004	이상	2.0
②	0.004	이하	2.0
③	0.005	이상	2.5
④	0.005	이하	2.5

4 그림과 같은 단순보 중앙에 집중하중 24kN이 작용할 때, 단순보 단면에 발생할 수 있는 최대 전단응력[MPa]은? (단, 보의 자중은 무시한다)

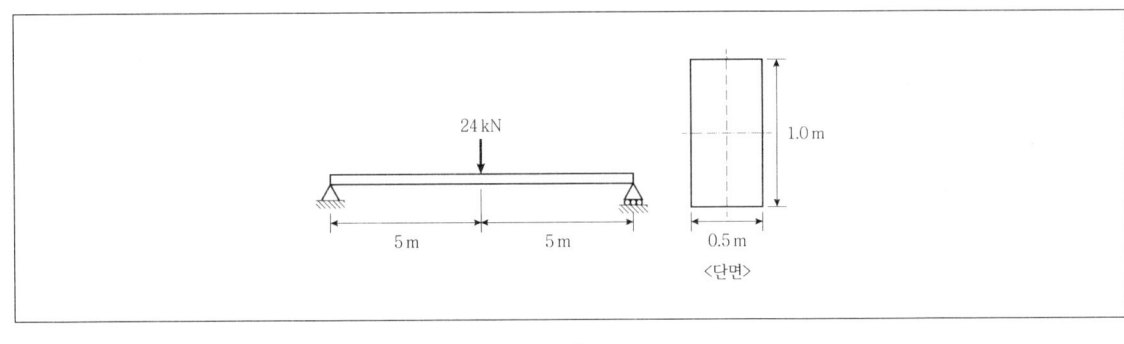

① 0.018　　② 0.036
③ 0.048　　④ 0.072

ANSWER 3.③　4.②

3 압축연단 콘크리트가 가정된 극한변형률에 도달할 때 최외단 인장철근의 순인장변형률 ε_t가 0.005의 인장지배변형률 한계 이상인 단면을 인장지배단면이라고 한다. 다만, 철근의 항복강도가 400MPa을 초과하는 경우에는 인장지배변형률 한계를 철근 항복변형률의 2.0배로 한다.

4 최대전단응력은 지점단면의 중앙부에서 발생하게 된다.
$$\tau_{\max} = 1.5\frac{V_A}{A} = 1.5 \cdot \frac{12[kN]}{0.5[m] \cdot 1.0[m]} = 0.036[MPa]$$

5 얕은기초 설계에 대한 설명으로 옳지 않은 것은?

① 기초의 폭은 300mm 이상이어야 한다.
② 계단식 기초의 상부면은 평평하여야 하며, 기초의 하부면은 1/10을 초과하지 않는 경사는 허용된다.
③ 동결조건이 영구적이지 않으면 동결지반에 지지해서는 안 된다.
④ 교란된 지반, 다짐하지 않은 채움재 또는 제어되지 않은 저강도재료 위에 시공하여야 한다.

6 그림과 같은 트러스 구조물에서 부재 DF의 부재력[kN]은? (단, 부재의 인장력은 (+), 압축력은 (-)로 하며, 자중은 무시한다)

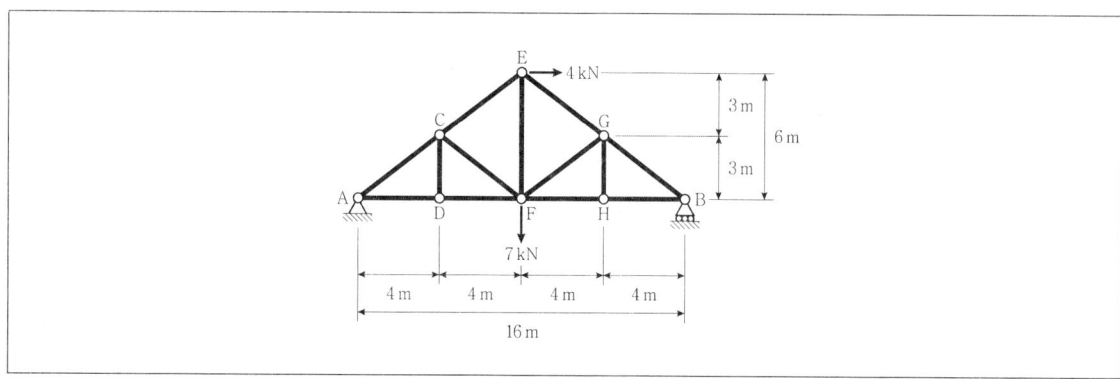

① $+\dfrac{16}{3}$

② $-\dfrac{16}{3}$

③ $+\dfrac{20}{3}$

④ $-\dfrac{20}{3}$

Answer 5.④ 6.③

5 얕은 기초는 교란되지 않은 지반, 다짐한 채움재 또는 제어된 저강도재료 위에 시공하여야 한다.

6 DF부재를 해석하려면 DF부재를 지나는 절단면을 그린 다음 힘의 평형법칙을 적용해야 한다.

$\sum F_y = 0 : V_A - 7 + V_B = 0$

$\sum F_x = 0 : H_A + 4 = 0$

$\sum M_B = 0 : V_A \cdot 16[m] + 4[kN] \cdot 6[m] - 7[kN] \cdot 8[m] = 0$

$V_A = 2[kN]$

C점에 대해서 힘의 평형이 이루어져야 하므로

$\sum M_C = 0 : 4 \cdot 3 + 2 \cdot 4 - F_{DF} \cdot 3 = 0$이므로 $F_{DF} = \dfrac{12+8}{3} = +\dfrac{20}{3}$

7 평지붕설하중에 대한 설명으로 옳지 않은 것은?

① 기본지붕설하중계수 Cb는 일반적으로 0.7로 한다.
② 건축물의 중요도가 1등급일 때 중요도 계수는 1.1이다.
③ 모든 면의 주변이 바람막이가 없이 노출된 지붕이고, 거센바람이 부는 지역의 노출계수는 0.8이다.
④ 난방 이외 동일한 조건일 경우 비난방구조물은 난방구조물에 비해 평지붕설하중이 감소된다.

8 긴 변의 순경간(l_n)이 5m이며, 테두리보를 제외하고 슬래브 주변에 보가 없는 2방향 슬래브의 최소 두께에 대한 설명으로 옳지 않은 것은? (단, 제시된 조건 외에 비교되는 슬래브의 조건은 동일하며, 슬래브의 두께는 120mm를 초과한다)

① 철근의 설계기준항복강도가 증가할수록 슬래브 최소 두께는 감소한다.
② 외부 슬래브의 경우 테두리보가 없는 슬래브보다 테두리보가 있는 슬래브의 최소 두께가 작다.
③ 지판이 있는 경우 테두리보가 없는 외부 슬래브보다 내부 슬래브의 최소 두께가 작다.
④ 내부 슬래브의 경우 지판이 없는 슬래브보다 지판이 있는 슬래브의 최소 두께가 작다.

ANSWER 7.④ 8.①

7 평지붕적설하중 산정식에서 온도계수를 살펴보면 난방구조물의 경우 1.0, 비난방구조물의 경우 1.2이므로 난방 이외 동일한 조건일 경우 비난방구조물은 난방구조물에 비해 평지붕설하중이 증가한다.

8 2방향 슬래브의 최소두께는 아래의 식에 따라 철근의 항복강도가 증가할 경우 슬래브 최소두께도 증가한다.

강성비 α_m이 0.2 초과 2.0 미만인 경우	강성비 α_m이 2.0 이상인 경우
$h = \dfrac{l_n\left(800 + \dfrac{f_y}{1.4}\right)}{36{,}000 + 5{,}000\beta(\alpha_m - 0.2)} \geq 120mm$	$h = \dfrac{l_n\left(800 + \dfrac{f_y}{1.4}\right)}{36{,}000 + 9{,}000\beta} \geq 90mm$

9 비강화유리, 배강도유리, 강화유리를 이용하여 2장 이상 유리 사이에 PVB 포일이나 아크릴 등의 레진을 삽입하여 유리에 부착한 유리는?

① 로이유리
② 복층유리
③ 망입유리
④ 접합유리

10 기초구조 용어 정의에 대한 설명으로 옳지 않은 것은?

① 극한지지력 : 흙에서 전단파괴가 발생되는 기초의 단위면적당 하중
② 마이크로 파일 : 지반에 구멍을 뚫고 강봉을 삽입하여 그라우트 한 깊은 기초이며 소구경 말뚝이라고 함
③ 저강도재료 : 재령 28일의 압축강도가 9.3MPa 이하가 되도록 제어된 시멘트계 슬러리 재료
④ 허용지지력 : 침하 또는 부등침하와 같은 허용한도 내에서 지반의 극한지지력을 적정의 안전율로 나눈 값

11 목구조에서 바닥에 작용하는 하중을 지지하며 평평한 바닥면을 이루기 위하여 설치하는 바닥 덮개를 지지하는 골조 부재는?

① 마룻대
② 바닥장선
③ 바닥도리
④ 토대

ANSWER 9.④ 10.③ 11.②

9 • 접합유리 : 비강화유리, 배강도유리, 강화유리를 이용하여 2장 이상 유리 사이에 PVB 포일이나 아크릴 등의 레진을 삽입하여 유리에 부착한 유리
• 복층(Pair)유리 : 두 장의 판유리 사이에 공간을 두어 최소 두 겹 이상으로 만들어진 판유리로서 공간 안에는 공기의 습기를 흡수할 수 있는 건조제가 들어있다.
• 접합유리 : 2장 이상의 판유리 사이에 투명하고 내열성과 접착성이 강한 접합 필름을 삽입하고 내부의 공기를 제거한 후 온도와 압력을 높여 판유리들을 서로 접합한 것으로, 파손 시에 파편이 비산하는 것을 방지할 수 있으며 충격에 대한 흡수능력이 우수하다. 주로 건축물, 쇼윈도 등의 용도에 사용되며 승용차의 전면 유리 역시 접합 유리를 쓰고 있다.
• 망입유리 : 유리 안에 금속철망을 삽입한 판유리로서 충격에 강하며 파손 시 유리파편들이 금속망에 붙어 있으므로 안전성을 확보할 수 있다. 위험물 취급소의 창이나 지하철 플랫폼 주변 계단 부근의 방화구역 등에 사용된다.

10 기초구조 용어 중 저강도재료에 대한 용어정의는 없으며 재령 28일의 압축강도를 9.3MPa이하가 되도록 제어하는 재료에 대한 서술이 없다.

11 바닥장선 : 목구조에서 바닥에 작용하는 하중을 지지하며 평평한 바닥면을 이루기 위하여 설치하는 바닥 덮개를 지지하는 골조 부재

12 철근콘크리트 보에 10년 동안 지속하중이 작용할 때, 이 보의 장기 추가처짐에 대한 계수(λ_Δ)는? (단, 압축철근비(ρ')는 0.00096이며, 인장철근비(ρ)는 0.0066이다)

① $\lambda_\Delta = \dfrac{1}{1+50(0.0066)}$ ② $\lambda_\Delta = \dfrac{2}{1+50(0.0066)}$

③ $\lambda_\Delta = \dfrac{1}{1+50(0.00096)}$ ④ $\lambda_\Delta = \dfrac{2}{1+50(0.00096)}$

13 강구조에서 집중하중에 대하여 내력을 향상시키기 위해, 보나 기둥에 웨브와 평행하도록 부착하는 판재는?

① 띠판 ② 겹침판
③ 뒷댐재 ④ 끼움재

14 철근콘크리트 휨부재 설계에 대한 설명으로 옳지 않은 것은? (단, f_y는 철근의 설계기준항복강도이다)

① 휨모멘트를 받는 부재의 콘크리트 압축연단의 극한변형률은 콘크리트의 설계기준압축강도가 40MPa 이하인 경우에는 0.003으로 가정한다.
② 철근과 콘크리트의 변형률은 중립축부터 거리에 비례하는 것으로 가정할 수 있다. 그러나 설계 기준에 규정된 깊은 보는 비선형 변형률 분포를 고려하여야 한다.
③ 철근의 변형률이 f_y에 대응하는 변형률보다 큰 경우 철근의 응력은 변형률에 관계없이 f_y로 하여야 한다.
④ 콘크리트 압축응력의 분포와 콘크리트변형률 사이의 관계는 직사각형, 사다리꼴, 포물선형 등으로 가정할 수 있다.

ANSWER 12.④ 13.② 14.①

12 $\lambda = \dfrac{\xi}{1+50\rho'}$ (ξ : 시간경과계수, $\rho' = \dfrac{A_s'}{bd}$: 압축철근비)

$\lambda = \dfrac{\xi}{1+50\rho'} = \dfrac{2.0}{1+50(0.0096)}$ (5년 이상이므로 시간경과계수는 2.0)

13 겹침판 : 강구조에서 집중하중에 대하여 내력을 향상시키기 위해, 보나 기둥에 웨브와 평행하도록 부착하는 판재

14 휨모멘트 또는 휨모멘트와 축력을 동시에 받는 부재의 콘크리트 압축연단의 극한변형률은 콘크리트의 설계기준압축강도가 40MPa 이하인 경우에는 0.0033으로 가정하며, 40MPa을 초과할 경우에는 매 10MPa의 강도 증가에 대하여 0.0001씩 감소시킨다.

15 조적식구조에서 사용하는 모르타르와 그라우트에 대한 설명으로 옳지 않은 것은?

① 모르타르에서 사용하는 물의 양은 현장에서 적절한 시공연도를 얻도록 조절할 수 있다.
② 그라우트의 압축강도는 조적개체 강도의 1.3배 이상으로 한다.
③ 실험에 의해서 규준의 요구조건에 합당한 결과가 나타나지 않으면 모르타르나 그라우트에 공기연행제를 사용한다.
④ 동결방지용액이나 염화물 등의 성분은 모르타르나 그라우트에 사용할 수 없다.

16 보통중량 콘크리트의 설계기준압축강도(f_{ck})가 30MPa일 때 콘크리트의 할선탄성계수(E_c, MPa)는? (단, 콘크리트의 평균 압축강도(f_{cm})에 대한 충분한 시험자료는 없는 상태이다)

① $8,500 \sqrt[3]{30}$
② $8,500 \sqrt[3]{33}$
③ $8,500 \sqrt[3]{34}$
④ $8,500 \sqrt[3]{35}$

ANSWER 15.③ 16.③

15 조적식구조에서 사용하는 모르타르와 그라우트에 공기연행제 사용은 요구조건에 합당한 결과가 나와야만 할 수 있으며 실재로 조적식구조의 모르타르와 그라우트에 공기연행제를 사용하면서 공사를 하지는 않는다.

16 $E_c = 8,500 \sqrt[3]{f_{cu}} = 8,500 \sqrt[3]{f_{ck} + \triangle f} = 8,500 \sqrt[3]{30 + 4}$

$f_{ck} \leq 40 MPa$이면 $\triangle f = 4 MPa$

$f_{ck} \geq 60 MPa$이면 $\triangle f = 6 MPa$

$40 MPa < f_{ck} < 60 MPa$이면 $\triangle f$는 직선보간 한다.

17 그림과 같은 겔버보의 C점에 발생하는 휨모멘트[kN·m]의 절댓값은? (단, 보의 자중은 무시한다)

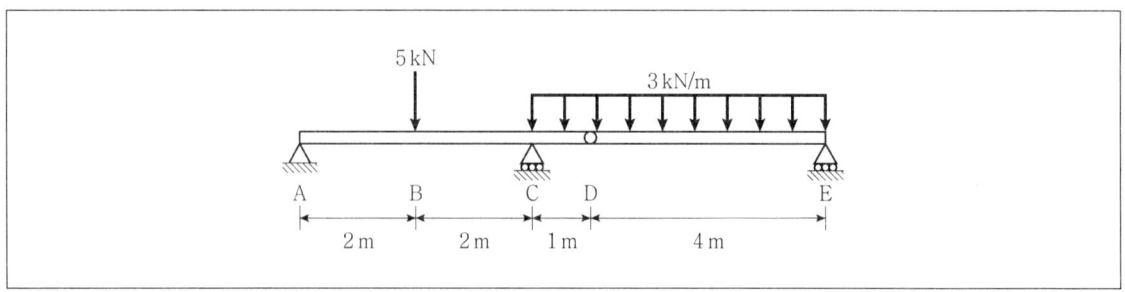

① 5.0
② 7.5
③ 10.0
④ 12.5

18 철근콘크리트 연속 휨부재의 모멘트 재분배에 대한 설명으로 옳지 않은 것은? (단, ε_t는 공칭축강도에서 최외단 인장철근의 순인장변형률이다)

① 경간 내의 단면에 대한 휨모멘트의 계산은 수정된 부모멘트를 사용하여야 한다.
② 근사해법에 의해 휨모멘트를 계산한 경우를 제외하고, 탄성이론에 의하여 산정한 연속 휨부재 받침부의 부모멘트는 20% 이내에서 $1,000\varepsilon_t$% 만큼 증가 또는 감소시킬 수 있다.
③ 휨모멘트 재분배 이후에도 정적 평형은 유지되어야 한다.
④ 휨모멘트의 재분배는 휨모멘트를 감소시킬 단면에서 ε_t가 0.0075 미만인 경우에만 가능하다.

ANSWER 17.② 18.④

17 겔버보 우측부를 단순보로 간주하므로 D점에는 (3×4)/2=6[kN]의 연직방향 하중이 작용한다.
따라서 C점에 작용하는 휨모멘트는
$M_c = 6[kN] \cdot 1[m] + 3[kN/m] \cdot \dfrac{1}{2} = 7.5[kNm]$

18 휨모멘트의 재분배는 휨모멘트를 감소시킬 단면에서 ε_t가 0.0075 이상인 경우에만 가능하다.

19 강합성구조 합성단면의 공칭강도에 대한 설명으로 옳지 않은 것은? (단, f_{ck}는 콘크리트의 설계기준압축강도이다)

① 소성응력분포법에서는 강재가 인장 또는 압축으로 항복응력에 도달할 때 콘크리트는 축력 또는 휨으로 인한 압축으로 $0.8f_{ck}$의 응력에 도달한 것으로 가정하여 공칭강도를 계산한다.
② 합성단면의 공칭강도를 결정할 때 콘크리트의 인장강도는 무시한다.
③ 변형률적합법에서는 단면에 걸쳐 변형률이 선형적으로 분포한다고 가정한다.
④ 매입형 합성부재는 국부좌굴을 고려할 필요가 없다.

20 설계하중의 용어에 대한 설명으로 옳지 않은 것은?

① 와류진동 : 시시각각 변하는 바람의 난류 성분이 물체에 닿아 물체를 풍방향으로 불규칙하게 진동시키는 현상
② 외압계수 : 건축물 외피의 임의 수압면에 가해지는 평균풍압과 기준 높이에서 속도압의 비
③ 강체건축구조물 : 바람과 구조물의 동적 상호작용에 의해 발생하는 부가적인 하중효과를 무시할 수 있는 안정된 건축구조물
④ 골바람효과 : 산과 산 사이의 골짜기를 따라 평행하게 바람이 불어가면서 유선이 수평 방향으로 수렴하여 풍속이 급격하게 증가하는 현상

ANSWER 19.① 20.①

19 소성응력분포법에서는 강재가 인장 또는 압축으로 항복응력에 도달할 때 콘크리트는 축력 또는 휨으로 인한 압축으로 $0.85f_{ck}$의 응력에 도달한 것으로 가정하여 공칭강도를 계산한다.
20 와류진동 : 건축물 배후면에서 좌우 상호 규칙적으로 발생하는 와류의 영향에 의해 발생하는 건축물의 진동

건축구조

2024. 6. 22. 제1회 지방직 시행

1 강도설계법을 사용하여 구조물의 소요강도를 산정하는 경우, 고정하중과 지진하중만으로 하중을 조합할 때 고정하중에 적용하는 하중계수는?

① 0.9
② 1.0
③ 1.2
④ 1.4

2 건축물 내진설계기준에서 수직하중과 횡력을 보와 기둥으로 구성된 라멘골조가 저항하는 구조방식은?

① 건물골조방식
② 모멘트골조방식
③ 내력벽방식
④ 이중골조방식

ANSWER 1.① 2.②

1 강도설계법을 사용하여 구조물의 소요강도를 산정하는 경우, 고정하중과 지진하중만으로 하중을 조합할 때 고정하중에 적용하는 하중계수는 0.9이다.

2 • 건물골조방식 : 수직하중은 입체골조가 저항하고, 지진하중은 전단벽이나 가새골조가 저항하는 구조방식
• 모멘트골조방식 : 수직하중과 횡력을 보와 기둥으로 구성된 라멘골조가 저항하는 구조방식
• 내력벽방식 : 수직하중과 횡력을 전단벽이 부담하는 구조방식
• 이중골조방식 : 횡력의 25% 이상을 부담하는 연성모멘트골조가 전단벽이나 가새골조와 조합되어 있는 구조방식

3 휨 모멘트를 받는 부재의 콘크리트 설계기준압축강도가 40MPa일 때, 콘크리트 압축연단의 극한변형률 ϵ_{cu} 값은?

① 0.0030
② 0.0031
③ 0.0032
④ 0.0033

4 조적식구조에서 그라우트 또는 모르타르가 포함된 단위조적 개체로 조적조의 성질을 규정하기 위해 사용하는 시험체는?

① 면살
② 프리즘
③ 겹
④ 대린벽

ANSWER 3.④ 4.②

3 휨 모멘트를 받는 부재의 콘크리트 설계기준압축강도가 40MPa일 때, 콘크리트 압축연단의 극한변형률 ϵ_{cu} 값은 0.0033 이다.

4 • 프리즘 : 그라우트 또는 모르타르가 포함된 단위조적의 개체로 조적조의 성질을 규정하기 위해 사용하는 시험체
 • 대린벽 : 한 내력벽에 직각으로 교차하는 벽

5 철근콘크리트 부재의 전단철근으로 적절하지 않은 것은?

① 부재축에 평행하게 배치한 용접철망
② 나선철근 또는 원형 띠철근
③ 주인장철근에 45도 이상의 각도로 설치되는 스터럽
④ 주인장철근에 30도 이상의 각도로 구부린 굽힘철근

6 그림과 같은 단순보에서 B 지점의 수직반력[kN]은? (단, 보의 자중은 무시한다)

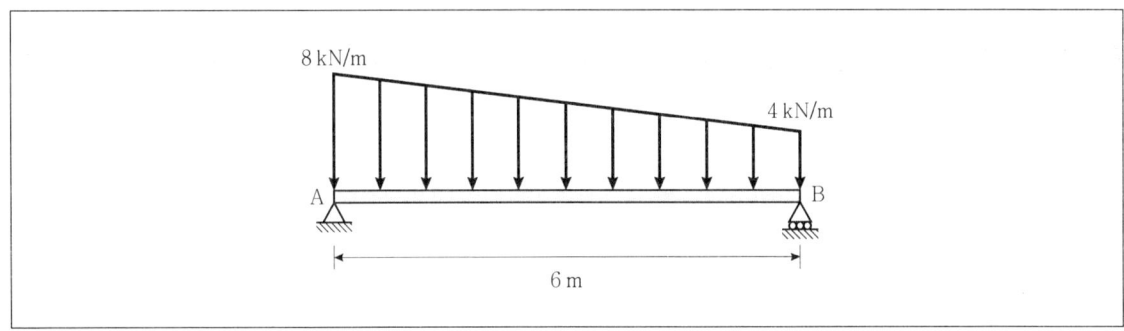

① 10 ② 16
③ 20 ④ 22

ANSWER 5.① 6.②

5 전단철근(스터럽)의 종류
- 주철근에 직각으로 설치하는 스터럽
- 부재축에 직각인 용접철망
- 주철근을 30° 이상의 각도로 구부린 굽힘주철근
- 주철근에 45° 이상의 각도로 설치된 경사스터럽
- 스터럽과 경사철근의 조합
- 나선철근, 원형띠철근 또는 후프철근

6 등분포하중과 등변분포하중이 중첩되어 작용하는 경우이므로 각각의 경우에 작용하는 하중을 중첩시켜 구한다.
등분포하중 $w = 4[kN/m]$에 의한 B점의 반력은 12[kN/m]이다.
등변분포하중에 의한 B점의 반력은 4[kN/m]이다. 따라서 B점의 반력은 16[kN/m]이다.

7 고장력볼트의 접합 방법으로 옳지 않은 것은?

① 휨접합
② 마찰접합
③ 인장접합
④ 지압접합

8 철근콘크리트 특수모멘트골조의 휨부재에 대한 설명으로 옳지 않은 것은?

① 접합면에서 정모멘트에 대한 강도는 부모멘트에 대한 강도의 1/2 이상이어야 한다.
② 부재의 어느 위치에서나 정 또는 부모멘트에 대한 강도는 부재 양단 접합면의 최대 휨강도의 1/4 이상이어야 한다.
③ 첫 번째 후프철근은 지지부재의 면부터 100mm 이내에 위치하여야 한다.
④ 보의 상부와 하부에 최소한 연속된 두 개의 축방향 철근으로 보강하여야 한다.

Answer 7.① 8.③

7 고장력볼트의 접합방법 : 마찰접합, 인장접합, 지압접합

8 첫 번째 후프철근은 지지부재의 면으로부터 50㎜ 이내에 위치하여야 한다. 후프철근의 최대 간격은 d/4, 축방향 철근의 최소 지름의 8배, 후프철근지름의 24배, 300㎜ 중 가장 작은 값을 초과하지 않아야 한다.

9 콘크리트구조 내구성 설계기준에서 보통 정도의 습도에 노출되는 콘크리트로 탄산화 위험이 비교적 높은 경우에 내구성 확보를 위하여 요구되는 콘크리트 최소 설계기준압축강도[MPa]는? (단, 별도의 내구성 설계와 보호 조치는 취하지 않는다)

① 24
② 27
③ 30
④ 35

ANSWER 9.②

9 보통 정도의 습도에 노출되는 콘크리트로 탄산화 위험이 비교적 높은 경우는 내구성등급 EC3에 해당되므로 콘크리트 최소설계기준압축강도는 27[MPa] 이상이어야 한다.

※ 내구성 확보를 위한 요구조건 … 콘크리트 설계기준압축강도는 노출등급에 따라 아래의 표에서 규정하는 값 이상이라야 한다. (다만, 별도의 내구성 설계를 통해 입증된 경우나 성능이 확인된 별도의 보호 조치를 취하는 경우에는 아래의 표에서 규정하는 값보다 낮은 강도를 적용할 수 있다.)

※ 노출등급에 따른 최소 설계기준압축강도

항목	노출등급														
	–	EC				ES				EF				EA		
	E0	EC1	EC2	EC3	EC4	ES1	ES2	ES3	ES4	EF1	EF2	EF3	EF4	EA1	EA2	EA
최소 설계기준 압축강도 f_{ck}(MPa)	21	21	24	27	30	30	30	35	35	24	27	30	30	27	30	30

범주	등급	조건	예
일반	E0	물리적, 화학적 작용에 의한 콘크리트 손상의 우려가 없는 경우 철근이나 내부 금속의 부식 위험이 없는 경우	• 공기 중 습도가 매우 낮은 건물 내부의 콘크리트
EC (탄산화)	EC1	건조하거나 수분으로부터 보호되는 또는 영구적으로 습윤한 콘크리트	• 공기 중 습도가 낮은 건물 내부의 콘크리트 • 물에 계속 침지 되어 있는 콘크리트
	EC2	습윤하고 드물게 건조되는 콘크리트로 탄산화의 위험이 보통인 경우	• 장기간 물과 접하는 콘크리트 표면 • 외기에 노출되는 기초
	EC3	보통 정도의 습도에 노출되는 콘크리트로 탄산화 위험이 비교적 높은 경우	• 공기 중 습도가 보통 이상으로 높은 건물 내부의 콘크리트 • 비를 맞지 않는 외부 콘크리트
	EC4	건습이 반복되는 콘크리트로 매우 높은 탄산화 위험에 노출되는 경우	• EC2 등급에 해당하지 않고, 물과 접하는 콘크리트(예를 들어 비를 맞는 콘크리트 외벽, 난간 등)
ES (해양환경, 제빙화학제 등 염화물)	ES1	보통 정도의 습도에서 대기 중의 염화물에 노출되지만 해수 또는 염화물을 함유한 물에 직접 접하지 않는 콘크리트	• 해안가 또는 해안 근처에 있는 구조물 • 도로 주변에 위치하여 공기중의 제빙화학제에 노출되는 콘크리트
	ES2	습윤하고 드물게 건조되며 염화물에 노출되는 콘크리트	• 수영장 • 염화물을 함유한 공업용수에 노출되는 콘크리트
	ES3	항상 해수에 침지되는 콘크리트	• 해상 교각의 해수 중에 침지되는 부분
	ES4	건습이 반복되면서 해수 또는 염화물에 노출되는 콘크리트	• 해양 환경의 물보라 지역(비말대) 및 간만대에 위치한 콘크리트 • 염화물을 함유한 물보라에 직접 노출되는 교량 부위 • 도로 포장 • 주차장
EF (동결융해)	EF1	간혹 수분과 접촉하나 염화물에 노출되지 않고 동결융해의 반복작용에 노출되는 콘크리트	• 비와 동결에 노출되는 수직 콘크리트 표면
	EF2	간혹 수분과 접촉하고 염화물에 노출되며 동결융해의 반복작용에 노출되는 콘크리트	• 공기 중 제빙화학제와 동결에 노출되는 도로구조물의 수직 콘크리트 표면
	EF3	지속적으로 수분과 접촉하나 염화물에 노출되지 않고 동결융해의 반복작용에 노출되는 콘크리트	• 비와 동결에 노출되는 수평 콘크리트 표면
	EF4	지속적으로 수분과 접촉하고 염화물에 노출되며 동결융해의 반복작용에 노출되는 콘크리트	• 제빙화학제에 노출되는 도로와 교량 바닥판 • 제빙화학제가 포함된 물과 동결에 노출되는 콘크리트 표면 • 동결에 노출되는 물보라 지역(비말대) 및 간만대에 위치한 해양 콘크리트
EA (황산염)	EA1	보통 수준의 황산염이온에 노출되는 콘크리트	• 토양과 지하수에 노출되는 콘크리트 • 해수에 노출되는 콘크리트
	EA2	유해한 수준의 황산염이온에 노출되는 콘크리트	• 토양과 지하수에 노출되는 콘크리트
	EA3	매우 유해한 수준의 황산염이온에 노출되는 콘크리트	• 토양과 지하수에 노출되는 콘크리트 • 하수, 오·폐수에 노출되는 콘크리트

콘크리트구조 내구성 설계기준에서 보통 정도의 습도에 노출되는 콘크리트로 탄산화 위험이 비교적 높은 경우에 내구성 확보를 위하여 요구되는 콘크리트 최소 설계기준압축강도는 27[MPa]이다.

10 구조용 강재의 항복강도[MPa]로 옳지 않은 것은?

① 판두께 1mm인 SS275 : 275
② 판두께 30mm인 SS275 : 265
③ 판두께 15mm인 SN275 : 275
④ 판두께 30mm인 SN275 : 265

ANSWER 10.④

10 판두께 30mm인 SN275의 항복강도는 275이다.

※ 주요 구조용 강재의 재료강도(MPa)

강도	강재 기호 / 판 두께	SS275	SM275 SMA275	SM355 SMA355	SM420	SM460	SN275	SN355	SHN275	SHN355
F_y	16mm 이하	275	275	355	420	460	275	355	275	355
	16mm 초과 40mm 이하	265	265	345	410	450				
	40mm 초과 75mm이하	245	255	335	400	430	255	335	–	–
	75mm 초과 100mm 이하		245	325	390	420				
F_u	75mm 이하	410	410	490	520	570	410	490	410	490
	75mm 초과 100mm 이하								–	–

※ 강재의 종별 용도표시

기호	강재의 종류	기호	강재의 종류
SS	일반구조용 압연강재	SPS	일반구조용 탄소강관
SM	용접구조용 압연강재	SPSR	일반구조용 각형강관
SMA	용접구조용 내후성 열간압연강재	STKN	건축구조용 원형강관
SN	건축구조용 압연강재	SPA	내후성강
FR	건축구조용 내화강재	SHN	건축구조용 H형강

11 그림과 같이 등분포하중 ω가 작용하는 캔틸레버보의 최대 처짐은? (단, 보의 자중은 무시하고, 탄성계수(E)와 단면2차모멘트(I)는 일정하며, 선형탄성 거동하는 것으로 가정한다)

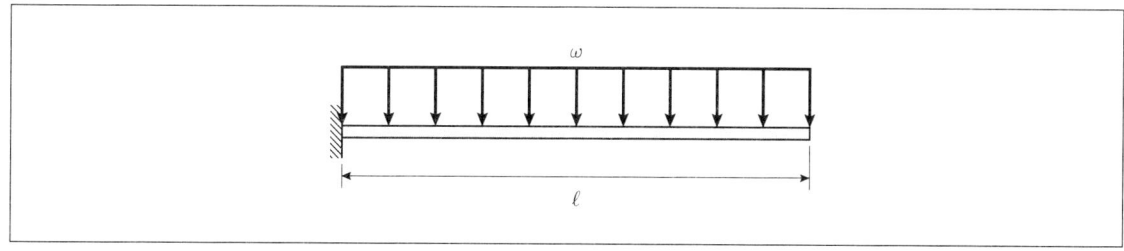

① $\dfrac{\omega\ell^4}{3EI}$

② $\dfrac{\omega\ell^4}{8EI}$

③ $\dfrac{\omega\ell^4}{48EI}$

④ $\dfrac{5\omega\ell^4}{384EI}$

ANSWER 11.②

11 캔틸레버 보의 최대처짐은 자유단에서 발생하며 최대처짐량은 $\dfrac{\omega\ell^4}{8EI}$ 이다.

하중조건	처짐각	처짐
A〜〜〜〜〜〜B ↓P, L	$\theta_B = \dfrac{PL^2}{2EI}$	$\delta_B = \dfrac{PL^3}{3EI}$
A〜〜〜C〜〜〜B ↓P, L/2, L/2, L	$\theta_B = \dfrac{PL^2}{8EI}$, $\theta_C = \dfrac{PL^2}{8EI}$	$\delta_B = \dfrac{PL^3}{24EI}$, $\delta_C = \dfrac{5PL^3}{48EI}$
A〜〜〜〜〜〜B ↓↓↓w, L	$\theta_B = \dfrac{wL^3}{6EI}$	$\delta_B = \dfrac{wL^4}{8EI}$

12 목구조에서 도리 위에 건너지르는 긴 부재로 지붕의 하중을 받아서 도리로 전달하는 부재는?

① 서까래
② 대들보
③ 종보
④ 개판

13 그림과 같은 구조물의 판별 결과로 옳은 것은?

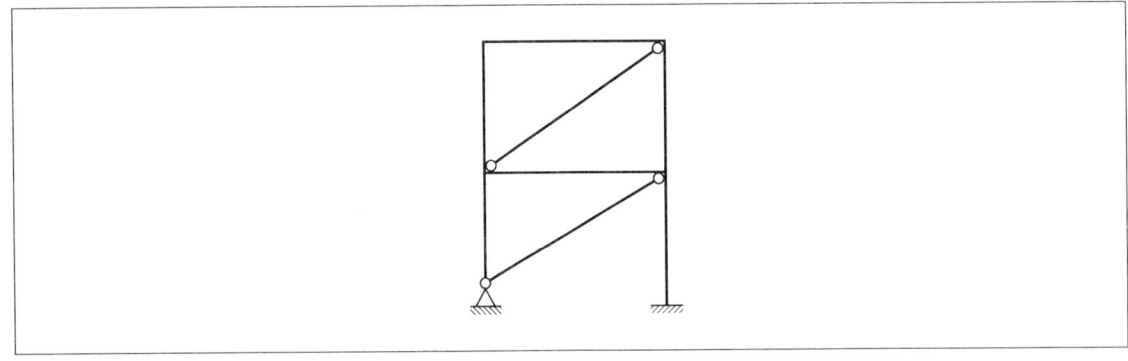

① 불안정
② 6차 부정정
③ 7차 부정정
④ 8차 부정정

Answer 12.① 13.③

12 • 서까래 : 비탈진 지붕면을 만들려고 도리 위에 촘촘하게 설치하는 구조 요소. 연목
   • 대들보 : 기둥과 기둥을 연결하는 가로재인 큰 들보

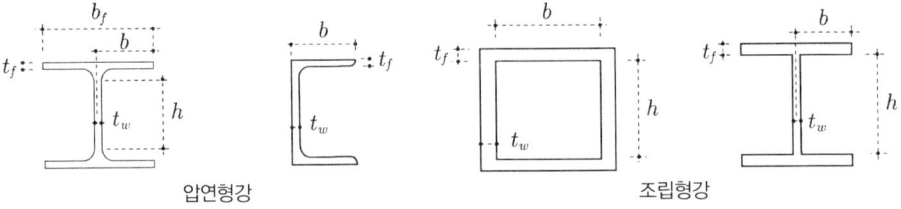

압연형강　　　　　　　　　　조립형강

   • 종보 : 여러 층으로 걸리는 보 중 가장 상층에 위치하는 보
   • 개판 : 지붕이나 서까래 위를 덮는 널. 지붕널
   ※ 보는 가구형식에 따라 상하 여러 층 걸리는 경우가 있다. 삼량집에서는 앞뒤 기둥을 연결하는 보가 하나만 걸린다. 보가 이렇게 하나만 있을 때는 보 또는 대들보라고 부를 수 있다. 그런데 오량집이 되면 대들보 위에 동자주를 세우고 보를 하나 더 건다. 이 경우 아랫보는 윗보에 비해 길고 단면 또한 굵다. 이때 아랫보를 대들보(大樑)라고 하며 윗보는 종보(宗樑)라고 한다.

13 $n = R + m + f - 2j = 5 + 8 + 6 - 2 \cdot 6 = 19 - 12 = 7$

14 두 개 이상의 기둥 하중을 하나의 기초판을 통하여 지반으로 전달하는 기초는?

① 연성기초
② 줄기초
③ 복합기초
④ 연속기초

15 용접 H형강(H − 300 × 300 × 10 × 15) 판요소의 폭두께비는?

	플랜지	웨브
①	10	27
②	10	30
③	20	27
④	20	30

ANSWER 14.③ 15.①

14 복합기초 : 2개 또는 그 이상의 기둥으로부터의 응력을 하나의 기초판을 통해 지반 또는 지정에 전달토록 하는 기초
줄기초, 연속기초 : 벽 또는 일련의 기둥으로부터의 응력을 띠모양으로 하여 지반 또는 지정에 전달토록 하는 기초

15 플랜지의 판폭두께비 : (300/2)/15=10
웨브의 판폭두께비 : (300−2×15)/10=27
판폭두께비
㉠ 판재의 판폭두께비가 크다는 것은 판재의 세장비가 커서 항복보다 탄성좌굴이 먼저 발생한다는 의미이다. 콤팩트단면은 판폭두께비가 작아 단단하기에 전체 소성응력을 받을 수 있고 국부좌굴 발생 전에 회전연성비 약 3의 값을 갖는다. 비콤팩트단면은 국부좌굴발생전에 항복응력이 발생할 수 있으나 완전소성응력분포를 위해 요구되는 변형값에서 소성국부좌굴을 저항하지 못한다.
㉡ H형 단면의 경우 플랜지의 판폭두께비 $\lambda = \dfrac{b}{t_f}$, 웨브의 판폭두께비 : $\lambda = \dfrac{h}{t_w}$

16 강구조 연결 설계기준에 따른 M20 고장력볼트의 표준구멍의 직경과 과대구멍(대형구멍)의 직경[mm]으로 옳은 것은?

	표준구멍 직경	과대구멍(대형구멍) 직경
①	20	22
②	21	23
③	22	24
④	23	25

17 철근콘크리트 슬래브의 길이가 ℓ 이고 처짐을 계산하지 않는 경우, 리브가 있는 1방향 슬래브의 최소 두께로 옳지 않은 것은? (단, 보통중량 콘크리트와 설계기준항복강도가 400MPa인 철근을 사용하며, 큰 처짐에 의해 손상되기 쉬운 칸막이벽이나 기타 구조물을 지지 또는 부착하지 않는다)

① 단순 지지인 경우 $\ell/16$
② 1단 연속인 경우 $\ell/18.5$
③ 양단 연속인 경우 $\ell/21$
④ 캔틸레버인 경우 $\ell/10$

ANSWER 16.③ 17.④

16

고력볼트 직경	표준구멍 직경	과대구멍 직경	단슬롯	장슬롯
M16	18	20	18×22	18×40
M20	22	24	22×26	22×50
M22	24	28	24×30	24×55
M24	27	30	27×32	27×60
M27	30	35	30×37	30×67
M30	33	38	33×40	33×75

17 부재의 처짐과 최소두께: 처짐을 계산하지 않는 경우의 보 또는 1방향 슬래브의 최소두께는 다음과 같다. (L은 경간의 길이)

부재	최소 두께 또는 높이			
	단순지지	일단연속	양단연속	캔틸레버
1방향 슬래브	L/20	L/24	L/28	L/10
보	L/16	L/18.5	L/21	L/8

위의 표의 값은 보통콘크리트($m_c = 2,300kg/m^3$)와 설계기준항복강도 400MPa철근을 사용한 부재에 대한 값이며 다른 조건에 대해서는 그 값을 다음과 같이 수정해야 한다.

1500~2000kg/m³범위의 단위질량을 갖는 구조용 경량콘크리트에 대해서는 계산된 $h_{\min}$ 값에 $(1.65-0.00031 \cdot m_c)$를 곱해야 하나 1.09보다 작지 않아야 한다.

f_y가 400MPa 이외인 경우에는 계산된 $h_{\min}$ 값에 $(0.43 + \frac{f_y}{700})$를 곱해야 한다.

18 그림과 같은 단순보에서 C점에 발생하는 휨모멘트[kN·m]의 절댓값은? (단, 보의 자중은 무시한다)

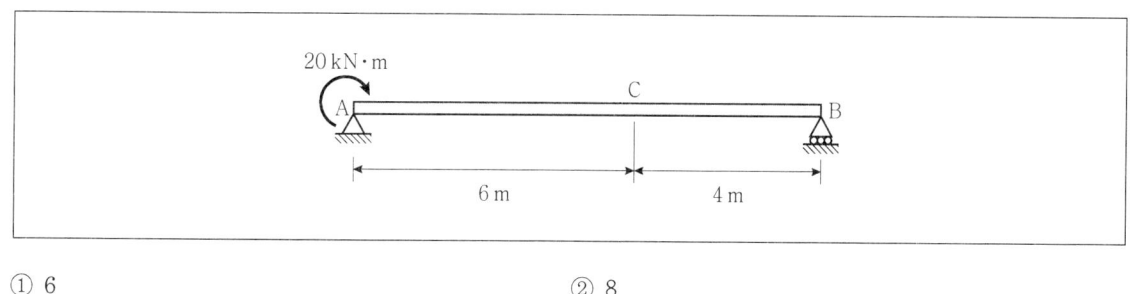

① 6
② 8
③ 10
④ 12

19 다음은 옹벽 설계에 대한 규정이다. (가)에 들어갈 내용으로 옳은 것은? (단, 지진하중은 고려하지 않는다.)

옹벽은 지반의 횡작용에 의한 활동(미끄러짐)에 대하여 안전율이 (가) 이상이 되도록 설계하여야 한다.

① 1.2
② 1.3
③ 1.4
④ 1.5

ANSWER 18.② 19.④

18 B점의 반력은 $\sum M_A = 20 - 10 V_B = 0$ 이어야 하므로 $V_B = 2[kN](\uparrow)$
$M_B = 2[kN] \cdot 4[m] = 8[kNm]$

19 옹벽의 안전률
사용하중에 의해 검토한다. 전도에 대한 안전율(저항모멘트를 전도모멘트로 나눈 값)은 2.0 이상, 활동에 대한 안전율(수평저항력을 수평력으로 나눈 값)은 1.5 이상, 지반의 지지력에 대한 안전율(지반의 허용지지력을 지반에 작용하는 최대하중으로 나눈 값)은 1.0 이상이어야 한다.

20 강구조의 재료 특성에 대한 설명으로 옳지 않은 것은?

① SHN275는 건축구조용 열간압연형강이다.
② 구조용 강재의 전단탄성계수는 81,000MPa이다.
③ SN355 강재의 인장강도는 355MPa이다.
④ 고장력볼트는 재료의 강도에 따라 F8T, F10T, F13T로 구분한다.

ANSWER 20.③

20 SN355 강재의 항복강도는 355MPa이다.

기호	강재의 종류	기호	강재의 종류
SS	일반구조용 압연강재	SPS	일반구조용 탄소강관
SM	용접구조용 압연강재	SPSR	일반구조용 각형강관
SMA	용접구조용 내후성 열간압연강재	STKN	건축구조용 원형강관
SN	건축구조용 압연강재	SPA	내후성강
FR	건축구조용 내화강재	SHN	건축구조용 H형강

※ 주요 구조용 강재의 재료강도(MPa)

강도	강재기호 판 두께	SS275	SM275 SMA275	SM355 SMA355	SM420	SM460	SN275	SN355	SHN275	SHN355
F_y	16mm 이하	275	275	355	420	460	275	355	275	355
	16mm 초과 40mm 이하	265	265	345	410	450				
	40mm 초과 75mm 이하	245	255	335	400	430	255	335	–	–
	75mm 초과 100mm 이하		245	325	390	420				
F_u	75mm 이하	410	410	490	520	570	410	490	410	490
	75mm 초과 100mm 이하								–	–

건축구조 — 2025. 4. 5. 국가직 시행

1 건축구조 용어에 대한 설명으로 옳지 않은 것은?

① 강성이란 구조물이나 구조부재의 변형에 대한 저항능력이다.
② 가설구조물이란 건축구조물의 축조를 위하여 임시로 설치하는 시설이다.
③ 강도란 구조물이나 구조부재가 외력에 의해 발생하는 힘 또는 모멘트에 저항하는 능력이다.
④ 부재력이란 하중 및 외력에 의하여 구조부재에 생기는 단위면적당 힘의 세기이다.

2 목구조의 결합방법 중 모서리 부분에서 각 부재의 끝면이 보이지 않도록 접합하는 방법은?

① 쐐기
② 장부
③ 연귀
④ 인사이징

ANSWER 1.④ 2.③

1 하중 및 외력에 의하여 구조부재에 생기는 단위면적당 힘의 세기는 응력이다.

2 ③ 연귀: 두 목재의 끝을 사선(보통 45도)으로 절단해 모서리에서 깔끔하게 맞대어 연결하는 방식
① 쐐기: 쐐기 모양의 나무 조각을 두 부재 사이에 끼워 넣어 고정하는 방식
② 장부: 한쪽 부재에 돌출된 장부와 다른 부재의 홈을 서로 끼워 맞추는 방식
④ 인사이징: 구조재에 방부제를 깊고 균일하게 침투시키기 위하여 약제처리가 어려운 목재의 재면에 칼자국 모양의 상처를 섬유방향으로 낸 후 방부제를 처리하는 방법

3 건축물의 중요도 분류에서 중요도(특)에 해당하지 않는 것은?

① 15층 아파트
② 연면적 30,000m²의 종합병원
③ 연면적 1,500m²의 방송국
④ 비상시의 긴급대피수용시설로 지정된 학교 건축물

ANSWER 3.①

3 5층 이상인 아파트는 중요도 1에 해당된다.

중요도(특)	연면적 1,000m² 이상인	위험물 저장 및 처리시설
	연면적 1,000m² 이상인	국가 또는 지방자치단체의 청사·외국공간·소방서·발전소·방송국·전신전화국
	종합병원, 수술시설이나 응급시설이 있는 병원	
	지진과 태풍 또는 다른 비상시의 긴급대피수용시설로 지정한 건축물	
중요도(1)	연면적 1,000m² 미만인	위험물 저장 및 처리시설
	연면적 1,000m² 미만인	국가 또는 지방자치단체의 청사·외국공간·소방서·발전소·방송국·전신전화국
	연면적 5,000m² 이상인	공연장·집회장·전시장·운동시설·판매시설·운수시설(화물터미널과 배송시설은 제외함)
	아동관련시설·노인복지시설·사회복지시설·근로복지시설	
	5층 이상인 숙박시설·오피스텔·기숙사·아파트	
	학교	
	수술시설과 응급시설 모두 없는 병원	
	기타 연면적 1,000m² 이상인	의료시설로서 중요도(특)에 해당하지 않는 건축물
중요도(2)	중요도(특), (1), (3)에 해당하지 않는 건축물	
중요도(3)	농업시설물, 소규모창고	
	가설구조물	

	중요도 분류	초고층 건축물	특	1	2	3
Snow	중요도계수(I_S)	–	1.2	1.1	1.0	0.8
Wind	중요도계수(I_W)	1.05	1.00	1.00	0.95	0.9
Earthquake	중요도계수(I_E)	–	1.5	1.2	1.0	1.0
	내진등급	–	특	I	II	
	허용층간변위(Δ_a)	–	$0.010h_{SX}$	$0.015h_{SX}$	$0.020h_{SX}$	

* 초고층건축물은 50층 이상인 건축물 또는 200m 이상인 건축물

4 내진 I 등급 구조물에서 층고가 4m인 층의 최대 허용층간변위[mm]는?

① 40 ② 60
③ 80 ④ 100

5 부재의 길이가 1m이고 한변의 길이가 10mm인 정사각형 단면에 2kN의 축방향 인장력이 작용하여 길이가 1mm 늘어났을 경우, 재료의 탄성계수[MPa]는? (단, 재료는 탄성범위 내에서 거동한다)

① 200 ② 2,000
③ 20,000 ④ 200,000

6 철근콘크리트 구조물 휨부재의 추가 장기처짐 설계에서 5년 이상 지속압축하중을 받는 구조물의 지속하중에 대한 시간경과계수 ξ의 값은?

① 1.0 ② 1.2
③ 1.4 ④ 2.0

ANSWER 4.② 5.③ 6.④

4 허용층간변위(h는 층고)
- 내진등급 특의 경우 : 0.010h
- 내진등급 I 의 경우 : 0.015h
- 내진등급 II의 경우 : 0.020h

따라서 문제에 주어진 조건을 대입하면 $0.015 \times 층고 4[m] = 60[mm]$

5 $\Delta = \dfrac{PL}{AE} = \dfrac{2[kN] \cdot 1[m]}{10^2[mm^2] \cdot E} = 1[mm]$ 를 만족하는 E=20,000[MPa]

6 철근콘크리트 구조물 휨부재의 추가 장기처짐 설계에서 5년 이상 지속압축하중을 받는 구조물의 지속하중에 대한 시간경과계수 ξ의 값은 2.0이다.

7 강구조 하중저항계수 설계법의 용어에 대한 설명으로 옳지 않은 것은?

① 거셋플레이트 : 트러스의 부재, 스트럿 또는 가새재(브레이싱)를 보 또는 기둥에 연결하는 판요소
② 네킹 : 재료의 압축시험 시 항복하중에 도달하여 시험체가 잘록해지는 부분
③ 필릿용접 : 용접되는 부재의 교차되는 면 사이에 일반적으로 삼각형의 단면이 만들어지는 용접
④ 비가새골조 : 부재 및 접합부의 휨저항으로 수평하중에 저항하는 골조

8 그림과 같이 내민보에 등분포하중 10kN/m가 작용할 때, A 지점의 수직반력[kN]은? (단, 보의 자중은 무시한다)

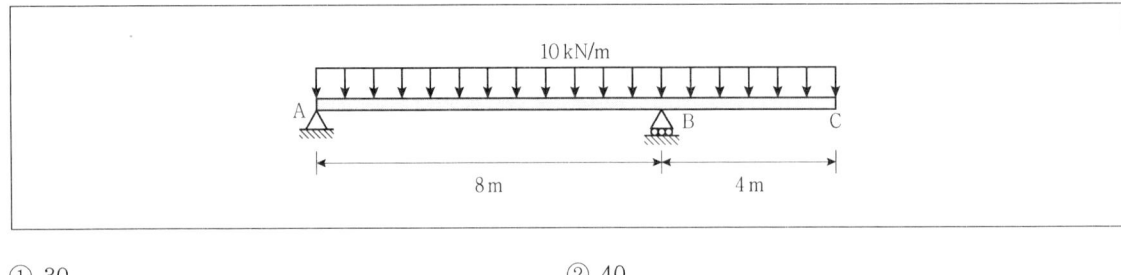

① 30   ② 40
③ 60   ④ 80

9 하중저항계수 설계법에 따른 강구조 부재설계 기준에서 압축부재의 상단부가 회전고정 및 이동자유, 하단부가 회전자유 및 이동고정일 경우 유효길이계수 K의 이론값은?

① 0.8   ② 1.2
③ 2.0   ④ 2.1

ANSWER 7.② 8.① 9.③

7 ② 네킹 : 재료의 인장시험 시 항복하중에 도달하여 시험체가 잘록해지는 부분

8 등분포하중을 집중하중으로 치환한 후 A점에 대한 모멘트의 합이 0임을 이용하여 B의 반력을 구하고 힘의 평형법칙에 따라 A점의 반력을 구한다.
$\sum M_A = 80 \cdot 4 + 40 \cdot 10 - R_B \cdot 8 = 0$이므로 $R_B = 90[kN]$이 되며
$R_A = 10 \cdot 12 - R_B = 120 - 90 = 30[kN]$

9 상단부 회전고정 및 이동자유인 경우 회전에 대한 반력 1개, 하단부 회전자유 및 이동고정인 경우 반력이 2개가 되므로 총 반력이 3개가 되며 이는 하단고정 상단자유인 상태와 동일한 것으로 간주할 수 있으므로 유효길이계수 K값은 2.0이 된다.

10 철근콘크리트 구조물의 인장 이형철근의 정착길이 산정에 고려하지 않는 것은?

① 철근의 공칭지름
② 철근의 탄성계수
③ 철근의 설계기준항복강도
④ 콘크리트의 설계기준압축강도

11 그림과 같은 트러스에서 부재 BE에 작용하는 부재력[kN]의 절댓값은? (단, 부재의 자중은 무시한다)

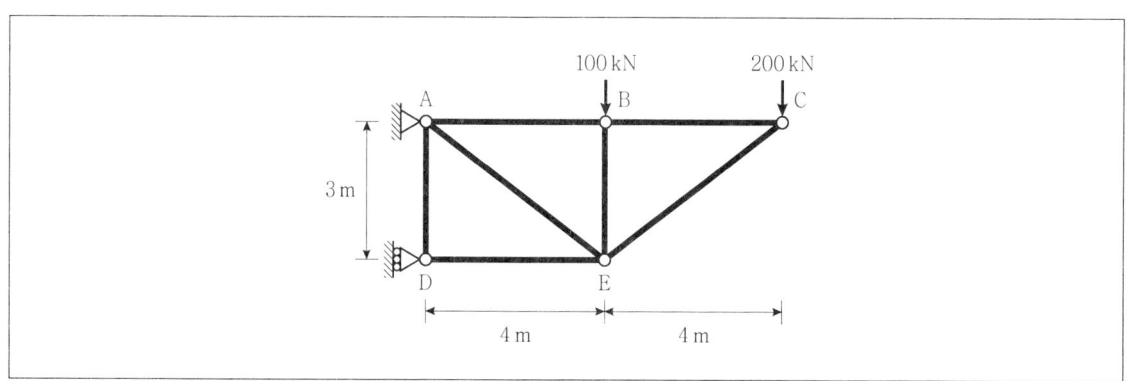

① 0
② 100
③ 266.67
④ 333.33

12 콘크리트의 설계기준압축강도가 30MPa일 때, 콘크리트 등가 직사각형 압축응력블록의 깊이 계수 β_1의 값은?

① 0.8
② 0.85
③ 0.9
④ 1.0

ANSWER 10.② 11.② 12.①

10 인장이형철근의 정착길이 산정 시 철근의 탄성계수는 고려하지 않는다.

11 B점의 좌우측 부재는 서로 대칭을 이루고 있으며 BE의 부재력은 B점에 작용하는 힘과 평형을 이루어야 하므로 100[kN]이 된다.

12 $f_{ck} \leq 40[MPa]$일 때 $\beta_1 = 0.80$이다.

13 한쪽에만 슬래브가 있는 반 T형보의 유효폭 산정 조건으로 옳지 않은 것은? (단, b_w는 반 T형보의 복부폭이며, 두께가 균일한 슬래브와 보를 일체로 타설하였다)

① 보의 경간의 1/4

② (보의 경간의 1/12) + b_w

③ (인접 보와 내측 거리의 1/2) + b_w

④ (한쪽으로 내민 플랜지 두께의 6배) + b_w

14 철근콘크리트 보의 휨설계에서 인장철근의 설계기준항복강도 f_y가 500MPa일 때, 최외단 인장철근의 순인장변형률 ε_t의 최솟값은? (단, 보의 단면은 인장지배단면이다)

① 0.004

② 0.005

③ 0.006

④ 0.00625

ANSWER 13.① 14.④

13 한쪽에만 슬래브가 있는 반 T형보의 유효폭 산정 조건
- (보의 경간의 1/12) + b_w
- (인접 보와 내측 거리의 1/2) + b_w
- (한쪽으로 내민 플랜지 두께의 6배) + b_w

14 인장지배단면이 되기 위한 순인장변형률은
항복강도가 400MPa이하인 경우는 0.005이상
항복강도가 500MPa초과인 경우는 항복변형률의 2.5배를 해야 하므로
$$2.5 \times \frac{f_y}{E_s} = 2.5 \times \frac{500}{200,000} = 0.00625$$

15 그림과 같은 철근콘크리트 보의 단면과 변형률 분포에서 설계휨강도를 계산할 때, 중립축 깊이 c[mm]의 값은? (단, 최외단 인장철근의 순인장변형률 ε_t는 0.0099, 콘크리트의 설계기준압축강도 f_{ck}는 27 MPa, 단면의 유효깊이는 600mm, ε_{cu}는 콘크리트의 극한변형률이다)

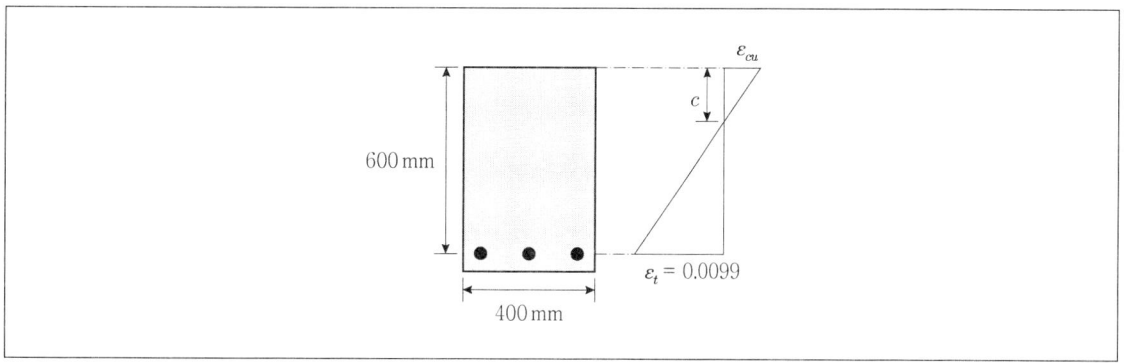

① 100
② 120
③ 150
④ 200

16 강합성구조에서 철근이 배근된 충전형 및 매입형 합성부재의 설계전단강도를 산정하는 방법으로 적합한 것은? (단, 철근은 최소철근비 이상 배근되어 있다)
① 철근만의 설계전단강도
② 콘크리트만의 설계전단강도
③ 강재단면만의 설계전단강도
④ 강재단면의 공칭전단강도와 콘크리트의 공칭전단강도의 합

ANSWER 15.③ 16.③

15 순인장변형률 $\varepsilon_t = \dfrac{\varepsilon_c(d_t - c)}{c}$ 에 주어진 조건을 대입하면

$0.0099 = \dfrac{0.0033(600 - c)}{c}$ 가 되며 이를 만족하는 c=150[mm]

16 강합성구조에서 철근이 배근된 충전형 및 매입형 합성부재의 설계전단강도는 강재단면만의 설계전단강도를 산정해야 한다.

17 그림과 같은 캔틸레버보에서 자유단에 집중하중(P)이 작용할 때의 자유단 처짐(δ_a)과 등분포하중(w)이 작용할 때의 자유단 처짐(δ_b)이 동일할 경우, 등분포하중(w)의 크기는? (단, 두 보의 휨강성은 EI로 동일하며, 선형탄성거동 하고 자중을 포함한 기타 하중의 영향은 무시한다)

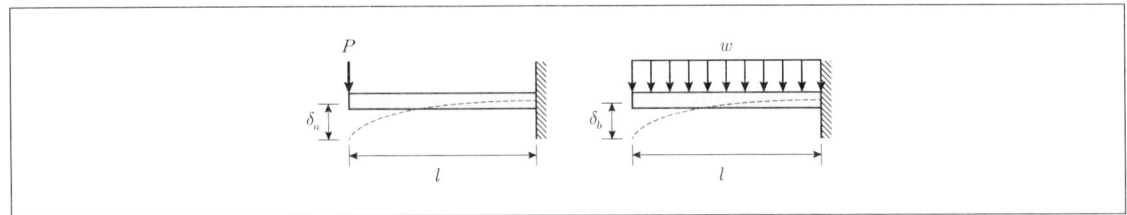

① $\dfrac{P}{6l}$ ② $\dfrac{8P}{5l}$

③ $\dfrac{8P}{3l}$ ④ $\dfrac{128P}{5l}$

18 얕은기초의 지반 분류에 따른 추정 수직 지지력[kN/m²]으로 옳은 것은?

① 모래 : 100 ② 퇴적암 : 300

③ 모래질 자갈 : 180 ④ 결정질 기반암 : 700

19 강구조에서 집중하중이나 반력에 바로 인접한 부위 웨브판의 국부파괴 한계상태는?

① 국부휨 ② 웨브 횡좌굴

③ 횡비틀림좌굴 ④ 국부크리플링

ANSWER 17.③ 18.① 19.④

17 $\delta_a = \dfrac{PL^3}{3EI}$, $\delta_b = \dfrac{wL^4}{8EI}$ 이며 $\dfrac{PL^3}{3EI} = \dfrac{wL^4}{8EI}$ 이므로 $w = \dfrac{8P}{3l}$ 이다.

18 ② 퇴적암 : 190
  ③ 모래질 자갈 : 140
  ④ 결정질 기반암 : 580

19 • 웨브 횡좌굴 : 강구조에서 얇은 판형의 웨브부재가 횡방향으로 좌굴하는 현상
  • 횡비틀림좌굴 : 강구조에서 힘을 받는 부재(특히 보)가 횡방향(좌우)으로 이동하면서 동시에 비틀림(꼬임)이 발생하는 좌굴현상
  • 국부크리플링 : 압축 하중을 받는 부재나 집중 하중이 작용하는 부위에서, 부재의 단면 일부(특히 얇은 판 부분)가 국소적으로 좌굴하거나 파괴되는 현상

20 그림과 같은 조건을 갖는 단순보의 전단력도와 휨모멘트도로 옳은 것은? (단, 보의 자중은 무시한다)

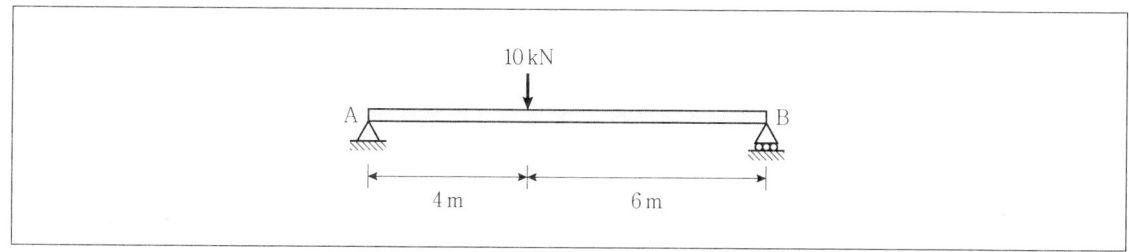

전단력도   휨모멘트도

①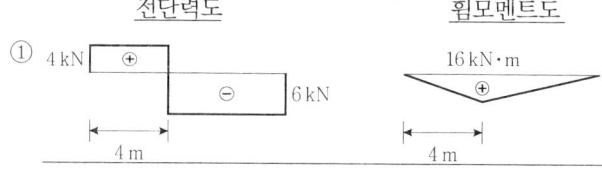

②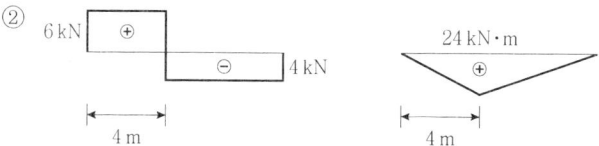

③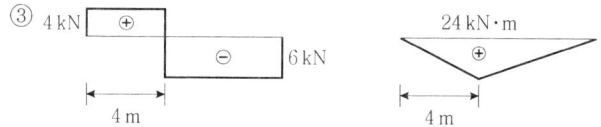

④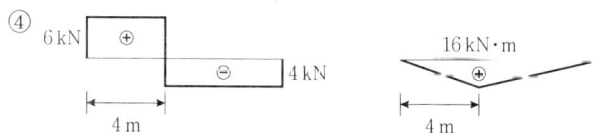

ANSWER 20.②

20 A점의 반력은 6kN, B점의 반력은 4kN이어야 하며, 10kN의 집중하중이 작용하는 점의 휨모멘트는 24kNm이어야 한다.

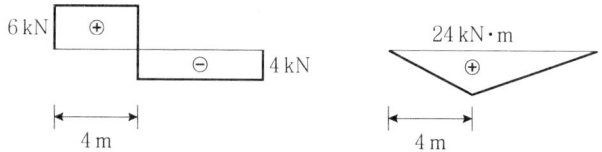

건축구조

2025. 6. 21. 제1회 지방직 시행

1 기둥, 보와 같은 부재를 접합하여 구조물의 뼈대를 구성하며 목구조, 철골구조에 주로 사용되는 구조 양식은?

① 가구식 구조
② 일체식 구조
③ 조적식 구조
④ 내력벽식 구조

2 다음에서 설명하는 구조설계법은?

> 구조부재를 구성하는 재료의 비탄성거동을 고려하여 산정한 부재단면의 공칭강도에 강도감소계수를 곱한 설계용 강도의 값이 계수하중에 의한 부재력 이상이 되도록 구조부재를 설계하는 방법

① 강도설계법
② 성능기반설계법
③ 허용강도설계법
④ 한계상태설계법

ANSWER 1.① 2.①

1. • 가구식 구조 : 기둥, 보와 같은 부재를 접합하여 구조물의 뼈대를 구성하며 목구조, 철골구조에 주로 사용되는 구조 양식
   • 조적식 구조 : 벽돌, 콘크리트 블록, 돌과 같은 작은 덩어리 재료(조적재)를 시멘트 모르타르 등의 접착제(결합재)를 사용하여 하나씩 쌓아 올려 벽체를 만드는 구조 방식
   • 일체식 구조 : 거푸집(Formwork, 틀) 안에 철근을 조립하여 넣고, 그 안에 콘크리트를 부어 넣어 벽, 바닥 슬래브, 기둥, 보 등을 하나의 덩어리처럼 일체화시켜 만드는 구조 방식

2. • 강도설계법 : 구조부재를 구성하는 재료의 비탄성거동을 고려하여 산정한 부재단면의 공칭강도에 강도감소계수를 곱한 설계용 강도의 값이 계수하중에 의한 부재력 이상이 되도록 구조부재를 설계하는 방법
   • 허용응력설계법 : 구조물이 설계 하중에 의해 발생하는 응력이 재료의 허용 응력 이내로 유지되도록 설계하는 방법이다. 탄성 이론에 기반하며, 안전율을 사용하여 설계하중보다 낮은 허용 응력을 설정한다.
   • 한계상태설계법 : 구조물이 파괴 또는 사용 불가능 상태에 도달하지 않도록 설계하는 방법이다. 한계상태(파괴 한계상태, 사용 한계상태 등)를 정의하고, 각 한계상태에 대한 안전율을 적용하며 확률론적 개념을 도입하여 하중과 저항에 대한 불확실성을 고려한다.
   • 성능기반설계법 : 구조물의 성능 목표를 설정하고, 이를 만족하도록 설계하는 방법이다. 한계상태설계법을 기반으로 하며 구조물의 안전성뿐만 아니라 사용성, 내구성, 경제성 등을 종합적으로 고려한다.

3 그림과 같은 구조물의 판별 결과로 옳은 것은? (단, 부재 간 접합은 모두 강절점이다)

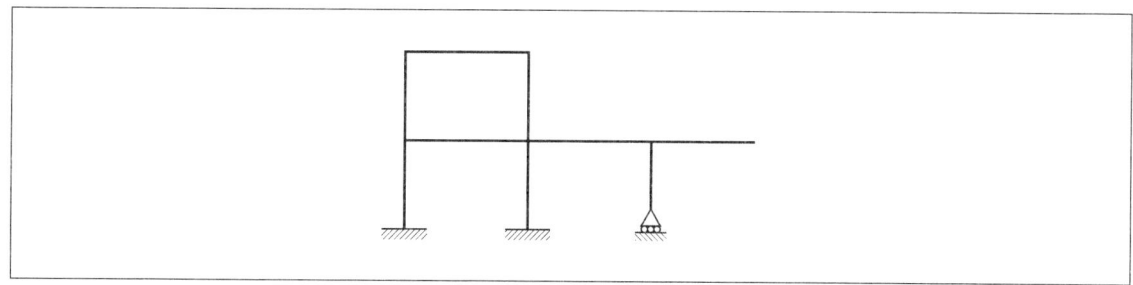

① 불안정
② 7차 부정정
③ 8차 부정정
④ 9차 부정정

4 부동침하를 방지하기 위한 대책으로 옳지 않은 것은?

① 건축물을 경량화한다.
② 건축물의 강성을 높인다.
③ 건축물의 평면 길이를 길게 한다.
④ 건축물의 중량을 기초에 균등하게 분포시킨다.

ANSWER 3.② 4.③

3 모든 구조물의 부정정차수의 산정식은 다음과 같다.
n=(m+r+k)-2j [m : 부재수, r : 반력수, k : 강절점수, j : 절점수]

부재표기	┌	┌	┬	┬	┼
부재수(m)	2	2	3	3	4
절점수(j)	1	1	1	1	1
강절점수(k)	0	1	1	2	3

문제에서 주어진 구조물의 경우
부재수는 m=9, 반력수는 r=3+3+1=7, 강절점수는 k=9, 절점수는 j=9이므로
n=(m+r+k)-2j=9+7+9-2·9=7이 되어 7차 부정정이 된다.

4 부동침하를 방지하려면 건축물의 평면길이를 가능한 짧게 해야 한다.

5 그림과 같은 트러스에서 부재 AC와 BC에 작용하는 부재력[kN]의 절댓값을 바르게 연결한 것은? (단, 부재의 자중은 무시한다)

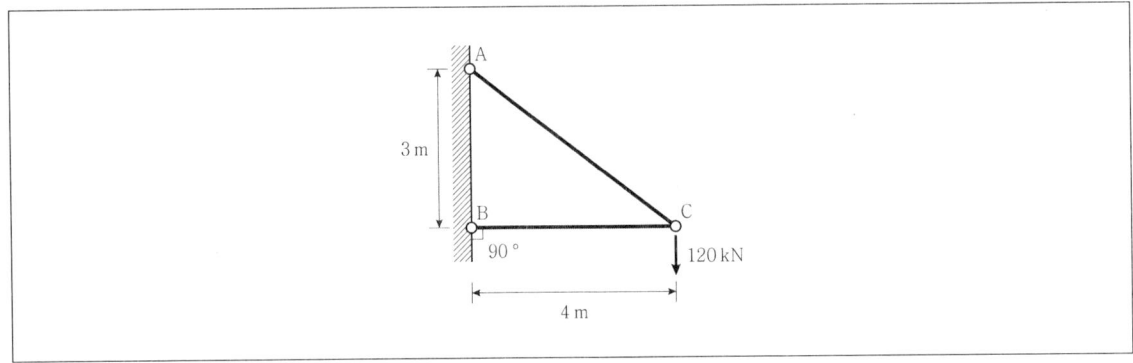

부재 AC	부재 BC
① 120	150
② 150	120
③ 160	200
④ 200	160

6 프리스트레스트 콘크리트 구조에서 긴장재에 최초 도입된 프리스트레스의 손실에 대한 설명으로 옳은 것은?

① 포스트텐션 방식에서는 정착장치의 앵커 정착손실이 나타나지 않는다.
② 프리텐션 방식의 경우 긴장재와 덕트(duct) 사이에서 마찰손실이 나타난다.
③ 프리스트레스 도입 후에 콘크리트 크리프 및 건조수축은 즉시 손실의 주요 원인이다.
④ 콘크리트의 탄성수축에 의한 손실은 프리텐션 방식의 경우 콘크리트 경화 후 긴장력이 도입될 때 나타나며, 포스트텐션 방식의 경우에는 긴장(jacking)할 때 나타난다.

ANSWER 5.④ 6.④

5 AC부재의 부재력의 수직성분이 C점에 작용하는 힘과 동일해야 하므로 $F_{AC} \cdot \frac{3}{5} = 120$가 되어 $F_{AC} = 200[kN]$이 되며,

BC부재의 부재력은 AC부재의 수평성분과 그 크기가 동일해야 하므로 $F_{BC} = F_{AC} \cdot \frac{4}{5} = 160[kN]$

6 ① 포스트텐션 방식에서는 정착장치의 앵커 정착손실이 발생한다.
② 프리텐션 방식의 경우 덕트가 없는 방식이므로 긴장재와 덕트 사이에서 마찰손실이 발생하지 않는다.
③ 프리스트레스 도입 후에 콘크리트 크리프 및 건조수축은 어느 정도 시간이 지나야 발생하는 손실의 주요 원인이다.

7 용접금속과 모재가 융합되지 않고 겹쳐지는 용접 결함은?

① 크랙(crack)
② 오버랩(overlap)
③ 언더컷(under cut)
④ 크레이터(crater)

8 직경이 D인 원형단면의 단면2차반경은?

① D
② $\dfrac{D}{4}$
③ $\dfrac{D}{\sqrt{3}}$
④ $\dfrac{D}{\sqrt{6}}$

ANSWER 7.② 8.②

7
- 오버랩 : 용접금속과 모재가 융합되지 않고 겹쳐지는 용접 결함
- 크랙 : 용접금속에 금이 간 상태(응력집중이 발생될 수 있다.)
- 언더컷 : 용접 시 모재가 녹아 용착금속에 채워지지 않고 홈으로 남게 된 것
- 크레이터 : 용접 마지막에 아크를 급히 절단하여 생긴 패인 부분
- 비드외관불량 : 용접봉의 조작으로 인해 용접금속 표면에 생기는 띠 모양(비드폭과 띠 모양이 불균일하여 허용치를 넘으면 외관이 불량하게 됨)
- 스패터 : 용접작업 중 용접봉으로부터 튀어나온 용융금속입자가 식어 굳은 것(도장과 접합부에 지장을 주므로 제거해야 한다.)
- 피트 : 용접 시 용접금속 내에 흡수된 가스가 표면에 나와 생성하는 작은 구멍
- 블로우홀 : 용접 시 용접금속 내에 흡수된 가스가 표면으로 나오지 못하고 잔류된 기공
- 슬래그혼입 : 슬래그란 용접봉의 피복재가 녹아 용접금속 표면에 부상하여 굳은 것(slag : 제강할 때 생기는 비금속성 찌꺼기)이며 이것이 용접금속 내에 혼입된 것
- 용입부족 : 용착금속이 채워지지 않고 홈으로 남게 된 부분
- 피시아이 : 블로우홀 및 혼입된 슬래그가 모여 은색 반점이 생기는 결함
- 목두께부족 : 모살용접에서 용접덧살 두께가 부족하여 발생한 결함
- 각장부족 : 모살용접에서 용착면의 길이가 부족하여 발생한 결함
- 라멜라티어링 : 철골부재의 용접이음에 의해 압연강판 두께방향으로 강한 인장구속이 발생하고 이 때 용접금속의 국부적인 수축으로 압연강판의 층 사이에 계단모양의 박리균열이 발생하는 현상
- 핀홀 : 용접을 종료할 때 크레이터 처리가 제대로 되지 않으면 용접부가 급랭되고 비드 내부에 있던 가스가 빠져나가면서 바늘구멍같이 작은 구멍이 생기는 것(비드부터 표면비드까지 관통하는 구멍이 생기는 것)

8 직경이 D인 원형단면의 단면2차 반경은 직경의 1/4에 해당되는 값이다.

9 목재의 접합에 대한 설명으로 옳은 것은?

① 응력이 한곳에 집중되도록 접합한다.
② 접합면은 최대한 복잡하게 가공하도록 한다.
③ 이음의 단면은 응력 방향에 직각이 되도록 한다.
④ 목재의 맞춤은 응력이 가장 큰 곳에 위치하도록 한다.

10 다음에서 설명하는 벽돌 구조의 각부구조 명칭은?

> 창 밑에 돌이나 벽돌을 옆세워 쌓고 모르타르로 마감하여 만들며, 윗면은 경사지게 하여 빗물이 흐르도록 물흘림 경사를 두고, 그 아래에는 물끊기홈을 파서 물이 벽에 흘러들어 가지 않도록 한다.

① 창대 ② 인방보
③ 대린벽 ④ 테두리보

11 다음 중 용접성이 가장 양호한 용접 구조용 압연강재의 기호는?

① SM275A ② SN275A
③ SM275C ④ SN275C

ANSWER 9.③ 10.① 11.③

9 ① 응력이 한곳에 집중되지 않도록 접합한다.
② 접합면은 최대한 단순하게 가공하도록 한다.
④ 목재의 맞춤은 응력이 가장 작은 곳에 위치하도록 한다.

10 • 창대 : 창 밑에 돌이나 벽돌을 옆세워 쌓고 모르타르로 마감하여 만들며, 윗면은 경사지게 하여 빗물이 흐르도록 물흘림 경사를 두고, 그 아래에는 물끊기홈을 파서 물이 벽에 흘러들어 가지 않도록 한다.
• 대린벽 : 서로 직각으로 교차하는 내력벽
• 인방보 : 창·문꼴 위에 가로질러 설치하여, 상부의 수직 및 집중하중을 좌우 벽체로 분산하여 전달하는 역할을 하는 보
• 테두리보 : 조적조 벽체를 일체화하고, 하중을 균등히 분포시키기 위해서, 조적벽의 상부에 설치하는 철골 또는 철근콘크리트 보

11 SM275C는 용접구조용 압연강재, SN275C는 건축구조용 압연강재이다.
SM275A와 SM275C에서 A와 C의 경우 A → B → C → D로 갈수록 P(인)와, S(황)의 함량이 낮아져 연성, 충격 특성, 용접성이 우수해진다.

12 그림과 같이 정휨모멘트를 받는 철근콘크리트 단면에 대한 공칭휨모멘트를 산정하기 위해 필요한 유효깊이[mm]는? (단, 단면은 인장지배단면이고, 인장철근의 종류는 동일하며, 보폭 b = 400mm, d_1 = 570mm, d_2 = 600mm, d_3 = 630mm, d_4 = 700mm이다)

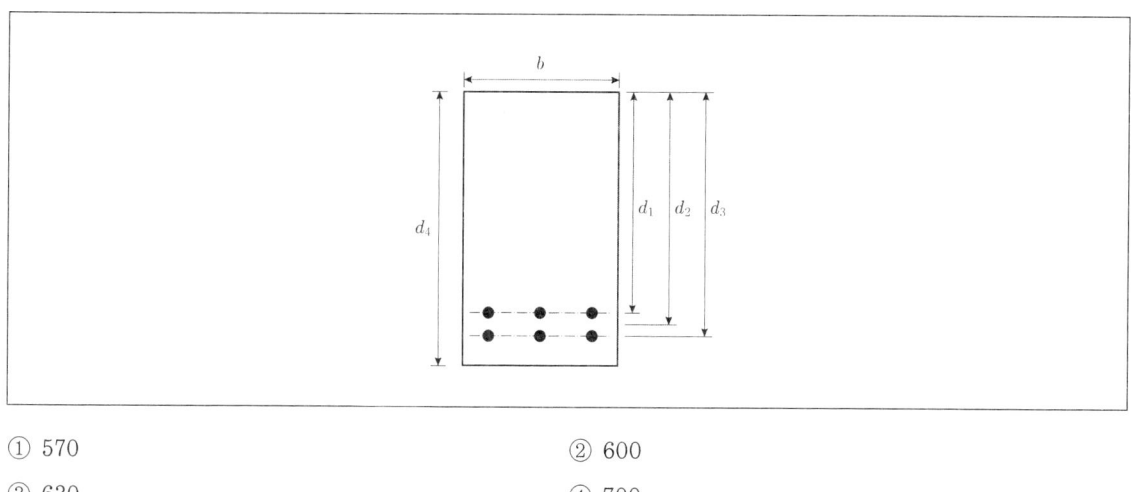

① 570
② 600
③ 630
④ 700

13 다음은 콘크리트구조 전단 및 비틀림 설계기준에서 철근콘크리트 슬래브의 2방향 거동에 대한 공칭전단강도 산정에 사용되는 위험단면의 둘레길이에 관한 내용이다. ㈎에 들어갈 내용은? (단, d는 슬래브의 유효깊이이다)

> 위험단면의 둘레길이 b_0는 최소로 되어야 하나 집중하중, 반력구역, 기둥, 기둥머리 또는 지판 등의 경계로부터 ㈎ 보다 가까이 위치시킬 필요는 없다.

① 0.5d
② 1.0d
③ 1.5d
④ 2.0d

ANSWER 12.② 13.①

12 보기와 같은 경우 철근의 유효깊이는 위쪽 인장측 철근과 아래쪽 인장측 철근의 중앙이 유효깊이가 되므로 유효깊이는 600mm가 된다.

13 위험단면의 둘레길이 b_0는 최소로 되어야 하나 집중하중, 반력구역, 기둥, 기둥머리 또는 지판 등의 경계로부터 0.5d보다 가까이 위치시킬 필요는 없다.

14 그림과 같이 등변분포하중을 받는 캔틸레버보에 발생하는 최대 휨모멘트[kN·m]의 절댓값은? (단, 보의 자중은 무시한다)

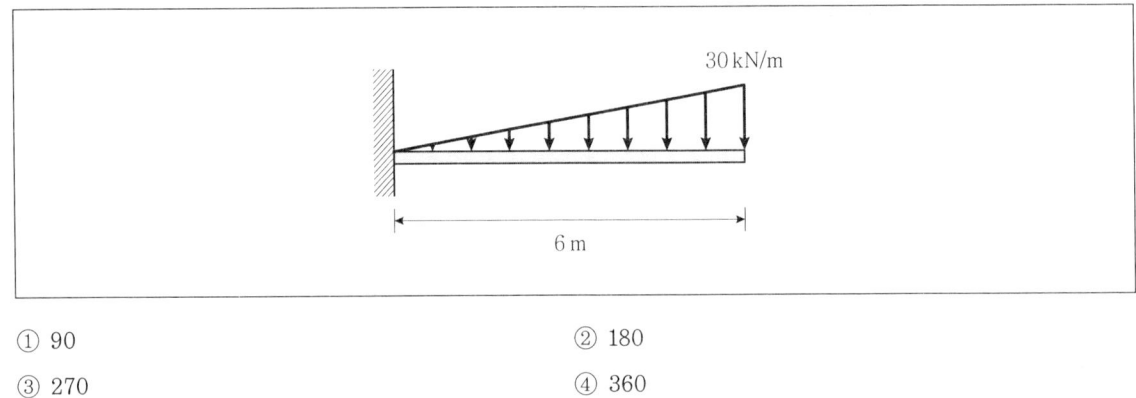

① 90
② 180
③ 270
④ 360

15 다음은 강구조 부재 설계기준(하중저항계수설계법)에서 인장재 설계에 대한 내용이다. (가), (나)에 들어갈 내용을 바르게 연결한 것은?

> 총단면의 항복한계상태에서의 설계인장강도는 부재의 ┌(가)┐과 강재의 항복강도를 곱하여 산정한 공칭 인장강도에 인장저항계수 ┌(나)┐을/를 곱하여 산정한다.

	(가)	(나)
①	총단면적	0.90
②	순단면적	0.90
③	총단면적	0.75
④	순단면적	0.75

ANSWER 14.④ 15.①

14 휨모멘트가 최대로 발생하는 부분은 좌측 지점부분이며 이때의 휨모멘트는 등변분포하중을 집중하중으로 치환한다. 그 크기를 P라고 하고 지점에서 작용점까지의 거리를 L이라고 하면
$M = P \cdot L = (\frac{1}{2} \cdot 30[kN/m] \cdot 6[m]) \cdot 4[m] = 360$이 된다.

15 총단면의 항복한계상태에서의 설계인장강도는 부재의 총단면적과 강재의 항복강도를 곱하여 산정한 공칭인장강도에 인장 저항계수 0.75를 곱하여 산정한다.

16 콘크리트구조 설계(강도설계법) 일반사항에서 규정된 용어에 대한 설명으로 옳지 않은 것은?

① 옵셋굽힘철근(offset bent bar) : 상하 기둥 연결부에서 단면치수가 변하는 경우에 구부린 주철근
② 공칭강도(nominal strength) : 하중에 대한 구조체나 구조부재 또는 단면의 저항능력을 말하며 강도감소계수 또는 저항계수를 적용하지 않은 강도
③ 크리프(creep) : 응력을 작용시킨 상태에서 탄성변형 및 수축변형을 제외시킨 변형으로 시간이 경과함에 따라 변형이 증가되는 현상
④ 띠철근(tie reinforcement, tie bar) : 보에서 종방향 철근의 위치를 확보하고 휨모멘트에 저항하도록 배근한 횡방향의 보강철근 또는 철선

17 그림과 같은 철근의 인장시험에 의한 응력-변형률 관계에서, 콘크리트구조 설계(강도설계법)에 따른 철근의 항복강도에 해당하는 지점은?

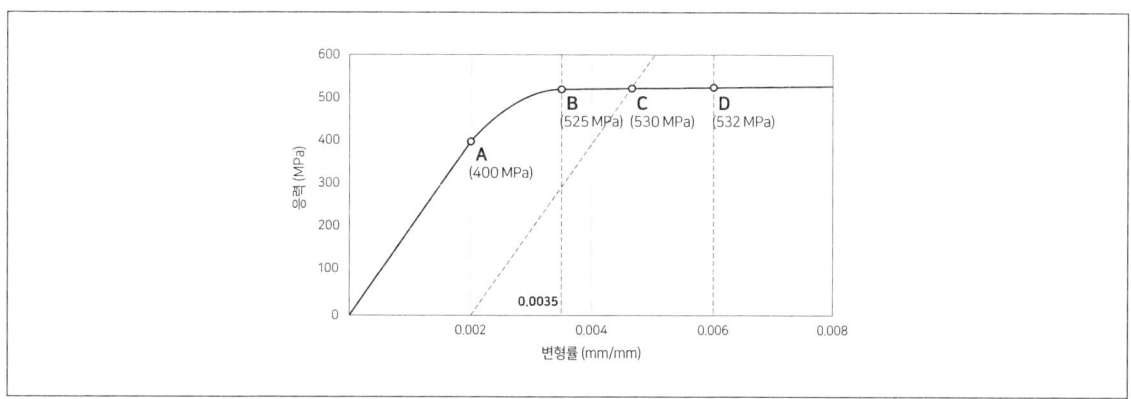

① A점(직선구간 끝의 응력값)
② B점(변형률 0.0035에 상응하는 응력값)
③ C점(변형률 0.002에서 응력-변형률 관계의 탄성계수와 같은 기울기로 그은 직선과 만나는 응력값)
④ D점(변형률 0.006에 상응하는 응력값)

Answer 16.④ 17.③

16 띠철근은 주로 전단응력에 저항하도록 배근한 보강철근이며 휨모멘트에 대해서는 저항력을 갖지 않는다.

17 강도설계법에 따른 철근의 항복강도는 0.2% offset의 원리에 따라 C점(변형률 0.002에서 응력-변형률 관계의 탄성계수와 같은 기울기로 그은 직선과 만나는 응력값)으로 한다.

18 강구조에서 압축재의 좌굴을 방지하는 방법으로 옳은 것은?

① 부재의 유효좌굴길이계수를 증가시킨다.
② 부재의 세장비를 증가시킨다.
③ 부재의 비지지길이를 증가시킨다.
④ 강재의 좌굴축에 대한 단면2차모멘트를 증가시킨다.

19 그림과 같이 보의 길이(L), 등분포하중(ω)이 동일한 단순보(A)와 캔틸레버보(B)의 최대처짐비(δ A : δ B)는? (단, 두 보는 전 길이에 걸쳐 재질 및 단면의 성질이 동일하며, 선형 탄성 거동한다)

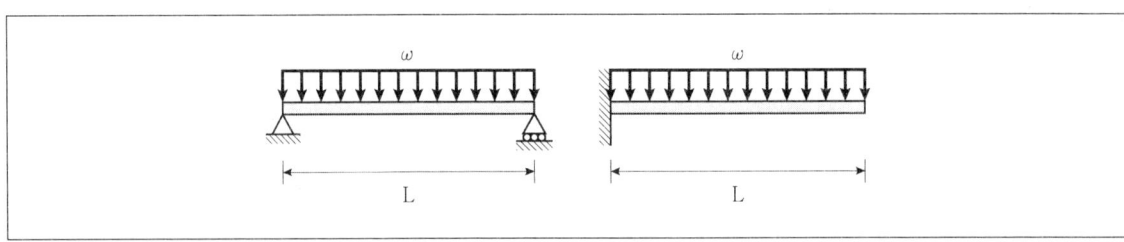

① 1 : 8　　　　　　　　　　　② 1 : 16
③ 5 : 48　　　　　　　　　　 ④ 5 : 96

ANSWER 18.④　19.③

18 강구조에서 압축재의 좌굴을 방지하는 방법
- 부재의 유효좌굴길이계수를 감소시킨다.
- 부재의 세장비를 감소시킨다.
- 부재의 비지지길이를 감소시킨다.
- 강재의 좌굴축에 대한 단면2차모멘트를 증가시킨다.

19 $\delta_{A,\max} = \dfrac{5wL^4}{384EI}$, $\delta_{B,\max} = \dfrac{wL^4}{8EI}$ 이므로 최대처짐비는 5:48이 된다.

20 다음은 인장력을 받는 이형철근의 겹침이음설계에 대한 내용이다. (가), (나)에 들어갈 내용을 바르게 연결한 것은?

> 서로 다른 크기의 철근을 인장 겹침이음하는 경우 이음길이는 크기가 큰 철근의 (가) 와 크기가 작은 철근의 (나) 중 큰 값 이상이어야 한다.

	(가)	(나)
①	정착길이	정착길이
②	정착길이	겹침이음길이
③	겹침이음길이	정착길이
④	겹침이음길이	겹침이음길이

ANSWER 20.②

20 서로 다른 크기의 철근을 인장 겹침이음하는 경우 이음길이는 크기가 큰 철근의 정착길이와 크기가 작은 철근의 겹침이음길이 중 큰 값 이상이어야 한다.

M·E·M·O

M·E·M·O

건축구조
기출문제집

정가 15,000원

편저자	공무원연구소
발행처	소정미디어(주)
등록번호	제 313-2004-000114호
주소	경기도 고양시 일산서구 덕산로 88-45
대표번호	031-922-8965
팩스	031-922-8966

이 책은 저작권법에 따라 보호받는 저작물이므로 무단 전재 또는 복제 행위를 금지하며,
내용의 전부 또는 일부를 이용하려면 저작권자와 소정미디어(주)의 서면 동의를 반드시 받아야 합니다.

2026 9급 공무원

기계
설계

8개년
(2018~2025년)
기출문제

기출문제집

2018 ~ 2025년 8개년 기출문제

문제별 상세한 해설 첨부

공무원연구소 편저